航空产业投资

机场、空管、航线及航空工业投资的经济评估

（第2版）

Aviation Investment

Economic Appraisal for Airports, Air Traffic Management, Airlines and Aeronautics

(Second Edition)

[英] 多拉马斯·豪尔赫-卡尔德隆（Doramas Jorge-Calderón） 著

习文静 曹 莉 译

航空工业出版社

北 京

内容提要

本书专门介绍机场、空管、航线及航空工业等航空产业关键领域的投资评估方法。第2版更加详细地分析了如何应对环境中的排放问题，尤其关注气候变化。本书介绍了主要的市场机制（MBM）解决方案，如碳排放交易系统（ETS）等总量控制和排放权交易体制、国际航空碳抵消和减排计划（CORSIA）等碳抵消机制，并将这些方案与环境税进行比较。本书还涉及针对贸易壁垒应当采取相应的调整措施，以衡量项目在产生外汇方面的价值。本书论及两种新的项目类型：一是机场搬迁，机场搬迁项目是机场项目中最复杂的情况，因为涉及的经济问题往往比看上去更微妙复杂；二是重新介绍超声速飞行项目。

本书综合了经济评估的理论背景和航空产业投资的实际运用，内容易懂，可供航空产业投资相关专业人士及高等院校师生参考。

图书在版编目（CIP）数据

航空产业投资：机场、空管、航线及航空工业投资的经济评估 /（英）多拉马斯·豪尔赫·卡尔德隆著；习文静，曹莉译. --北京：航空工业出版社，2024.03

书名原文：Aviation Investment Economic Appraisal for Airports，Air Traffic Management，Airlines and Aeronautics（Second Edition）

ISBN 978-7-5165-3508-0

Ⅰ.①航… Ⅱ.①多… ②习… ③曹… Ⅲ.①民用航空-产业经济学-投资评价 Ⅳ.①F561

中国国家版本馆CIP数据核字(2023)第197930号

航空产业投资：机场、空管、航线及
航空工业投资的经济评估（第2版）

Hangkong Chanye Touzi：Jichang、Kongguan、Hangxian ji
Hangkong Gongye Touzi de Jingji Pinggu（Di-er Ban）

航空工业出版社出版发行
（北京市朝阳区京顺路5号曙光大厦C座四层 100028）
发行部电话：010-85672666 010-85672683

北京富泰印刷有限责任公司印刷 全国各地新华书店经售
2024年3月第1版 2024年3月第1次印刷
开本：710×1000 1/16 字数：333千字
印张：21 定价：120.00元

北京市版权局著作权合同登记
图字：01-2023-1631

《航空产业投资——机场、空管、航线及航空工业投资的经济评估（第2版）》译审组

主　　译：习文静　曹　莉

参译人员：姜妃妍　甘　甜　毛安娜　朱诗瑶　聂金金　周义帆

审校人员：肖建强　王　炯　夏　武　傅　溶　王建之　蒋聪汝

译者的话

航空产业是关系国家安全和国民经济命脉的战略性产业，具有高投入、高技术密集度特征。其发展对于促进国家经济结构调整、实现产业升级、提高综合国力具有重要意义。

习近平总书记在党的二十大报告中指出要“建设现代化产业体系”“坚持把发展经济的着力点放在实体经济上，推进新型工业化”，航空产业附加值高、经济带动效应强，是现代化产业体系的重要组成部分。随着我国航空产业的不断发展和壮大，越来越多的投资者将目光转向了这个具有巨大潜力的领域，为了更好地发挥金融工具对航空产业的赋能作用，我们引进出版本书。

本书于 2014 年首次出版，并于 2021 年修订再版，作者为多拉马斯·豪尔赫·卡尔德隆（Doramas Jorge-Calderón），现为欧洲投资银行（EIB）经济学家，此前曾在美国国家经济研究协会经济咨询公司（NERA）伦敦分公司作为经济顾问一起负责监管和竞争项目。本书结合真实案例，围绕机场、空中交通管理（简称空管）、航线及航空工业等航空产业关键领域，结合具体案例，详细介绍了经济评估和财务评估两种评估方法，为开展航空产业投资提供指导。

本书在翻译过程中最大限度地保留了原作者的论述原意，在兼顾中文的表达习惯和读者的阅读体验的同时，尽量保留原著的风格和语言特点，敬请读者在阅读本书过程中予以注意，书中各类论述及数据不代表译者立场。在原著编写及译者翻译过程中，难免会有疏漏之处，敬请广大读者理解。希望通过本书，能为读者带来有益的信息和启示，为航空产业投资贡献一份力量。

译　者
2023 年 9 月

原书致谢

谨以此书献给我的父亲。

第2版　原版前言

自本书第1版出版以来，有两大新进展从根本上改变了航空产业投资所处的政策和制度环境。首先，对环境、社会和治理（ESG）的考量在私营部门生产中快速增长。传统上专注于股东价值的投资管理者现在被要求关注社会价值。经济（又称社会经济）评估衡量社会价值。本书第1版讨论了经济评估在引导公共部门投资之外的相关性。对于投资管理者来说，最直接相关的可能是经济评估衡量了项目对用户和客户的全部价值，超越了项目收入。此外，较不明显的是，通过衡量投资项目对社会增加或减少的价值，确定受益方和损失方，经济评估可以帮助私营部门把握公共政策的未来方向和政府可能干预的程度。

有人觉得投资管理者在理念上还不能理解他们的投资运作所蕴含的社会价值。MBA课程通常教授财务评估，但很少涉及社会经济评估。此外，ESG评估通常使用评分卡或多标准框架，这个框架除了包括一些专门的标准外，与投资管理者所熟知的价值理念是不一致的。

社会成本效益分析（CBA）是社会经济评估的关键工具，它并非一项新技术。投资现金流评估是CBA的重要组成部分，可为金融资本提供方估算投资项目的价值。CBA则将价值评估的范围扩大到整个社会，包括非金融成本和效益。这两种价值评估的机制相同，都遵循机会成本的逻辑，经济价值的计算也相应地会计算出财务价值。

第2版的投资评估案例继续强调金融和经济或社会价值之间的相互作用，

包括政府政策在塑造两者关系中的作用。新增评估案例讨论了环境、土地使用和价值、区域可达性和贸易等话题。

第二个新进展与第一个新进展密切相关：公众和政界对气候变化的日益关注，以及一系列应对气候变化的政策举措。2016 年，大多数国家继《联合国气候变化框架公约》后又签署了《巴黎协定》。此后，《巴黎协定》一直在推动出台有关经济生产和消费方面的各项政策举措，旨在降低整个经济系统中的温室气体（GHG）排放。

在航空产业，目前“内部化”温室气体排放的政策工具包括为人熟知的市场机制（MBM）。联合国正在推动国际航空碳抵消和减排计划（CORSIA）。根据该计划，经营签署国之间航线的航空公司需购买温室气体抵消额度。CORSIA 于 2021 年开始试点，是本书第 2 版出版之年。欧洲的航空公司于 2012 年加入了欧盟（EU）排放交易系统（ETS）。ETS 是一种限额与交易机制，要求航空公司在欧洲购买航班的温室气体排放限额。21 世纪 10 年代中期，碳排放限额价格低廉，人们一度担忧 ETS 是否奏效；随着碳排放限额价格日渐上涨，该担忧也随之部分消散。预计在 21 世纪 20 年代，碳排放限额价格将进一步上涨。然而，对 ETS 有效性的担忧仍然存在，人们呼吁通过引入碳税来补充市场机制。

因此，航空产业投资项目可能在多个方面涉及碳价：抵消机制、总量控制和交易机制、外部性和碳税。同时，航空产业投资项目还会面临市场机制中的碳的市场价格低于碳的参考社会成本的问题，这会导致碳税成为市场机制的补充。第 2 版的第 2 章阐述了投资评估中市场机制和税收的不同含义，在章节附录中有进一步说明。第 5 章通过飞机采购项目阐述了市场机制与税收相结合的作用。

值得强调的是，第 2 版中还新增了其他三处内容。一是机场搬迁评估。随着城市人口的增长，靠近市中心的土地价值增加，机场的机会成本也随之增加。机场位于市区也限制了其扩张能力。虽然机场搬迁项目较少，但它们仍然有一定的规律性，即项目利润高、酝酿期长。从经济角度来看，机场重迁需要考虑腾出现有场地所释放的土地价值、迁移到新场地的成本和两个场地之间不同的外部性发生率。第4章将对此案例进行详细说明。

二是与投资项目相关的外汇流动在社会对该项目的需求中所起的作用。航空产业可以调动大量外汇，这是在较贫穷国家投资的一个重要考虑因素，尤其是在外汇稀缺或存在重大贸易壁垒的地方。20世纪六七十年代，学术界、多边开发银行（主要是世界银行）以及经济合作与发展组织（OECD，简称经合组织）等其他多边组织开发了应对外汇短缺的经济评估技术。20世纪六七十年代，人们不再使用这些技术，原因有两个：第一，20世纪70年代布雷顿森林体系瓦解，至少对于那些可以发行国际通行货币的国家来说，放松了对外汇的获取限制；第二，以贸易自由化进程为支撑的新一轮全球化始于20世纪80年代，加速于90年代初，在1994年世界贸易组织（WTO）成立之时达到顶峰，由此带来贸易壁垒削减和边界价格扭曲，减小了因上述技术导致的调整的规模。

然而，在全球化进程中，各国因发行无法印刷的货币债务以及不能很好地处理这些债务而继续遭遇国际收支危机。20世纪80年代的拉丁美洲债务危机尤为突出，该债务危机在1994年的龙舌兰危机①中达到顶峰；随后是90年代后半期的亚洲金融危机和俄罗斯债务违约，21世纪初阿根廷货币发行局的崩溃，以及21世纪10年代初欧元区国家的国际收支问题。在此期间，还有许多其他货币基金组织援助案例，以及国家间的双边援助。上述情况均表明，尽管涉及大量外汇流动（如航空项目），大型资产投资项目仍可在外汇受到严格限制的情况下良好执行和运作。

此外，保护主义和贸易壁垒近年来在国际交往中卷土重来。外汇稀缺性和日益抬头的保护主义，使得人们重新运用反映外汇稀缺性的投资评估技术。第5章的空中交通管理项目对此进行了详细阐述。

---

① 1994年龙舌兰危机是指墨西哥在当年遭遇的一场金融危机，该危机爆发的导火索是由于墨西哥政府在1994年底突然宣布取消固定汇率制度，导致墨西哥比索贬值。此举引发了投资者的恐慌，外资开始大规模撤离墨西哥市场。危机进一步恶化，引发了墨西哥经济的严重衰退和金融体系的动荡。墨西哥政府最终不得不向国际货币基金组织（IMF）和美国等寻求援助，以稳定经济和金融局势。该危机对墨西哥经济和金融体系造成了重大影响，并对整个拉丁美洲地区的金融市场产生了震荡效应。——译者注

三是尽管气候变化理所当然地成为未来许多年的首要政策主题，但人们不能忘记发展航空产业的根本原因及其对社会的价值。航空降低了旅行和运输成本，并且旅行时间占成本比重较大。在出行广义成本（GC）中，旅行时间的权重随着距离的增加而增加。随着长途航空旅行在全世界的增长和收入的增加，旅行所需的世界经济工时成本将不断增加，因此无须支付减少成本的费用。随着与“协和”（Concorde）超声速客机相关的运营活动的终止，航空旅行速度的增长不仅暂停了而且出现了倒退。然而，航空产业并非忘记了对速度的追求，重启超声速旅行可以说只是时间问题。但是，除了直接的商业价值之外，产业政策会鼓励政府对此类项目提供财政支持。第 7 章讲述了如何投资重新引入超声速旅行的社会经济案例。

在第 2 版的写作过程中，我从许多人身上受益良多。若一一列举要感谢的人，这张名单将长之又长；而若名单过短，则又恐漏掉许多值得感谢的人。在这里，我要感谢我在欧洲投资银行以及其他国际金融机构和欧洲机构各董事会的同事。由欧洲投资银行资助的航空产业项目是我对航空产业的主要实践来源。对该行业的贸易机构健全、翔实的研究形成了追踪行业脉搏的绝佳手段。在学术界，德国航空研究学会（GARS）及其合作的研究与教育机构促进了航空经济学的研究。过去几年，非政府组织不断为航空产业发声，感谢他们的见解和工作。同时，我也相信这本书能够对他们的工作有所助益。

我要特别感谢欧洲投资银行项目理事会的工程师们，他们自本书第 1 版出版以来就与我一起对航空项目进行评估。他们分别是（按首字母顺序排列）：Elena Campelo、Stéphane Petti、Stephen O'Driscoll 和 Tiago Lopes。

Per-Olov Johansson 教授对第 2 版的一些新章节提出了宝贵意见。本书若有疏漏，责任全在本人。本书仅代表个人观点和意见，不代表我所就职的任何单位，尤其不代表欧洲投资银行的观点和意见。

我还要感谢 Routledge 的出版团队，尤其是我的编辑 Guy Loft。诚挚感谢我的家人，使我在过去的两年中得以将大部分业余时间投入到对本书第 2 版的撰写工作中。

第1版 原版前言

航空与其他运输方式相比具有显著的优势。它在很大程度上不受地理障碍的限制，能提供快速、可靠的服务，其他运输工具在全球范围内的可及性程度无法与之相媲美，因此航空运输已经成为一种独特的价值来源。航空产业通过扩大市场范围，促进财富生产，丰富生活方式，使社会和经济全体受益。现如今，航空产业是商业和文化活动的必要组成部分，没有它的存在，我们所熟悉的现代社会和经济运行方式将被彻底改变。

由于航空运输具有强大的竞争优势，特别是在长途客运方面，因此投资航空产业可以获得高额利润。尽管航空产业的子部门，特别是航空公司，在私人投资者中的声誉好坏参半，但航空产业潜在的竞争优势意味着它们具有强大的定价权。除了常见的限制价格的经济管制措施，为增加政府收入而自由裁量征税的现象也屡见不鲜。此外，虽然航空产业已然成为大型产业，但预计它仍将持续性增长，在未来15～20年里，规模可能会翻一番。很多人认为，航空产业没能为其环境成本买单，这一观点是正确的。尽管如此，因为航空产品具有极大的特殊性，航空公司全额支付其环境成本只会对其生存能力产生轻微影响。

尽管航空产业有强大的价值创造能力、竞争优势和高增长率，但大量资源可能在私营部门和公共部门投资时出现浪费。航空产业是资本密集型行业，投资需要大笔资金，债务占航空公司财务结构的比重较大。高财务杠杆率要求他们进行合理的投资决策，因为收益和损失都是杠杆化的，大规模杠杆投资可能会使私营部门或地方经济陷入严重的财务困境。除了财务方面的考虑，投资失败导致资源浪费，而社会本可以将这些资源投入其他生产力劳动。相反，良好的、大规模的杠杆投资有助于创造可观的利润，当地经济因此能更好地转型。

私营部门投资通常需要进行标准化的商业计划评估，包括对投资的财务收益率（FRR）和现值的估计、融资计划和风险评估。然而，运输业的特点是既有积极也有消极的税收、补贴和外部性。此外，垄断竞争如果与价格管制相结合，可能会产生大量的非货币化用户利益。因此，不能依靠财务分析决定投资产生的私有价值总额，或是分析它们对经济的促进效果。财务上盈利的业务不一定有真正的价值，而只是利益相关者之间的资金转移和对某些企业的保护。相反，财务损失会掩盖那些虽然产生非货币化价值但仍然值得投资的项目。因此，政府不应只依赖财务评估，而应该通过成本效益分析（又称经济评估），来评估投资对整个社会的潜在经济利益。

通常情况下，私营部门只将成本效益分析作为营销手段，帮助政府为项目做决策，涉及政府的财政支持或竞争保护。此外，经济评估有时在很大程度上被当作是一种学术活动，与项目的商业案例很少或根本没有关联。这反映了运输管理人员对经济评估所传达内容的普遍误解。有时，在提出经济评估结果时，管理人员会更关注项目创造的就业机会、旅客的支出以及对更广泛经济的其他好处，包括减少环境排放等因素。

事实上，尽管这些声称的收益都是正当的（例如，就业机会是成本而不是收益；旅客支出也不是收益），但是它们在项目整体收益中的占比很小。私营部门可以给整个社会带来直接的实际效益，这些效益更与运营商相关。通过消除扭曲，我们可以直接考虑到外部性，并衡量非货币化的用户利益，经济评估展示了具有可持续竞争优势的价值、定价能力，以及隐藏在市场扭曲背后的风险。此外，计算项目经济收益的机制能够帮助财务分析预测需求。对于私营部门投资分析人员而言，财务分析和经济分析是相辅相成的。财务评估是经济评估的基础，经济评估为投资内在可行性提供了全面信息，为私人投资者提供利润和风险的消息。对于公共部门投资分析人员而言，经济评估是给出投资建议的核心。

本书结合标准的财务评估、成本效益分析和实物期权分析（ROA）方法，并将这些方法应用于评估航空产业投资的财务和经济可行性。此外，本书强调经济分析与私营部门财务评估的关系，将成本效益分析应用于目前较少使用的行业，如对航空公司和航空工业的投资评估等。

本书中的“投资”一词取其经济学含义，意指分配资源以产出资本，其中资本可以是有形或无形资产，用于生产有用的商品或服务。本书主要关注有形资产，包括机场、空中交通管理（ATM）基础设施、飞机和飞机生产厂家，但也涉及无形的智力资产，例如，对飞机技术的研发等。如此，本书介绍了一系列技术和竞争的不同状况，具体如下：

（1）机场：基础设施，沉没成本较大，为垄断企业或在垄断竞争下经营，但竞争日益激烈。

（2）ATM：基础设施，处于自然垄断地位。

（3）航空公司：服务业中的资本密集型行业，进入门槛低，产品差异化的空间有限，市场竞争激烈。

（4）航空工业：高技术制造业，前期大量投资用于产品开发，在寡头垄断或垄断竞争下运营。

本书的目标读者是政府部门和私营部门的分析人士，用于评估航空产业投资的财务和经济情况，以及航空运输和应用经济学的学生，他们已经掌握了经济学相关知识。本书语言风格尽量简单平实，关于财务评估基本知识也只提供简短的解释，具体可参见文献。

同样，该书还说明了实物期权分析的使用过程，包括分步计算过程，但没有具体解释实物期权分析的理由。虽然实物期权是针对不确定性条件的，但本书不讨论风险分析或管理，因为航空产业不会涉及一些特定问题。当然，其他行业的技术同样适用于航空，请读者参考其他项目风险管理文献。

航空运输的需求预测和成本估算已涵盖在应用运输经济学和运输规划中，因此本书不对它们进行讨论，本书的重点是投资收益评估方法，现有文献中讨论了多种其他运输方式的投资评估，特别是陆路运输方式，但关于航空产业投资评估的相关论述还有所不足。

本书分为两大部分。第一部分从第 1 章到第 3 章，从财务和经济角度展现收益的概念框架和理论背景。第 1 章绪论简要概述了财务盈利能力和经济盈利能力的区别和联系。第 2 章讲述了航空项目的三项收益：第一，客户价值的驱动因素，它决定了经济评估中的消费者剩余，从而加强竞争优势，增强财务盈利能力；第二，外部效应，这也是经济收益的重要驱动因素，在财务分析中是监管风险的信号；第三，更广泛的经济利益，通常作为错误投资的辩护原因。第 3 章是第一部分的总结，主要介绍了收益评估的基本理论框架。

本书的第二部分由第 4 章到第 7 章组成，分别介绍了本书副标题中的各个航空产业的部门。第 4 章主要讨论机场，包括为乘客出行和飞机飞行而进行的投资。第 5 章介绍空中交通管理，包括扩大空域飞机起降容量和提高飞行效率的投资。这两章涵盖了航空运输的基础设施，这些基础设施通常归政府所有，一旦被私有化，通常就会受到经济监管。这两章中有 4 个小节的内容阐述了与私营部门有关的投资问题，其中包括：抓住私营部门参与投资的时机，何时签订管理合同；不同监管条件下投资结果的差异；定价政策对刺激投资和投资结果的影响。此外，4.5 节讨论了对基础设施过度投资的情况，这一问题不仅存在于私营部门，还存在于公共部门。

第 6 章介绍了航空公司，通常是航空产业中竞争最激烈的部门。由于竞争激烈，经济分析的作用则更为有限。当然，经济评估仍在解决国际竞争和评估航空运输对社会的价值时发挥其独特作用。此外，由于未来市场和竞争条件的高度不确定性，航空公司的飞机采购计划中往往拥有对飞机的期权。这一章讨论了期权在何种情况下有价值，以及如何对期权进行估值。第 7 章介绍了航空工业，也是竞争性行业，但由于其较高的进入壁垒和沉没成本，在评估过程中需要对该行业的不完全竞争性质加以审慎考虑。此外，与航空公司一样，行业发展也具有不确定性，通常表现在对技术创新前景的不确定性。政府通常因为不确定性和风险而干预此类投融资，这也需要经济评估工具。

最后，第 8 章是各种投资评估方法的一些补充内容。

这是一本将福利经济学工具应用于有形资产和项目实际决策的书，也自然受一系列领域的影响。我非常感谢 Ginés de Rus 教授和 Per-Olov Johansson 教授，他们热心地阅读了初稿内容，他们的评论帮助完善了本书的经济学基础。也感谢现任欧洲投资银行机场工程师 Stephen O'Driscoll，他对我在机场章节中对技术问题的讨论助益颇多。此外，还有很多欧洲投资银行项目部的其他同事，多年来，我和他们一起评估航空产业投资项目，特别是 Klaus Heege、Alan Lynch 和 Bernard Pels。我感谢他们通过航空工业、民用和系统工程的角度来分析项目的概念和规划。我还要感谢与我一起工作过的欧洲投资银行投资的航空项目的专业人士，我从他们身上学到了许多关于民用航空产业的资本投资项目经验。

在本书中，我谈到许多监管和竞争问题，这些内容得益于我在美国国家经济研究协会（National Economic Research Associates）的研究，尤其受益于现为英国竞争委员会专员的 Ian Jones。同时，我要感谢诸位匿名评审专家，他们提出的很多观点本书中都有反映。

我还要感谢我的特约编辑 Guy Loft 和来自阿什盖特的 Emily Ruskell，感谢他们对出版过程的出色把控，以及 Helen Varley 宝贵的编辑。

本书所有错误或遗漏责任均由本人承担，本书观点不代表欧洲投资银行或任何其他机构的观点。

缩略语

ALRMC	Airlines' Long-Run Marginal Cost	航空公司的长期边际成本
AMEC	Airline Marginal Environmental Cost	航空公司的边际环境成本
ANSP	Air Navigation Service Provider	空中导航服务提供商
AS	Aircraft Size	飞机尺寸
ASK	Available Seat-Kilometre	可用座千米
ATM	Air Traffic Management	空中交通管理
CAGR	Cumulative (or Compounded) Annual (or Average) Growth Rate	年复合增长率
CBA	Cost Benefit Analysis	成本效益分析
CCD	Continuous Climb Departures	连续爬升运行
CDA	Continuous Descend Approaches	连续下降进近程序
CORSIA	Carbon Offsetting and Reduction Scheme for International Aviation	国际航空碳抵消和减排计划
DCF	Discounted Cash Flow	折现现金流
ERR	Economic (internal) Rate of Return	经济收益率
ETS	Emissions Trading System (of the EU)	(欧盟) 排放交易系统
EU	European Union	欧盟
FAA	Federal Aviation Administration (of the United States of America)	(美国) 联邦航空局
FRR	Financial (internal) Rate of Return	财务收益率
GC	Generalised Cost	广义成本
GDP	Gross Domestic Product	国内生产总值
GHG	Greenhouse Gas	温室气体
HSR	High Speed Rail	高速铁路
IATA	International Air Transport Association	国际航空运输协会
ICAO	International Civil Aviation Organisation	国际民用航空组织

（续）

IRR	Internal Rate of Return	内部收益率
LRMC	Long-Run Marginal Cost	长期边际成本
MBM	Market-Based Mechanism	市场机制
MEC	Marginal Environmental Cost	边际环境成本
MR	Marginal Revenues	边际收入
MTOW	Maximum Take-Off Weight	最大起飞重量
NPV	Net Present Value	净现值
OPD	Optimised Profile Descent	优化剖面下降程序
Pax	Passengers	乘客
PV	Present Value	现值
R&D	Research & Development	研究开发（研发）
RDI	Research, Development and Innovation	研究、开发和创新
ROA	Real Option(s) Analysis	实物期权分析
ROV	Real Option Value	实物期权价值
RPK	Revenue Passenger-Kilometre	收入客千米
SCF	Standard Conversion Factor	标准换算因子
SER	Shadow Exchange Rate	影子汇率
VoT	Value of Time	时间价值
WACC	Weighted Average Cost of Capital	加权平均资本成本

目　录

第1章

绪　论

1.1 投资航空产业的理由

投资航空产业有三大主要理由，这些理由也常见于投资其他交通运输产业，具体如下。

（1）节省时间。缩短将人员或货物从一地运输至另一地的时间（包括通过缓解拥堵状况和提高出发准点率而节省的时间）。

（2）降低成本。降低将人员或货物从一地运输至另一地的成本。

（3）提高安全性。通过降低实际运输中的固有风险来提高旅途的安全性。

舒适性和服务质量会产生运输附加值，但这两者不能单独成为投资理由，而是和上述三大理由相结合。另外，时间也是一种资源，说明第二个理由涵盖了第一个理由。同时，时间是产生价值的重要因素，因此通常单独考虑。

私营部门主要通过关注前两个理由来制定其竞争策略，并通过财务评估来评估其投资收益。第三个理由则主要被运输条件极差的国家所关注。公共部门投资人也基于同样的准则做出投资决策，不过他们扩大了收益和成本的范围，除货币化的民间资金外，还囊括了非货币化的民间资金，以及流向第三方包括最终流向全社会的资金。这种做法被视为经济或社会经济投资评估。

私营部门和公共部门的投资视角，从财务和经济上看，是相辅相成的。首先，私营财务利益和成本为经济利益和成本提供了第一近似值。实际上，财务评估是经济评估的一个子集，形成了对项目相关资金的部分意见。其次，一项投资的经济利益从更广的视角来看待其价值来源，为私营部门投资者提供了未开发收入来源的线索；而经济成本则预示着因市场扭曲和产权界定不清而带来的潜在风险。这些问题将在1.2节进行探讨。

财务收益和经济收益之间的区别经常被混淆，导致在实践中被滥用。例如，良好的财务盈利能力可能被用于吹捧项目的可靠性。但是，被宣传为财务上可行的投资，事实上可能根本无法体现出其社会价值或竞争优势，而只是其他利益相关者的资金转移。毕竟，为了保护其竞争地位，运营商和投资者可能试图影响公共政策，其方法是设置竞争壁垒。更普遍的做法是扭曲市场，在极端情况下，将财务上的不可行项目变为可行项目。在这种情况下，经济评估将表明：尽管提议的投资会获得良好的财务收益，但却“浪费”严重。第二个例子是，出于选举的原因，政客们以当地经济的各种更广泛的利益为由，企图论证将公共资金用于财务亏损投资项目的合理性。经过更仔细地研究后发现，一次恰当的经济评估可能证明许多所谓的更广泛的经济利益是无效的。

除了投资交通运输的三大主要理由，即前文所述的节省时间、降低成本和提高安全性，投资评估分析师还不断面临其他无数个证明投资合理性的理由。在这些理由中，有一部分是完全无效的，但却夹杂着上述三大有效理由的部分因素，因而很难明确一项投资究竟能创造多大价值，产生多少浪费和滥用。这类论证可能会包括以下几个方面。

（1）该项投资将实现地区开放，催生新的经济活动和产业发展。这种情况在三大主要理由中已有所呈现，其逻辑依据是有效的。但是，随后也会出现一种苗头，为那些所谓能带来收益、实际上大多无效的各种投资主张开绿灯，并因此造成浪费。比如新建机场，在投入运营后却基本上空空如也，最终导致区域资源的沉没，与投资初衷完全背道而驰。

（2）这是最新的技术。事实证明，引进了最新技术并不一定就是好的投资项目。或许该技术有继续存在下去的理由，但这并不意味着必须部署该技术。“协和”超声速飞机就是一个先例。

（3）这项技术将会提高安全性。多年以来，安全论证在航空产业中常常作为一种托词，以维护市场势力（通过相应的经济租金）并证明技术转让的合理性。无论成本如何，安全性都不能成为任何一项经费支出的理由。在安全性方面支出的经费必须能够反映预期的安全性改进措施所带来的价值。如果已经达到国际安全标准，却还以安全为由提出投资主张，那么往往是抱有其他动机。

（4）该项目将创造大量就业机会，产生乘数效应，进而在该区域衍生出更多的经济活动。许多“创造出”的就业岗位可能是从其他经济活动中挤出来的。此外，亏损的投资项目同样也能“创造”就业机会并释放乘数效应。与投资主张惯用的论调恰恰相反，就业和乘数效应本身并不是投资的合理理由。

（5）该项目会吸引更多旅客。这是否是一个好理由取决于吸引旅客所投入的成本，以及旅客所带来的额外收益。

（6）我们需要增加市场份额。许多公司由于选择放弃利润，追求市场份额，从而进行了浪费性投资，最终导致破产。航空公司的行业历史中，在寻求市场份额时由于扩张过快从而导致公司倒闭的例子不胜枚举。

还有其他更加显而易见的无效投资理由，此类理由更易于提前识别。

（1）我们必须运营这条航线，因为我们这类航空公司必须飞这条航线。这类航线通常出现在国有航空公司的航线图上。

（2）我们邻居有，所以我们也必须有。政客们通常会推动邻近地区或城市已有产品的本土化供应，却完全未考虑当初不在本地区而在邻近地区进行投资建设（亦或两地均未建设）这样一个案例事实。

（3）人们一旦到了我们国家，一定会印象深刻。为了给来访人员留下深刻的印象，要靠牺牲社会可能更迫切需要的其他项目才能筹措到相应资金。

更有甚者的理由为：

旅客看到这个项目会有一种身处主题乐园的感觉。这很可能是因为发起人受制于收益率规制，而手上项目的动机是为了促使个人资产膨胀。在这种情况下，通过项目债务融资可以提高发起人的净资产收益率。

总之，良好的财务收益和具有普遍吸引力的论证并不能保证投资是值得的。最终应以节省时间、降低成本和提高安全性为基础，确保收益大于成本。一个财务收益为正而经济收益为负的项目有可能完全依赖于政治赞助。

1.2 财务收益和经济收益

投资项目的财务评估涉及对收入和成本的估算，其中包括对融资成本的估算。此类估算是所有标准商业计划书的基础。在这一点上，相对于任何其他部门的项目，对航空产业或一般运输部门的投资进行财务评估的机制并无例外。为了简化起见，本书提出的财务评估忽略了对项目资本结构这一因素的仔细考虑，而是重点评价了整个项目投入的资金是否能为发起人带来足够的现金收益。此类项目可被认为是由权益资本方 100% 出资的。

项目的经济收益是一个宽泛的概念，财务收益是其中一个子集。在极其特殊的情况下，财务收益是等同于经济收益的。当市场具有竞争性，没有出现税收、补贴或价格管制等扭曲现象时，当所有商品和服务均有相似替代品时，当一个投资项目相对于经济规模而言太小而无法明显改变价格，且产权已被清晰界定时，价格将反映生产一个额外单位产量的收益，成本则反映生产该单位产量所需的资源成本。私营部门的投资者根据预期收入和成本做出投资决定时，将按照私人利润与社会福利同时最大化的原则进行投资。也就是说，投资者无意中便成为众所周知的“看不见的手”的一部分，由此对私人利益的追逐会导致合乎社会需求的资源分配。

在这种情况下，一个私营部门的投资分析师所做的财务评估就足以决定是否应该从整个社会的角度进行投资，而无需公共部门的经济学家进行任何其他可行性测试。然而，在现实中，价格往往被扭曲，产权并不总是得以清晰界定，且替代品可能并不完美，这赋予了某些运营商一定程度的市场势力。这三种扭曲现象将在以下段落中依次说明。

首先，由于税收、补贴或诸如市场投入产出时的最低工资或价格上限等管制的存在，价格可能无法反映全部的资源成本。例如，进项税意味着发起人将支付该投入的资源成本（机会成本），以及向政府转让时所支付的转让税。对于该投入的支付价格，发起人高估了它的社会成本。就社会层面而言，由于投入税的消耗往往低于社会需求，因此，这一价格不能作为合理分配稀缺资源的依据。投入补贴会产生相反的效果。同样，价格管制，如价格上限或下限，可能意味着该价格无法反映出该投入的稀缺性。相反，价格可能反映出商品供应过剩或不足的市场结果。

其次，当产权未被清晰界定时，涉及买方和卖方的市场交易可能会干扰非自愿参与交易的第三方的权利。这些对第三方的影响被称为外部性。换言之，他们与自愿同意交易的各方无关。就航空而言，潜在外部效应的主要事例涉及环境，包括温室气体的排放、空气污染颗粒和噪声。当第三方的产权被清晰界定时，参与交易的各方还必须通过税收或直接赔偿向受交易影响的第三方支付费用。

应当注意的是，对第三方的影响可能不仅仅是负面的。项目可以产生外部正效应，如研发投资所产生的知识溢出效应，但是在航空产业这些效应似乎并不明显（Niosi 和 Zhegu，2005）。如果项目规模足够大，在某项投入的生产过程中实现了成本经济，则可能影响其价格，由此也会产生价格效益。项目带来的对投入的高需求会降低该投入的价格，为与项目无关但也使用该投入的其他公司带来生产收益。

最后，当竞争对手提供的产品不是相似替代品时，消费者可能会承担从一个生产商转移到另一个生产商的成本。在这种情况下，如果是小批量供应（即存在不可分割性），竞争市场可能无法很好地解决供应短缺问题，从而为现有供应商提供了滥用定价权的基础。例如，一个机场（即小批量供应，其供应能力无法在短时间内翻倍）在某城市实现了垄断，同时，另一座可供用户选择的机场远在 2 小时车程之外（构成了转移成本）。那么，垄断机场可以调整价格，试图将所有转移成本转化为额外收入（通过市场势力收取租金）。

由于认识到这种垄断势力，机场提供的价格（航空费用）通常由政府管制，使得这种转移成本无法货币化。转移成本相当于一种资源消耗（开车到另一个机场花费的时间和车辆到达另一个机场的运营成本），因此，机场用户愿意花钱避免这种情况的发生。但是这类支付意愿在财务评估时被忽略了，未在项目收入或成本中记录。虽然转移成本没有货币化，但它衡量了消费者转向竞争性服务商之前，是否愿意支付高于现有价格（航空收费）的费用来继续使用该机场。因此，转移成本构成了该机场竞争优势的衡量标准，即用户将该运营商提供的服务的显著特征（这里主要包括位置或邻近性）与其竞争对手对比并估价，在转换到下一个最佳竞争对手之前，他们愿意向该机场支付多少额外费用（Jorge-Calderón，2013）。

经济评估旨在量化上述三种扭曲现象，并将其纳入项目收益的计算中。

经济评估试图梳理价格扭曲、低效产权和未观测到的支付意愿等问题，以记录项目所使用资源的全部真实价值和项目所产生的全部实际收益。换言之，经济评估旨在试图评估投资对社会的净收益（其中对社会的价值主要反映在设施的使用上），当市场不完善时，通过财务收益评价是无法回答这个问题的。幸运的是，经济评估工具非常适合于包括航空运输在内的交通运输项目。经济评估的标准技术就是成本效益分析（CBA）。

成本效益分析方面的文献资料已经相当完善，也经常涉及交通运输项目的应用。[1] 表 1-1 总结了财务评估和经济评估之间的主要差异。虽然该表只是一个总结表，但明确了应当引起注意的地方，避免了计算过程中的频繁混淆。第 2 章和第 3 章将讨论在航空项目背景下值得特别关注的一些问题。本章 1.3 节涉及贴现率，以及风险和不确定性的相关主题。这些主题并不是航空产业特有的，本章仅概述了本书中给出的处理方式。

表 1-1　投资收益的财务和经济测算：差异和关联

细目	财务测算	经济测算	关联
目标	关注私人投资者的现金流和收益	关注资源的充分利用和为社会创造的价值	两者之间的显著差异可能表明： （1）对政府财政资助的需求度； （2）未开发的收入潜力和价格管制的必要性； （3）无形成本
收入	收益的主要来源	收益的重要来源	经营亏损可能隐藏为社会创造的价值，而其货币化价格可能是政客们无法接受的
经营与投资成本	成本的主要来源	成本的重要来源	差异表明市场扭曲，可能影响运营竞争力

表 1-1（续）

细目	财务测算	经济测算	关联
非货币化用户利益	忽略不计，但指出未开发收入的潜在来源	利益的重要（有时是主要）来源	衡量竞争优势和潜在创收的关键指标
税收	资金外流的重要来源	可以构成外部性的转移或内在化	可能是财务和经济评估二者成本不同，利润低估社会收益的原因
非货币化外部效应	忽略不计	成本的重要来源	非货币化外部效应表明未来政府干预的风险
补贴款	利益的重要来源	几乎总是转移；也可以是外部正效应的内在化	财务收益不足，经济收益为正，给予合理补贴
贷款利息	资金外流和风险的重要来源（此处忽略）	金融资本所有者之间的转移	不重要
贴现率	加权平均资本成本	社会贴现率，或若无社会贴现率，长期政府债券的收益率	两者之间的差异是由于私营部门和公共部门承担风险的能力不同、金融市场的扭曲，以及政府的道德考虑（在本书中大多被忽略）

经济评估的结果使公共部门投资者了解某一项目对社会的经济可行性，而这部分内容独立于项目的财务收益之外。此外，财务分析与经济分析之间的联系还包含四个要素，而这些要素与私营部门投资者之间具有特定的关联性，具体如下。

（1）如上所述，成本效益分析通过衡量用户的非货币化收益，能有效评估某一经营活动竞争优势的货币价值，也表明了对设施现有的给定价格进行定价的权力。政府还可能将这种非货币化收益视为任意税的潜在目标，即征税纯粹是为了增加收入而不是纠正价格的失效问题。

（2）未观测到的消费者剩余是评估因投资项目可能产生的运输量的衡量标准。在这方面，对投资的经济评估中所涉及的计算结果则成为财务评估中预测运输量的输入。

（3）财务成本和经济成本之间的差异指向了竞争优势的可能决定因素，这些因素在政府的权力范围内是可变的。例如，通过经济评估，运营商或许能够确定竞争机场之间存在的异常运输量来源于价格扭曲，而非当地运营的固有竞争劣势所致。

（4）最后，非内生的外部成本可能预示着政府未来征税或实施监管的风险。一个典型案例是，温室气体（GHG）的排放作为长期被忽视的航空社会成本，现如今已被纳入业界的财务成本结构中。若项目上能做出一些让步，则投资者可能会对项目的合同框架更有信心。但合同是一种社会构建，若能带来足够的政治利益，则是可以变更的。寿命长达20年及以上的项目，为政府及其政策的变革留下了充足空间。任何外部成本的规模都应作为衡量运营风险程度的一项标准。

1.3 贴现率、风险和不确定性

贴现率用于估算收益和成本现值，在财务和经济分析中可能有所不同。私营部门财务分析将采用（私营）加权平均资本成本（WACC）进行，这是由股权融资的机会成本、发起人的债务融资成本、发起人的资本结构，以及项目的风险等因素决定的。这些变量相对容易观察。[2]

经济评估中的效益和成本以社会贴现率贴现，从最基本的层面上来说，社会贴现率取决于社会时间偏好率、当地经济的预期增长率和收入的社会边际效用递减率。在财务分析中，相较于加权平均资本成本的组成部分，这些因素更难衡量。此外，如果一个项目的规模相对于国民经济规模来说足够小，那么社会贴现率的风险溢价就应排除。社会贴现率的估算还必须就财务市场的税收和扭曲情况进行修正，并需要内化代际间的外部效应。其结果是，在实践中，估算社会贴现率可能是一项非常烦琐的工作。除非政府公布了官方的社会贴现率，否则分析师最好还是以可交易的最长期政府债务证券的实际利率作为参考。毕竟，这种证券的收益决定了政府在该国进行长期投资的融资边际成本。[3]

这些问题并非航空运输业特有，其在财务和经济评估文献中已得到广泛讨论，而且大部分都是经验性的或以具体项目为基础。在本书中，无论是财务或经济评估案例，都假设贴现率为5%，从而避开了该问题。[4] 本书仅在第7章对航空工业项目的经济分析讨论中，对该问题做了简要回顾。

对财务和经济盈利能力来说，使用相同贴现率的一个典型优势是更易于对现金和非现金规模进行比较。这对经济评估很有帮助，因为某些在经济评估中使用而未在财务评估中使用的非现金收益和成本与私人投资者相关，如消费者剩余。在经济评估中以低于财务评估中的贴现率给消费者剩余估价，可能会使私营部门分析师误以为相对于财务盈利能力，消费者剩余要高于自身实际。出于这一原因，审查投资的经济可行性时，私人投资者可能会以相同贴现率同时进行财务和经济收益贴现，以便更真实地了解该项投资的财务潜力。

当评估基于净现值（NPV）而不是内部收益率（IRR）时，贴现率通常已经包含风险溢价。或者，净现值可使用无风险贴现率来估算，报告的项目净现值将是净现值的风险加权期望值，由净现值估算的概率分布得出。[5] 由于评估内部收益率时，内部收益率不会计算风险，因此估算过程通常包括以下三个步骤。

（1）开展敏感性分析，以了解哪些变量有可能导致项目的盈利能力偏离了估算后的主要情形。

（2）估算风险加权的预期收益率。由此产生的数字将构成项目收益的主要情形或基本估算。

（3）估算项目在低于临界盈利能力运行的概率，规避低于临界盈利能力的情况。确定可接受的最低盈利水平和可接受收益跌破阈值的最大概率是一项管理决策，该决策是根据项目业绩相对于该部门内和更广泛的经济领域中其他投资的风险收益状况来做出的。

开展风险分析的机制并不局限于航空产业，在专业资料中都有详细记载。[6] 因此，本书并未对风险分析进行阐述。在证据不充分的情况下开展标准风险分析时，产生的不确定性相关问题也包含在有关实物期权分析（ROA）的专业资料中。[7] 但是，在存在重大不确定性的情况下，实物期权分析可成为投资评估的核心。本书将在6.2.2节飞机期权价值和7.2.2节的创新航空项目评估中对实物期权的应用进行阐述。

1.4 其他考虑

为了易于表述并且让读者能够聚焦投资评估中的核心议题，本书对投资项目案例进行了大量简化，主要包括以下内容。

（1）评估中假设不存在剩余价值。剩余价值估算没有硬性和速成规定，很大程度上受项目环境、设施性能和技术水平影响，最终取决于评估人的判断（航空公司更新机队的情况除外，这种情况下应该出售旧飞机）。

（2）预测长期需求比较复杂，所以不在本书探讨范围内。本书案例的时间跨度大多是行业中常见的长期幅度。

（3）价格是按照顾客数量平均计算的。本书不涉及定价结构的问题，因为阐述定价结构需要进一步探讨产业组织和监管政策。任何投资评估都必须反映发起人具体的监管情况；投资分析员应该留意价格管制对投资激励的影响。本书将在第5章空中交通管理通过不同例子说明定价政策可能对投资决策产生的各种影响。

（4）经济监管制度的条款这样规定：如果项目受价格规制的管制，那么项目发起人往往会在项目生命周期内定期调整价格。但是本书中的例子假设价格在项目整个生命周期内维持不变，与任何适用的规定收益率一致。

（5）假设价格为实际价格，即扣除通货膨胀后的价格。

（6）评估投入和产出（利润或财产除外）时简化税收。主要目的是为了说明经济评估中如何考量税收的影响，而不是具体税收制度的影响。

（7）假定公共资金不会因税收楔子或任何其他效率损失而产生额外的边际成本。

（8）虽然本书提出的方法对航空客运和货运均适用，但更侧重于客运。当然，讨论涉及航空货运时也会讨论相关的问题。

注释：

[1] 参见 Boardman（2018）以及 Campbell 和 Brown（2016）。更深入的介绍参见 Johansson 和 Kriström（2015）。对运输更详细的介绍，参见 de Rus（2010）。

[2] 更多关于加权平均资本成本估算的内容，可参考有关项目或公司财务的教科书，如 Brealey 等（2017）。

[3] 将评估的重点放在内部收益率而不是净现值上，可以一定程度上避免使用何种社会贴现率的难题。尽管如此，最终估计项目收益来衡量项目是否可行时，仍然需要贴现率。

[4] 介绍成本效益分析的教科书通常涵盖社会贴现率及其与市场利率的关系的内容。如 Boardman 等（2018），Campbell 和 Brown（2016）以及 de Rus（2010）。

[5] 当已经用风险调整贴现率计算了净现值时，从净现值结果的概率分布估计风险加权预期净现值会有重复计算的风险。

[6] Vose（2008）提供了一份实用指南。更全面的总结参考 European Commission（2014）。

[7] 参考 Kodukula 和 Papudesu（2006）。更多技术介绍见 Dixit 和 Pindyck（1994）以及 Trigeorgis（1996）。

第❷章 识别航空产业投资的收益

2.1 作为中间服务的航空运输

从经济学的角度来说，航空运输和运输服务通常属于中间服务。这类服务本身不是目的，而是促成其他隐性生产或消费的手段。没有人是为了飞行而飞行，而是为了出差、拜访亲朋好友、旅游或移民而飞行。所以交通是成本，那么乘客自然希望能最大程度地降低从一个地方到另一个地方的成本。

运输成本不仅包括票价，还包括乘客想要最大限度降低的其他成本因素，这些成本因素可分为以下三类。

（1）时间成本：从 A 地到 B 地所花的时间。

（2）运营成本：出行的运营成本，即机票的全部成本，这往往包括所有基础设施的运营成本（涵盖机场和空中交通管理的费用），以及整个“门到门运输”过程中从出发地到目的地的手续费。

（3）风险成本：运输服务使用者承担的出行风险。他们期望减少甚至消除事故风险。通常情况下，风险成本被认为是可以忽略不计的，但是在基础设施和服务薄弱的地区，风险成本也是重要的成本因素。

客运和货运的成本因素都可分为以上这三大类。此外，在客运领域，越来越多的运输评估也将乘客提高出行舒适度的意愿程度视为一项成本因素，但航空客运在这方面的实证证据还不够有信服力。下面将依次探讨时间、运营、风险这三大类成本因素。

2.2 运输时间

2.2.1 衡量运输时间

门到门的运输时间能直接观察到，是运输时间的组成部分。门到门的运输时间包括从出发地到达机场所需时间；离港旅客手续处理时间，即在机场办理手续的时间；飞行时间，即在飞机上的时间；进港旅客在目的地机场办理手续的时间；以及从机场到最终目的地所花费的时间。以上是门到门的全程运输时间，其长短很大程度上取决于位置因素和基础设施条件。乘客购买机票时就已经决定了运输时间的长度。

然而，在买票前，乘客还有可能承担两种额外的时间成本，即两种类型的延迟。第一种是频率延迟，即乘客的首选起飞时间与航班实际起飞时间之间的误差。增加航班班次可以减少频率延迟发生的概率。第二种延迟是随机延迟。如果首选航班满员，乘客就得更换另一趟航班。随机延迟受客座率直接影响——客座率越高，乘客被迫乘坐另一趟航班的概率就越大。频率延迟和随机延迟统称为调度延迟。[1] 航空公司制定好飞行时间表，确定好客座率目标时，就已经决定了调度延迟所产生的时间成本。

任何提高航空运输能力的投资都会影响门到门的运输时间和调度延迟。实际上，调度延迟很大程度上取决于航空公司的定价和客座率政策，这属于航空公司运营规划的范畴。调度延迟很少受到基础设施投资或设备投资的影响，在竞争激烈的航运市场上尤其如此。如果某航空公司客座率较高，那么剩下的客流量可能流向其竞争对手。在本书后面几个章节的分析中，其他运输时间因素与衡量投资价值的相关性会更加显而易见。旨在提高客座率的投资往往会影响门到门的运输时间，而旨在提高飞机飞行频率的投资往往会影响频率延迟。

衡量运输时间也可用于评估航空货运投资。货运代理公司在一定程度会使用航空运输节省时间来降低运营成本，比如易变质产品和准时制物流链中的高端制造商。货运和客运时间效益评估的原则是相同的。

实际上，节省时间产生的效益是决定航空产业投资收益的主要因素。为了评估避免延迟所带来的价值，有必要了解乘客愿意花多少钱来避免延迟进而节省时间。

2.2.2 时间的价值

乘客愿意为了节省时间而花钱，因为节省的出行时间可以用于其他生产性或休闲活动。为了节省时间，乘客愿意花费的金额称为“时间的货币价值”，简称“时间的价值”。

可以用一个简单的例子来说明时间估值背后乘客的直觉判断。假设从 A 地到 B 地有两种出行方式可供出行者选择。方案一：从 A 地到 B 地需要花费 4 小时，花费 50 欧元；方案二：从 A 地到 B 地需要花费 1 小时，花费 110 欧元。两种方案的其他条件都相同。乘客需要决定是否值得花费 60 欧元（两种出行花销的差额）来节省 3 小时（两种方案所花费时间的差额）的出行时间。如果答案是肯定的，这意味着对于该乘客来说，每小时的时间价值（VoT）至少值 20 欧元（60 欧元除以 3 小时）。该乘客为了节省 1 小时，愿意至少花费 20 欧元。如果答案是否定的，对于该乘客来说，每小时的时间价值不值 20 欧元。

为了计算具有统计学意义的时间货币价值（通常以每小时的货币单位表示），相关研究收集了许多此类选择的数据。时间的价值是由许多变量决定的。其中一个关键变量是收入（或生产率），这与时间价值有直接关系。本书的案例假设时间价值平均每年增长 2%，与假定的人均收入增长一致。[2]

其他因素如出行目的也会影响时间价值。一般情况下，工作时间、休闲时间和通勤时间的时间价值是不同的。有证据表明，人们更愿意为节省工作的出行时间花钱。本章的附录 A2.1 附有不同类型时间价值与生产率之间关系的分析框架示意图。

基于时间价值的相关研究已经广泛开展，一些政府官方指南和学术文献都估算了时间价值。比如欧盟委员会赞助的知名研究项目——交通运输成本及项目评估欧洲协调方法（HEATCO）（2006）发现，按 2002 年的价格计算，在欧盟（EU）国家中，航空商务出行者的平均时间价值为每小时 32.80 欧元，而长途休闲出行者为每小时 13.62 欧元。Wardman 等（2016）提供了更新的欧洲范围内的调查结果。调查发现，在一些较大的欧洲国家中，商务旅行的时间价值为每小时 40～60 欧元。在撰写本书时，根据美国政府（美国交通部）2016 年的最新指南，商务旅行的时间价值是每小时 63.20 美元，私人旅行是每小时 36.10 美元。[3] 另外，这些研究和指南也包括关于误差幅度的估算指导。

由于产品的易变质属性、产品的价值重量比或价值体积比，以及准时制生产链的时间敏感性等因素，货运部门会为缩短运输时间而花钱。航空货运的时间价值难以估算，更不用说按产品易变质的程度分类估算了。广泛使用的运输评估指南没有解决这个问题，其对时间价值的估算限于最常见的地面运输模式（详见2006年的HEATCO和2013年法国政府智库的数据）。一些证据表明，运输一个量级的货物航空货运平均时间价值为每吨每小时200欧元。[4] 贸易文献中也有一些间接证据支持该结论。[5]

2.3 运输的货币成本

2.3.1 运输的“自付”费用

运输的货币成本包括乘客或托运人在门到门的运输过程中自行垫付的费用（含门到门运输链所有环节的运营成本和资本收益，如机票以及乘客或托运人到达或离开机场支付的运输工具的费用）。通常情况下，票价包含向基础设施提供商支付的费用。然而，如果票价不包含基础设施费用，该费用也应该属于“自付”费用。

无论是航空客运还是航空货运，乘客和托运人的货币成本，以及运输投入时间的长短，是决定用户采取何种路线、何种运输方式，以及是否出行或运输的关键因素。

然而，由于出行的货币成本经常被扭曲，所以经济评估还需要考虑一些额外因素。

2.3.2 运输货币成本的扭曲

乘客支付的费用，也许不能反映运输服务提供商用于生产乘客所购买运输服务的资源的机会成本。税收、补贴、外部性和不完全竞争都会导致价格偏离资源的机会成本。在这种情况下，经济评估需要对观测价格进行调整。

图2-1说明了税收对投入的影响。$S+t$ 表示投入的供给曲线，投入价格

比原来价格高，增加了从量税 t。S 表示无扭曲的商品供给曲线，反映投入的机会或经济成本 p_e。税收导致商品供给不足，供给从 q_{e1} 下降到 q_1。换言之，该项目导致投入需求从 D_1 增加到 D_2，需求数量从 q_1 转移到 q_2。观测价格 $p+t$ 保持不变，该价格是项目发起人在计算项目财务收益时的成本价格。然而，该财务成本包括了通过增加供应不足商品的数量产生的福利收益，即 $abde$。$abde$ 是政府对投入征税获得的财政收入。经济分析必须扣除观测投入成本 q_1abq_2 中的福利收益，所以投入的最终经济成本是 q_1edq_2。这种反映经济成本的价格称为投入的“影子”或经济价格，供经济评估使用，以区别于自付价格、观测价格和市场价格。

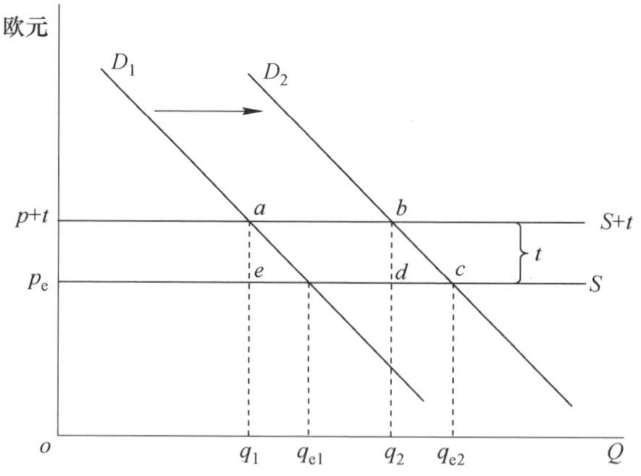

图 2-1　税收对投入的货币成本和经济成本的影响

如图 2-1 所示，经济成本的考量因素对于乘客来说是无关紧要的，因为不论其他价格多么扭曲，乘客根据自付价格决定是否出行。所以在对一项投资进行经济或财务评估时，应该根据自付价格而不是影子价格来推断消费者行为。经济分析也应该使用财务分析中的观测数量，因为这是项目的实际商品供给数量，但应该以价格 p_e 对商品估值，而不是价格 $p+t$。

调整能源成本（征收能源税的情况下）和劳动力成本是最常见的处理方式。税收和社会保障缴款净额可以看作转移支付，将其从成本中扣除后，可以得到劳动力的影子价格，又称影子工资。本章 2.7.6 节将更全面地阐述就业问题。

补贴与税收恰恰相反。在财务分析中，补贴属于项目的收益或者是节省的投资成本或运营成本。而经济分析认为补贴是从政府到项目的资源转移，因此必须将补贴加回成本。

发展中国家更容易出现价格扭曲的现象，例如，资本管制以及正规部门与非正规部门之间的巨大价格差异。经济学文献更全面地论述了影子价格，读者可以参考这些资料。[6]

最后，虽然估算财务收益不需要调整货币价格，但货币价格能够反映与私人投资者财务收益有关的有用信息，也能指出政府政策可能在哪些领域不能发挥作用并影响乘客的出行选择，以及政府政策未来可能的变化及其在哪些领域会对市场价格产生影响。

2.4 事故风险

人们愿意花钱来降低意外事故造成的严重伤害和损失。同样，货运代理公司购买货物运输险，加强货物运输的安全防损工作。另外，意外事故还会产生医疗和法律费用，以及设备和财产损坏造成的损失。因此，如果运输项目能减少事故风险，就可以产生效益。加强安全保障是任何运输项目评估的法定组成部分。然而，对于航空制度完善的国家来说，一般航空产业投资项目在降低事故风险方面获得的收益相对于其他收益来说较小。

通过降低事故风险带来的收益体现在两个方面：第一种收益体现在加强目前运输方式的安全性。在航空制度完善的国家，根据制度要求，如果航空业务未达到安全标准，则不能开展服务，所以死亡和重伤的风险非常低。如果一项航空产业投资旨在使设施达到安全标准，那么提高安全性这一益处对该投资来说并不具备吸引力，因为如果不投资，设施根本无法运行。所以，投资与否取决于达到安全标准的必要投资成本是否能使设施维持运行。

然而，事实上加强安全保障这一益处和旨在提高安全性的投资评估没有（直接）相关性。相反，对安全措施的经济分析和安全标准的确立具有相关性。这种情况下，需要对政策进行经济评估，而不是对投资项目进行经济评估。政策一旦制定，安全标准会决定项目设计的特点和成本，并通过这些成本影响单个项目的可行性。在这方面，项目评估通常都会（间接）体现安全成本和收益。

降低事故风险给项目带来的第二种收益体现在以下情况：项目涉及不同交通方式之间的转换。不同交通方式虽然符合安全监管标准，但安全系数并不相同。公路运输的每单人千米事故发生的频率通常高于航空运输和铁路运输，但却不是航空运输的替代方案。对于短途旅程而言，最合适的航空运输替代品是高速铁路（但是高铁的安全系数与航空运输相近）。

乘客通过公路运输方式在不同机场之间往返时，公路运输与航空运输评估相关。但是，在正常的驾驶条件下，航空项目避免道路事故带来的收益只是众多收益之一（详见本书4.1节关于绿地机场的讨论）。

因此，安全性通常在证明航空运输投资的合理性中起次要作用。[7] 在制度框架薄弱的项目中，如果航空和其他运输方式达不到国际安全标准，那么安全投资在项目效益中占据更重要的位置，然而本书并不涉及此类情况。

2.5 外部性

2.5.1 概述

如2.3节所述，用户价格可以通过税收和补贴等机制被扭曲。此外，用户价格被扭曲还可能因为用户价格没有反映出航空运输项目中不直接作为消费者或生产者的当事方所承担的成本。如1.2节所述，用户价格扭曲的根本原因是产权定义不明确。在任何自由市场中，生产和销售任何商品或服务都是交易直接参与者自由交易决定的结果，即消费者的购买决定和生产者的销售决定。此类决定基于双方各自认为的成本和收益，取决于双方一致认为交易对双方都有利。

福利经济学认为，当交易给社会福利带来净收益时，该交易对社会才是有价值的。当一种商品或服务对消费者而言的价值高于其生产中消耗资源的价值时，就会产生净收益。交易双方遵循各自意愿，同意交易时，交易将对社会产生效益，即改善社会福利。

虽然第三方不参与提供或使用服务的决策过程，但是交易可能会给第三方带来成本。第三方可能没有法定权利要求对自己承担的成本或受到的损害进行赔偿，例如，不得不忍受飞机噪声或迫于机场设施的修建而搬迁的居民。事实上，世界人口的很大一部分都属于第三方，因为大部分人口都不得不为温室气体排放导致的全球变暖承担代价。

越来越多的发达国家通过补偿、税收以及其他对生产或消费的限制来授予事实上的产权，确保交易的主要参与者（即买方和卖方）在交易决定中承担第三方的成本。这些成本包括燃油税（撰写本书时通常不包括商业航空的情况）、购买排放权的条件以及与噪声相关的机场着陆费。这些措施“内化”了第三方或“外方”承担的成本。通过这些措施获得的资金可用于经济补偿，如给受噪声影响的居民区安装双层玻璃、补贴搬家费或投资碳捕捉领域，比如林业。虽然交易只有在对买卖双方都有利的情况下才会发生，但交易决定的经济计算包括了第三方会承担的成本，因此交易可以改善社会福利。2.5.2 节和 2.5.3 节更详细地探讨了排放税和排放权（包括碳排放权交易和碳排放抵消），以及如何在经济评估中考量排放税和排放权。

如果项目的外部性被内化，那么投资的财务收益包括外部成本。此外，生产和消费的商品数量会反映该成本。如果没有其他扭曲，项目的财务收益也会体现经济收益。

然而，当外部性没有被内化时，财务分析就不能反映外部性。因此，投资的经济评估的财务计算应该包括外部成本。能否计算外部成本取决于是否能获得外部性的影子价格数据。航空领域的主要环境外部性包括温室气体、尾迹、噪声和空气颗粒。许多学术文献估算了外部成本，但估算过程大多采用特定的估算方法，估算结果也只适用于特定区域。因此，综合参考了大量论文成果的研究比较严谨。欧盟委员会（2019）提出的观点涉及不同的运输方式，更加全面。[8]

另外，由于生产和消费的数量不会受外部效应影响，所以生产和消费会比成本被内化时高。那么由此产生的经济成本也往往会比成本被内化时更高。

经济分析扮演双重角色。经济分析能帮助公共部门规划者衡量项目给社会带来的实际收益。它还有利于项目的发起人，因为经济分析能够指明未来政府干预的风险领域来辅助私营部门分析人员进行评估分析。然而，虽然经济分析确定了项目风险并衡量了潜在成本，但最终通过政府干预来内部化外部成本造成的实际成本取决于政府决定采用的具体政策。

有一种情况是政府干预旨在实现其他目标，但干预结果与直接旨在内部化外部成本的结果相似。以筹款为目的而任意征收的航空乘客费等项目就是其中一个例子。如果在原机票票价的基础上额外收取的费用最低幅度与内部化现有外部性的幅度一样大，就经济分析而言，对航空乘客的收费可以完全抵消外部性的影响。

另外，外部性不仅产生成本，还可以创造收益。例如，航空项目能缓解交通堵塞，也能创造适用于其他行业的技术。

除了外部性之外，航空产业投资还可以通过二级市场的价格效应给第三方带来好处。航空服务在其所在区域能推动开展大量经济活动，并且促进某些产品实现规模经济。如 2.7.3 节所述，这是项目的间接有效经济效益。

当一个航空项目通过外部性或间接利益使第三方受益时，航空产业投资者可以争取获得第三方的投资支持。这是经济评估产生的另一个重要项目信息，对管理很重要，但财务评估忽略了这一点。

2.5.2 排放税

虽然一些司法管辖区征收飞机燃料税，但是商业航空通常免除飞机燃料税（征税的另一个对象可能是飞机噪声）。本节以航空燃料为例，探讨经济分析如何考量这些税收。本节的外部性指温室气体（GHG）的排放。温室气体排放引起气候变化导致外部的损失，燃油颗粒的排放也会威胁人类健康。上述只列举了与气候变化有关的危害，缩小了危害范围。

图 2-2 是考虑航空燃油税后的情况，是图 2-1 修改后的版本，图 2-1 和图 2-2 都围绕投入分析。假设这一次的市场投入是为包价旅游提供的航空服

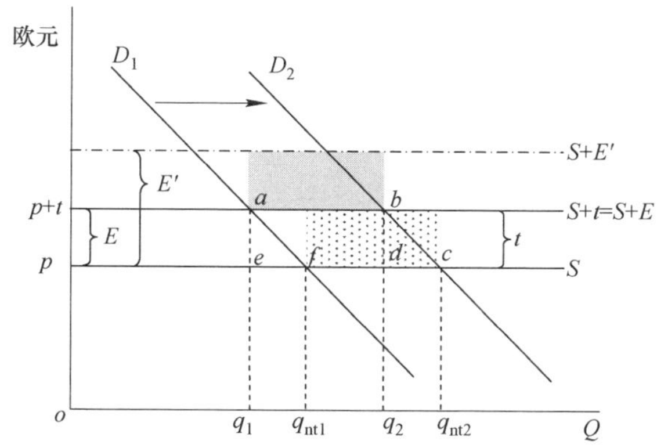

图 2-2　通过税收内部化外部性

务。随着旅游业的发展，包价旅游需求增加（图中未体现），这反过来使航空旅行需求从 D_1 增加到 D_2。S 表示航空服务的供应。随着需求的增长，航行总行程沿横轴增加。

与图 2-1 的情况不同，现在假设有环境外部性 E，每个乘客给社会增加的成本为税收 t。我们可以把 E 看作是温室气体排放引起的气候变化给社会其他人造成的损害或成本。加上税收，航空市场的供给曲线将是 $S+t$（等于 $S+E$）。那么乘客的总票价（含税）等于矩形 abq_2q_1 的面积。

按照 2.3.2 节的思路，如果转移税收，$abde$ 是政府的财政税收，edq_2q_1（扣除税收 t）的收入才属于航空公司。投入成本应该扣除转移的税收。航空公司的收入 edq_2q_1 可以衡量航空公司对包价旅游产品投入的资源成本，代表投入的全部社会经济成本，p 能衡量社会边际成本。但是，还要考虑社会边际环境成本 E，所以项目给社会增加的成本等于 $abde$，这也是社会的资源成本，必须在经济评估中加回成本。

第二种情况假设没有税收 t，但存在环境外部性 E。S 曲线表示顾客觉察到的或市场面临的供应。那么航空旅行的起始数量是 q_{nt1}（nt 表示“不征税”）而不是 q_1。随着需求从 D_1 增加到 D_2，交通量增长到 q_{nt2}，b 点不再是市场均衡点，c 点才是新的市场均衡点。点状矩形区域的面积表示由交通量的增加而导致的环境损害。

财务分析中，航空公司的收入为 $fcq_{nt2}q_{nt1}$，因为没有税收，其经济成本显而易见。但是我们还需要加上外部性 E（收入没有反映 E），总资源成本最终为航空公司收入 $fcq_{nt2}q_{nt1}$ 加上点状区域。

比较前两种情况（征收污染税和不征收污染税）时，征税的结果是让乘客为他们给社会造成的环境危害买单。征税条件下的航空运输量是 q_2，即让乘客承担他们造成的外部性成本下的航空运输量也是 q_2。那么他们面对的是供应曲线 $S+E$，而不是 S。在征收污染税的情况下，自付费用和税收总额也构成了经济价格。税收在经济评估中无须转移，无须从成本中扣除。而在不征收污染税的情况下，由于没有税收，那么污染的经济成本需要加到市场价格中，才是航空旅行的全部社会成本。有税收的情况下，外部成本被内部化，而没有税收的情况下，外部成本不会被内部化。

还可能有第三种中间情况，我们回到有税收 t 的情况。此时，每位乘客对环境造成的损害是 E' 而不是 E。税收并没有完全反映温室气体排放产生的全部环境成本。阴影矩形的面积表示超出的环境成本。

就计算步骤而言，在第三种情况下，财务分析视 abq_2q_1 为航空公司收入的总税额 t。为了估计社会经济成本，评估人从投入价格（即机票）中扣除转移给政府的财政收入 $abde$，然后加上外部性（未在收入中体现），相当于 $abde$ 加上阴影（非点状）矩形的面积。也可以用另一种方法计算经济成本：收入的总税额，即面积 abq_2q_1，加上税收中未体现的超额外部性，即阴影矩形的面积。

这三种情况反映了两个关键信息。第一，航空旅行的社会资源成本等于航空公司的税后收入加上给社会带来的环境成本。税收也许不等于污染边际成本——事实上，税额可能根本不是针对污染征收的，可能只是为了增加政府收入。因此，当评估涉及税收和排放时，评估人必须清楚污染边际成本（E）（2.5.3 节谈到基于市场机制的情况下，分析人员可能不需要知道污染边际成本）和边际税率（t）。第二，税收除了增加政府收入之外，还能通过提高机票价格来影响交通总量，航空旅行的价格也能回到乘客实际承担污染成本的价格，从而提高航空运输的经济效率。[9] 无论税收是为了控制污染，还是仅仅为了增加政府收入，对航空运输和项目评估经济效率的影响是相同的——最终形成的市场价格是有效的，没有必要进行任何额外的调整。

最后，碳足迹的影响十分重要。无论是否有税收，项目都会增加排放，排放与交通流量成比例增长。航空运输部门和全球（或整个社会）的碳足迹都会整体增长相同的数量。税收的作用只是确保社会对航空旅行的重视程度至少与社会对航空旅行给社会带来的资源成本（包括运营航空公司的成本和环境成本）一样高，满足经济效率的先决条件。但是，虽然没有税收，排放量会更高，但有税收的情况下，社会总排放量也有可能增加。

总而言之，项目的经济评估衡量的是，和没有项目的情况比较，项目给整个社会带来的社会价值和变革成本。如果一个项目导致总社会排放增加，那么也会导致总社会成本的增加。同时，对投入的征税高估了投入的机会成本（不包括污染）。在计算项目的社会价值时，项目价值会随着投入中的污染税的变化而变化，项目的最终净价值取决于如何考量税收和污染。如果税率等于污染的社会成本，则污染的净效应为零，因为污染成本等于税收高估投入的（污染前）机会成本的幅度。如果税收低于污染成本，则评估人计算项目的净经济成本时，必须加上税收和污染成本之间的差额。如果污染税高于污染成本，则项目产生的污染能为社会创造净收益。

2.5.3 节讨论内部化外部性的另一种方式。通过这种方式，项目会导致航空运输部门的排放量增加，但至关重要的是，整个社会的排放量不会增加。这改变了计算社会价值时考量排放者支付的价格（不是税收）的方式。2.5.4 节包含两种机制下计算经济价值的非常简单的算例。

2.5.3 排放权交易体制和碳抵消机制

内化外部性的方式除了征收环境税以外，还可以要求污染者减少污染。不同的实体可以通过使用和发放可以在市场上交易的污染权来达到污染和减排的目的。在国际航空领域中，有两种防治污染的市场机制（MBM），分别属于不同类别：一种是国际民航组织推行的国际航空碳抵消和减排计划

（CORSIA），使用范围最广，该计划属于“抵消”机制；另一种市场机制是欧盟的排放交易系统（ETS），属于“总量控制和排放权交易体制”。

我们先看看这两种机制的一般运作方式。根据抵消机制的要求（如CORSIA），航空公司需要购买抵消（CORSIA 称其为“单元”）。捕获碳的项目提供抵消，例如，通过在地下挖掘碳来捕获碳，或者通过植树来捕获碳的项目。排放的总吨数可能会增加，但由于排放被抵消，残留在大气中的净排放量为零，航空公司由此实现碳中和。

总量控制和排放权交易体制的运作方式不同于抵消机制。总量控制和排放权交易体制的管理机构为市场机制中所有部门每年的碳排放总量规定了上限。在撰写本书时，欧盟的排放交易系统主要涉及能源生产、工业和航空领域。每年会给市场机制的参与者分配规定数量的排放权（在 ETS 中称为“配额”）。对于一家航空公司来说，要增加排放量，它必须从其他市场机制参与者那里购买排放权，无论是从其他航空公司还是从能源生产公司购买。如果能源生产公司，比如电力生产公司，想要既出售排放权，又继续生产，那么该公司必须投资发展不排放温室气体的其他发电技术，那么也就不需要排放权。

上面介绍了两种机制的一般运作方式。对任何市场来说，规则可以改变市场的功能。还有其他可能，比如综合使用这两种机制的市场。例如，纯粹使用总量控制和排放权交易体制时，市场参与者是没有空间发放抵消的，但欧盟的排放交易系统的总量控制和排放权交易体制允许发放一定数量的抵消，不能更自由地获取抵消不是由于技术的限制。综合使用两种机制的市场模糊了总量控制和排放权交易体制与抵消机制之间的界限。

就经济评估而言，分析人员可能会遇到航空公司必须购买市场上的排放权的项目——也许这些市场受不同的市场机制管制。在极端情况下，理论上，欧洲飞机可以早上在欧洲经济区内执行返程飞行，要求购买总量控制和排放权交易体制要求的配额，然后在中午返回 CORSIA 签署国的非欧盟国家，要求购买抵消，并在晚上返回排放可能根本没有被内部化的 CORSIA 非签署国。此外，在任何时候，不同市场机制下碳的市场价格可能不同。不同市场机制下碳的市场价格可能与碳社会成本估计值有很大不同，碳的社会成本估计值是估计污染造成的社会成本，在2.5.2节的图2-2中表示为E。

财务评估中对市场机制下价格的考量很简单：市场价格，即现金流出，是污染的成本。但这种市场价格可能和社会成本不同，那么分析人员应该如何在经济评估中为市场机制下的排放定价。正如我们所见，在一般的总量控制和排放权交易体制或抵消机制中，只要市场机制价格高于0欧元，那么项目排放的经济成本由市场机制价格决定。

实际上，总量控制和排放权交易体制下配额交易可以有效进行。排放权用的排放权数量（限额）高于所需的排放权数量，那么排放权的价格就为零。同样，在抵消机制中，理论上如果捕获温室气体的成本为零（说明没有外部性），那么抵消的市场价格将为零。在这种情况下，无论是在总量控制和排放权交易机制还是在抵消机制下，都不能为了排放污染而放弃任何东西。然而，如果排放权价格在零以上，排放权是稀缺的——这表示，排放权有机会成本。排放权的市场价格衡量机会成本。在总量控制和排放权交易体制中，机会成本是其他人放弃排放的成本。在抵消机制中，机会成本是其他人减少排放的成本。此外，在没有项目的情况下，其他人既不放弃也不减少排放。因此，与没有项目的情况相比，实施项目不会对社会排放造成任何净增加。

换言之，碳的社会成本能衡量社会多排放1吨碳的成本。由于净排放没有排放额外的碳，所以碳的社会成本不能衡量社会额外排放碳的成本。应该用市场机制价格衡量，即确保不额外排放1吨温室气体的成本，结果如图2-3所示。

先从衡量社会成本开始，总量控制和排放权交易体制下排放权的价格为0欧元。当排放权的价格为正数时，就会带来社会成本。排放权的价格为正数时，上述关于总量控制和排放权交易体制的规律也适用于抵消计划。本章附录A2.2更详细地介绍了两种市场机制之间的等效性。更正式的分析见Johansson（2015；2016）或Jorge-Calderón和Johansson（2017）。

图2-3是航空公司视角下的二氧化碳排放市场。横轴是燃料（F）和排放的综合投入。分析从航空公司的角度出发，假设燃料为同质燃料，使燃料

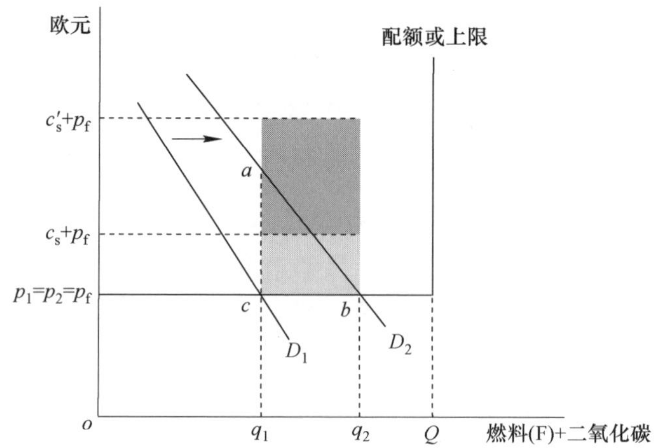

图2-3　总量控制和排放权交易体制下排放（未达到上限时）的经济成本

与排放之间存在固定的比例关系。附录 A2.2 放宽了这一假设。

纵轴上的价格 p 代表排放 1 吨二氧化碳的私人成本。Q 代表排放的年度配额或上限。当达到配额或上限 Q 时，供应曲线变得毫无弹性（即垂直），因为达到上限的行业不能继续排放。在达到 Q 之前，配额的价格是 0 欧元，因此排放的供给曲线将沿着横轴运行。

需求曲线 D_1，代表排放二氧化碳的需求远低于 Q 的情况。在 p_1 价格燃烧燃料的私人成本，仅包括燃料成本 p_f。沿着纵轴，c_s 代表碳排放的低社会成本。c'_s高于燃料价格，代表碳的高社会成本。

假设一个投资项目促进了航空旅行需求的增长（可以假设与 2.5.2 节相同的包价旅游案例），进而导致排放需求从 D_1 增长到 D_2。燃料和排放综合投入从 q_1 增加到 q_2。在这种需求水平下，排放权是免费发放的，所以消耗燃料的私人成本没有变化（$p_1=p_2$），仅包括燃料价格。燃料需求增加部分的私人总成本包括 cbq_2q_1。同时，由于碳 c_s 的社会成本低，燃料排放复合物增加的社会成本等于私人成本 cbq_2q_1 加上浅色阴影区域。相反，如果碳的社会成本是 c'_s，社会成本还要加上暗色阴影区域。

截至目前，财务和经济评估对外部性的考量与我们在 2.5.2 节讨论环境税时看到的无内部化的情况完全相同。私人成本是燃料价格，社会成本是燃料价格加上外部性成本。通过消耗更多的燃料排放复合物而增加的私人价值来自排放者的消费者剩余，用三角形 *abc* 来衡量。在碳 c_s 的低社会成本的情况下，外部性（浅色阴影矩形的面积）看起来与私人增值三角形 *abc* 的面积大致相似。因此，航空运输需求增长的净社会价值预计约为 0 欧元。

相比之下，在高社会成本 c'_s 的情况下，总阴影面积（浅色阴影面积加上暗色阴影面积）大于三角形 *abc* 的面积。因此，排放造成的外部性高于私人增值。因此，在成本 c'_s 的情况下，没有任何其他外部利益，航空旅行需求的增长将导致净社会亏损。

一旦对燃料排放复合物的需求达到上限 Q，并且配额价格变为正数，情况就会发生显著变化。如图 2-4 所示。需求最初是 D_1，排放价格是 p_1。这是由燃料成本 p_f 加上排放配额成本（$p_{a1}=P_1-P_f$）得出的。该项目导致航空运输需求从 D_1 增长到 D_2。最后配额的价格从 p_{a1} 上涨到 p_{a2}。

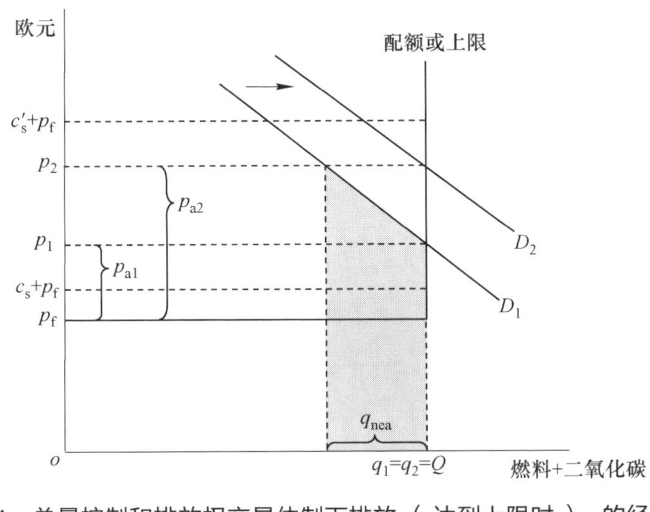

图 2-4　总量控制和排放权交易体制下排放（达到上限时）的经济成本

请注意，总社会排放量不会增加，保持在 Q 不变。这对理解经济评估中税收和市场机制的考量差异至关重要。另外，碳的边际社会成本衡量的是多排放 1 吨碳对社会造成的损害。假设碳的边际社会成本是 c'_s，c'_s不能代表项目排放的社会成本，因为与没有项目的情况进行比较时，项目不会给整个社会带来额外的排放。如果没有该项目，需求将保持在 D_1，排放总量将保持在 Q，与有项目的情况相同。

这并不代表航空运输的排放量不会增加。航空运输新的排放总量是沿横轴的 q_{nea}，但是社会整体的总排放量没有增长。如果没有该项目，所有排放量 q_{nea} 会由其他部门排放。航空公司购买其他部门放弃的排放权，取代其他部门成为排放者。这在市场机制文献中称为“水床”效应，指的是挤压水床的一个区域不会改变水床能容纳的水的总体积，水只是流动到其他区域。

因此，在总量控制和排放权交易体制下，航空运输排放的机会成本就是其他部门停止排放所需的成本——所以，需要激励其他部门向航空公司出售排放权。如图 2-4 中的阴影区域所示，这可以通过其他部门为获得排放权愿意支付的最高价格来衡量。可以将温室气体排放量 q_{nea} 乘以有项目和无项目情况下的排放配额价格平均值（$(p_{a1}+p_{a2})/2$），计算出其他部门为获得排放权愿意支付的最高价格。当其他部门知道至少要花费以上计算的价格，那么无论是使用更清洁的技术继续生产还是干脆停止生产，都是值得的。

因此，对于市场机制，只要排放权价格高于零，排放权价格就可以衡量污染的财务和经济成本，没有必要像 2.5.2 节讨论的税收那样调整排放权价格和碳的社会成本之间的任何差距。

这些结论也适用于总量控制和排放权交易体制中上限过于严格的情况。假设碳的社会成本是 c_s 而不是 c'_s，而项目仍然能够将排放权价格从 p_{a1} 推高到 p_{a2}。配额价格高于排放的社会成本，项目将配额价格推得更高。人们可能会倾向于将排放定价在 c_s。但是，对于愿意向航空公司出售排放权的部门来说，航空公司排放额外碳的机会成本保持在碳的价值（花钱排放碳的意愿），所以可以用出售价格来衡量碳的价值。

项目将在过于严格的市场机制上限下运行，但是上限不会随着项目改变而改变——无论是否有项目的存在，上限是一个外部强加给项目的既定规则。在经济评估中，这是给排放正确定价的一个关键条件，2.5.4 节将进一步讨论这一条件。

如果不是在总量控制和排放权交易体制下，而是在抵消机制下，结果也是相同的。2.5.4 节运用比较简单的算例和 2.5.2 节中讨论的税收机制的类似示例，说明如何在不同市场机制下计算污染的经济价值。本章附录 A2.2 更详细地用图表表示了两种市场机制——总量控制和排放权交易体制，以及抵消机制——如何对成本效益分析（CBA）产生相同的影响。

2.5.4 存货盘点和实际考虑

前文探讨的税收和市场机制对项目排放权定价的影响可以总结如下：决定排放权经济价格的重要因素不是项目本身的排放量，而是项目对社会总排放量的影响。如果项目增加了社会碳排放，排放的经济成本就是碳的社会成本。如果项目没有带来碳排放净增加，排放的经济成本就是确保净碳排放不增加的成本。

举一些简化的算例可能会帮助理解。在征收排放税的情况下，项目的净排放量相当于社会排放量，排放行为本身带来的福利收益或损失取决于税收对碳的社会成本的影响。假设实施一个项目之后，某航空公司在第 t 年排放 300 万吨二氧化碳（假设“有项目”），如果没有该项目，该公司在同年即第 t 年排放 200 万吨二氧化碳（假设“没有项目”）。那么在第 t 年，该项目带来的净社会排放量增加了 100 万吨。假设碳的社会成本是每吨二氧化碳 50 欧元。该项目在第 t 年会带来社会净成本 5000 万欧元（=100 万吨×50 欧元），降低了项目价值。如果该航空公司需缴纳碳税每吨 50 欧元，该项目给航空公司的税务增加 5000 万欧元。先不计污染税，对投入的征税属于政府，因此在经济评估计算投入成本时要扣除这部分。因此，项目对投入成本会高估 5000 万欧元，需要从成本中扣除，从而使项目价值增加 5000 万欧元。在计算项目净价值时，5000 万欧元的税收提高了价值，5000 万欧元的污染社会成本降低了价值。污染的净效应将为 0 欧元（=5000 万欧元-5000 万欧元）。

如果排放税是每吨二氧化碳 30 欧元，投入成本会高 3000 万欧元。就净价值而言，污染行为将导致项目价值降低 2000 万欧元（=3000 万欧元-5000 万欧元）。如果排放税高于碳的社会成本，比如每吨 60 欧元，那么污染会提高项目价值 1000 万欧元（=6000 万欧元-5000 万欧元）。

就市场机制而言，经济成本是排放权的价格或抵消的价格。先看总量控制和排放权交易体制，项目会增加排放量 100 万吨，所以发起人不得不购买 100 万吨额外的排放量。这些排放量由另一家企业的经营者出售给项目发起人，但是在“没有项目”的情况下，该经营者本身会使用这些排放量。经营者通过将排放量出售给项目发起人，会减少排放量 100 万吨。因此，该项目不会导致整个社会排放量的净增加。由于社会看不到“有项目”的排放量相对于“无项目”的排放量增加了，排放量净增加的成本为 0 欧元（=0 吨×50 欧元）。排放权的价格是航空项目的投入成本，从经济角度来看，排放权价格衡量了向航空公司出售排放量的部门所放弃的价值。排放权的价格是高于还是低于碳的社会成本并不重要。不论是 30 欧元、50 欧元或 60 欧元（为了方便说明，假设价格与上述税收相同），排放的财务及经济成本均为排放权的价格。

市场机制的抵消机制中出售碳信用额度的卖方与市场机制的总量控制与碳排放权交易体制中排放权卖方承担相同角色。项目增加的 100 万吨排放量需要购买 100 万吨的碳抵消排放权。抵消的合约方通过比如种植额外树木的方式增加碳抵消排放权的数量。没有航空公司项目的情况下，这部分树木不会种植。最终，社会排放量的净增加为零。抵消的价格构成财务和经济成本，因为在竞争激烈的抵消市场中，抵消的价格衡量抵消合约方种植更多树木的资源成本（如上所述）。

总而言之，项目要承担确保整个社会的碳排放不会增加的财政和经济成本，如果碳排放增加，额外的排放将按碳的社会成本定价。

因此，在实践中评估市场机制下的项目时，确定项目是否确实导致了净社会排放量增加是至关重要的。这取决于现有特定的市场机制的形式和运行完整性。例如，在欧盟排放交易系统中，欧盟在 2015 年引入了市场稳定储备机制，该机制下任何超额排放配额（在欧盟排放交易系统中称为排放权）都会被储存起来。2018 年引入了新的规则，满足某些条件后，储存的配额将从系统中永久消除，这意味着上限将降低。[10] 这给上限的设立带来了新的可能性，而不是像在介绍通用总量控制和排放权交易体制时所假设的那样由外部设定，至少上限成为配额需求变化的部分内生因素。

这意味着项目影响排放需求可能会影响上限，以及随之而来的社会总排放量。按照水床的类比，水床会被刺破，至少部分刺破，并且在一段有限时间内保持。如果是这样的话，由于项目导致的社会排放净变化，而对上限造成了影响，那么上限的变化在经济评估中应该按碳的社会成本定价，而其余的排放应该按排放权价格定价。附录 A2.3 用图表分析了该结果。更正式的阐述见 Johansson（2020）。

分析人员需要估计项目可能影响上限的程度。但是 2020 年撰写本书时，关于如何衡量这种影响（特别是欧盟排放交易系统）的文献才刚刚出现。[11] 在方法的有效性得到证实之前，一个可行的假设是采用“小项目”假设，市场机制不会对限额产生有意义的变化，并默认市场机制为通用市场机制。尽管如此，强烈建议分析人员用碳的社会成本而不是排放权价格来测试项目的可行性。在任何情况下，对于长期项目，理所当然预测市场机制监管者会高效行事，并随着时间的推移使市场机制价格与碳的社会成本趋同。

另外，总量控制和排放权交易体制的另一个问题是“泄漏”问题。“泄漏”问题指的是为了避免购买排放权，经济活动转移到不受总量控制和排放权交易体制管理的地区。假设 A 国的一家工厂的污染排放受该国的总量控制和排放权交易体制管制，该工厂想要扩大规模，但预测未来排放权的价格会上涨。如果排放权价格较高，那么利用现有技术生产没有利润。工厂有两个选择，要么转向采用更清洁的技术，要么搬迁到没有污染税或市场机制的 B 国，然后从 B 国出口到 A 国。比如说，A 国的一家航空公司想扩大运力，碰巧从该工厂购买了排放。如果工厂决定改变技术，那么总量控制和排放权交易体制能充分发挥限制排放的作用：航空公司扩大产能不会增加社会排放。如果该工厂选择搬迁到 B 国，那么航空公司的扩张也不会导致社会排放达到上限。

但是上述情况附带两个限制性条件：第一，工厂搬迁到不受市场机制管控的区域后，在随后几年不再得到或投标排放权。所以最终在未来几年，航空公司将从一些留在市场机制管控区域的运营商那里购买排放权；第二，航空公司不知道他们能从哪些运营商那里购买到排放权，因此项目分析人员不知道这是否会导致运营商搬迁的情况。因此，了解市场机制是否有常规的“泄漏率”十分重要。假设常规的市场机制的泄漏率为3%，这将意味着购买的3%的排放权不会导致社会排放的平行减少。这3%的排放量必须按照碳的社会成本定价，而不是排放权价格。此外，政策可以解决一直存在的泄漏率，比如对不为排放定价的国家征收进口碳税。

但是，对航空产业来说，解决这种泄漏问题难度可能更大。例如，A国境内的航线将受总量控制和排放权交易体制的约束，但A国和B国之间的航线不受约束。从A国出发到A国国内目的地的旅游服务会对排放进行定价，而从A国出发到B国旅游的路线则不会。在其他条件相同的情况下，在A国境内旅游的机票会更贵，因为乘客要为排放付费。但是，政策环境不会随着项目改变而改变。相反，对于项目评估来说，“有项目”和“没有项目”的情况之间的差距才是重要的。如第3章所示，和“没有项目”的情况相比，项目往往会降低用户综合成本。在“无项目”的情况下，由于拥挤增多而容量没有扩大，一般情况下综合成本通常会随着时间的推移而增加。因此，如果旅游目的地A没有扩大容量，那么更多旅客会从A地流向旅游目的地B，选择在B地度过假期。在A地实施扩大容量的项目能从B地挽留部分旅客回到A地，从而减少泄漏。对于项目评估来说，项目会带来什么影响才是重要的。

最后一点是体制的完整性，即体制的法律是否得到监管和遵守。这在抵消机制中尤其重要，在抵消机制中，抵消应该逐渐增加，排放才能实实在在被抵消。

2.6 运输的广义成本

运输的广义成本或社会的总成本，指的是使用者和整个社会在运输中花费的所有成本。通常情况下，运输的广义成本会区分成多个子集。用户承担且决定旅行行为的成本称为行为广义成本。总的广义成本还会考虑到所有补贴、出口和其他扭曲。在本书中，术语广义成本是指行为广义成本（本节后文会解释原因）。本书分别分析补贴、外部性和其他扭曲。4.2 节列举了一个（行为）广义成本计算的示例，6.3 节列举了一个区分行为成本和总广义成本的简单示例。

正如本章开头所阐述，运输是一种中间商品，运输消费者会最小化从 A 点到 B 点的出行成本。消费者会以运输设施投资项目降低消费者出行广义成本的幅度来衡量投资价值。决定是否出行时，运输消费者会考虑所有可选选项：各种运输方式如轮船、铁路、汽车或飞机。考虑航空运输时，也会考虑路线、运营商以及可选的出发和到达机场。事实上，如果消费者认为最低的广义成本还是太高，那么潜在的乘客会放弃出行。

一般来说，衡量出行广义成本中的时间等于门到门的旅行时间加上频率延迟。虽然频率延迟比门到门的旅行时间更难衡量，因为频率延迟取决于乘客主观的出发时间偏好，但是频率延迟仍然是乘客出行行为和支付意愿的重要驱动因素。缺乏合理的离场频率会导致乘客选择可替代的航空公司、机场和出行方式，或者选择不出行。然而，如果项目会影响离场频率，那么在投资评估中频率延迟就是重要的考量因素。否则有或没有项目情况下类似的延迟意味着频率延迟在净额中被抵消。2.2 节中提到分析中不考虑随机延迟的原因。4.7 节分析了一个考量频率延迟的示例。

出行广义成本的另一个组成部分是乘客花钱提高出行舒适度的意愿。商务舱座位票价较高，但将商务舱票价作为衡量标准并不足够，因为它将舒适性问题与机票弹性混为一谈。此外，常旅客计划引入了委托代理问题。有证据表明，乘客愿意为提高出行舒适度和代理服务付费。[12] 然而，到目前为止，相关证据尚不充分，在将估计值成为可纳入福利的可靠考虑因素之前，还需要进行一定的研究。在过去的 20 年里，越来越多研究运用陈述偏好法构建航空出行需求模型，使得运用显示性偏好法对变量进行的研究成为可能，这类研究以前很难构建模型。[13]

舒适性是投资航空运输的一个考量因素。舒适性对于短途出行来说确实很重要，因为乘客面临着竞争激烈的运输市场。在长途旅行中，航空运输是唯一的选择，无论有没有项目，舒适条件都是差不多的，舒适性成为航空公司的竞争点，而不是是否投资航空运输的考量因素。但是，即使是短途旅行，航空公司和高铁的舒适度也具有可比性，出行方式的选择在很大程度上往往取决于出行时间和金钱成本。这说明，和广义成本的其他组成部分带来的净收益相比，舒适性问题带来的任何净收益都可能相形见绌。

衡量总广义成本或社会广义成本，除了考虑补贴和外部性之外，还要根据经济价格或影子价格来考量资源的稀缺性（见 2.3.2 节），而不是根据自付价格。从这个意义上说，为了和上述构成乘客或行为广义成本的成本子集（乘客承担的成本）区分开来，可以将总广义成本看作经济广义成本。计算投资收益的机制会因为所使用的广义成本的衡量标准的不同而略有不同。使用综合、社会或经济广义成本仍然需要估计用户广义成本，以便预测需求。如上所述，本书侧重于行为广义成本，将广义成本与观测需求联系起来，使评估过程更加直观，财务评估更加简便，并在经济和财务分析中使用相同的广义成本衡量方式。经济分析对财务分析做出必要调整，考量所有其他效应。这反过来可以区分不同单个社会变量下项目的影响。

表 2-1 总结了本书会涉及的具体广义成本。另外，对于投资评估，相关量指广义成本的变化。而该变化不是指绝对意义上的广义成本的变化，而是指和没有项目（与成本有关的项目）存在的情况相比，用户面临的成本的变化。

表 2-1　本书涉及的具体运输广义成本

具体成本条目	用途
运输时间：门对门	涉及
运输时间：频率延迟	涉及
出行的货币成本	涉及
安全性	涉及，但主要涉及出行条件十分不安全的情况
舒适性	不涉及，影响相对较小
外部性	计算广义成本时不涉及，但是在经济评估中属于额外成本需要计算
影子价格对观测价格的调整	计算广义成本时不涉及，但是在经济评估中需要单独调整

2.7 更广泛的经济利益

在分析运输投资的经济收益时，项目收益通常包括乘数效应、本地经济中的旅游支出、新增就业和土地增值等项目。它们属于二级市场（一级市场是项目所涉及的运输市场），包括会受到项目影响的所有市场。这些影响都具有直观的吸引力，并往往能反映投资的实际收益。然而，有两个问题影响是否应该将这些影响纳入投资的经济分析。第一，许多影响重复计算了节省出行广义成本带来的好处；第二，虽然有些影响可以衡量实际取得的效益，但它们不能衡量递增的收益，也忽略了没有项目的情况下资源的替代用途，因此不能恰当引导投资决策。

总而言之，标准的经济评估方法（侧重运输的全部或经济广义成本的变化，以机会成本衡量投入，并考量外部性）衡量项目对当地、国家和世界经济的全部收益。考虑二级市场不是常规做法，是例外。

这一结论背后的基本原理是，在不同市场环境下，价格反映的是关于竞争和扭曲的经济信息。以下探讨不仅仅适用于航空运输领域，也适用于其他领域的经济评估。因此，本节简要概括关键论点。更详细的论述可参考专业文献。[14]

2.7.1 价格反映边际估值和机会成本

用户为商品或服务付费的意愿体现用户对商品或服务的估价。从整体上看，在某个特定的时间点，消费者会把收入花在他们最喜欢的商品和服务上（即最大化商品和服务的实用性）。短期内，消费者将根据当前自己对未来消费，以及当下利率的看法来决定借贷或储蓄。与此同时，生产商彼此竞争，采用当下最先进的技术生产商品，满足客户需求，在竞争中最终以适中的利润（等于风险调整利率）供应产品。换言之，在既定的技术水平和可用资源条件下，整个经济中的消费和生产同时得以解决，生产出消费者认为最有价值的商品和服务（福利最大化）。

当福利最大化时，任何观测到的消费和生产模式都会反映边际消费者偏好（包括对可获得产品范围的估值）和边际生产成本（即价格等于边际成本）。对任何将要被生产的额外商品或服务的需求必须要比资源的其他用途需求略大，生产这些商品或服务的利润会处于适中水平。由此生产的边际单位必须以边际价值来估价，即观察到的货币价格。

根据该推论，在竞争激烈的市场中，在没有扭曲的情况下，特定投资项目观察到的财务收益反映了高效率生产取得的一般风险调整收益，而产出的售价反映了边际估值。因此，在这种市场环境下，项目的财务效益客观反映了经济效益。[15]

这条隐含设定适用于竞争十分激烈的行业，如航空公司，或许在较小程度上也适用于航空学领域。事实上，这些部门的市场仍然存在一些扭曲，主要是税收、补贴和二级市场的扭曲。如后面章节的案例分析所示，投资评估需要做出调整，但多数情况下财务和经济收益接近。

2.7.2 广义成本反映价值的不同

基础设施服务的供应竞争不像航空公司和航空产业领域的竞争那么激烈。产能供应的不可分割性意味着产能的边际增长可能伴随其他增长性变化，产能的边际增长也增加了沉没成本和固定成本。这意味着基础设施的运营会出现强大的成本经济和最小有效规模，那么该行业容易出现垄断现象。因此，当某机场拥堵时，另一个机场虽然可能离得很远，但是在这种情况下，用户承担转移到另一个机场的成本，也可能增加额外的出行时间。替代方案之间的广义运输成本的不同可以衡量用户的转移成本。只要用户足够重视出行行程，那么用户愿意承担转移成本。因此，转移成本反映了使用首选机场可获得的消费者盈余。

换言之，从设施 A 切换到设施 B 的成本衡量了设施 A 相对于设施 B 为用户创造的附加值。例如，假设机场 A 拥挤，并且没有飞往目的地的座位，用户则必须开车到位于 2 小时车程之外的另一个机场 B。去往机场 B 和从机场 A 出发的广义成本相比，去往机场 B 会产生额外的广义成本，假设该成本是

60欧元。那么60欧元衡量了用户为机场A的额外运力付费的额外意愿，因此也衡量了机场A所提供的（递增）价值。

用户可以是乘客，也可以是托运人。对于货运托运人来说，运输往往是生产链的一个组成部分。就乘客而言，出行目的可以是娱乐或工作。对于休闲出行的乘客来说，广义成本是对最终商品（比如度假）的总估价的一个考量要素。休闲旅行者愿意为避免转移成本而花钱的意愿最终将取决于出行者对假期的重视程度。

对于商务或工作相关的出行，就像货运一样，票价是生产链中的投入成本。企业将愿意承担成本，只要它最终生产出的商品受到最终用户的重视，那么出行行程物有所值。同样的道理也适用于将带薪员工的工作时间用于出行的意愿。用于出行的时间价值最终必须反映出行的产出价值。这说明，企业会在可行范围内，将员工的时间用于出行。而员工所反映的时间价值（即公司愿意为节省员工出行时间而支付的金额）能反映该员工在该时间内可以创造的产出价值，即员工的时间机会成本。简而言之，时间的工作价值能衡量先前产出的机会成本，这说明，运输项目节省的时间的货币价值能反映该项目带来的额外产出数量。

上述含义是，一个项目为当地企业节省的广义成本反映了机场为当地经济带来的额外产出的经济价值。这说明，在经济评估中，用户节省的广义成本已经反映了当地经济的生产效益，因此增加额外效益就重复计算了。然而，该结论也有一个例外，在2.7.3节中探讨。

2.7.3 二级市场

当满足以下两个条件时，一级市场在二级市场上反映价值：第一，二级市场没有扭曲；第二，利用长期需求弹性计算项目对一级市场的影响。推导以上两个条件，过程冗长，读者可参考相关文献，比如Boardman（2018）的概述以及Just等（2004）的更专业详细的阐述。二级市场中与项目相关的额外价值收益或损失的程度与扭曲的大小有关。因此，如果一个项目在二级市场扩大生产，假设该项目纳税，那么该项目会产生除一级市场反映的收益之外的额外收益。额外收益可以按图 2-1 所示的方式，用税率衡量。同样，如果二级市场得到补贴，该项目需要承担更高的补贴金额，从而产生额外成本。

税收、补贴、配额和外部性相对容易观察。观察与不完全竞争相关的扭曲较困难，如图 2-5 所示。假设所讨论的二级市场是发动机润滑油市场，且润滑油市场没有扭曲。某机场项目导致当地经济中润滑油产品的需求增加。润滑油市场很大，因此规模经济已经耗尽，市场竞争激烈，曲线 S_a 表示边际成本（和供应）。从 D_1 到 D_2 的转移表示该项目带来的润滑油需求增加，润滑油需求量从 q_{a1} 增加到 q_{a2}，但这对价格没有影响，价格在项目前后保持不变（$p_{a1}=p_{a2}$），对边际成本亦无影响，润滑油供应商继续维持正常盈利。这表示当地经济中润滑油的稀缺并没有因为这个项目而改变。该项目除了通过税收或外部性等扭曲与润滑油市场相关，在当地经济没有造成影响第三方福利的连锁效应。

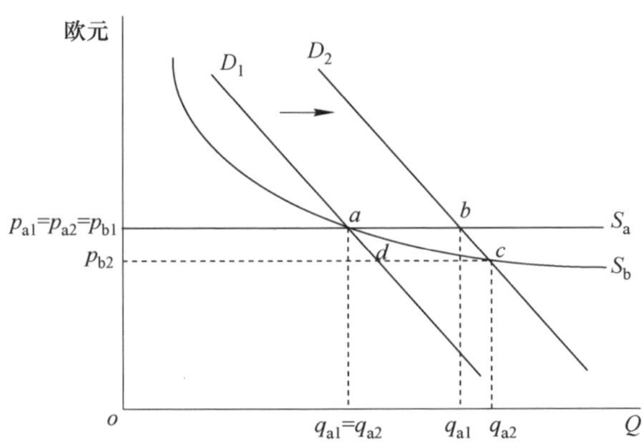

图 2-5　项目对二级市场的影响

相反，假设润滑油市场很小，但仍然拥有规模经济的效益，并且该项目大幅扩大了市场规模，供应商可以开发规模经济。边际成本曲线 S_b 代表以上情况。在这种情况下，尽管没有税收、补贴或外部性，但成本曲线的下降表示可能存在不完全竞争。[16] 这种情况很可能发生在相对于当地经济规模来说较大的项目中。该项目将需求从 D_1 转移到 D_2，导致需求量从 q_{b1} 增加到 q_{b2}，但现在当地市场的润滑油价格从 p_{b1} 下降到 p_{b2}，[17] 机场、在机场运营的航空公司和其他机场服务供应商将享受比项目前更低的润滑油价格。这构成了主要的市场利益，将在项目的财务收益（机场）和经济收益（机场、航空公司和最终乘客）的标准计算中体现。

然而，当地经济中润滑油的其他用户（例如，与机场运营无关的工厂和公路运输承运商）也会享受较低的价格。由于该项目的实施，润滑油在当地经济中不再那么稀缺。这给二级市场带来的福利收益可以由图形 $p_{b1}adp_{b2}$ 的面积衡量。财务分析会忽略这部分收益，但在经济分析中，需要把这部分收益作为项目对二级市场（当地润滑油市场）的连锁收益。[18] 该生产效益不是通过一级市场项目股东的消费者盈余收益估值产生的，所以应该作为当地经济的额外收益。

该项目也可能对二级市场上产生不利影响。在规模收益递减的情况下，意味着供应曲线上升，该项目会提高二级市场的价格，给当地经济带来连锁福利损失，该项目的经济收益必须扣除这部分损失。[19]

然而，实际上，与一级市场相比，扭曲的二级市场的价值收益或损失通常很小。此外，收益和损失可能是积极的，也可能是消极的。实用主义的做法是，由于这些影响相互抵消，分析人员应该只考虑特殊情况，即项目预期将对严重扭曲的二级市场产生重大影响的情况。如果不存在特殊情况，应该忽略这些影响。

处理扭曲二级市场的另一种方式是计算一般均衡（CGE）。CGE 是一种通过模拟整个经济体来估计政策或非常大的项目在整个经济中的影响的计算方式。一方面，CGE 在计算上比成本效益分析（CBA）更烦琐，但 CGE 模拟了经济体中的所有主要市场；另一方面，大多数 CGE 模型旨在衡量国民收入。因此，他们往往忽略成本效益分析的特定元素，如消费者剩余和外部性的变化。[20] 然而，其实可以继续开发 CGE 模型来将这些变量考虑在内。事实上，目前多国数字货币桥（C-Bridge）项目正在寻求通过开发与 CBA 兼容的 CGE 模型来囊括这些变量。[21] 未来几年，这一领域应该会取得有意思的进展。原则上，它们对高度扭曲经济体中的超大型项目最有帮助。

2.7.4 土地价值

在航空项目中，尤其是机场，会使用大面积的土地。因此，土地是项目的重要投入，如第4章所述，土地价值是项目的根本驱动原因。土地属于投入市场，是项目评估中的二级市场，2.7.3节中介绍的相同考虑因素也适用于考量土地的价值。一级（航空出行）市场会反映二级投入（土地）市场的价值变化，而不是二级市场的扭曲。在土地价值方面，最常见的扭曲是土地税，土地税也包括资本利得税。

地产的价值与地产距离理想目的地的路程（如市中心、高品质住宅区、海滩或经济活动中心）有密切关系。改善一个地区的交通服务能提高理想目的地的可达性。与其他交通运输基础设施发展一样，机场项目往往会提高其附近土地的价值，受项目外部性消极影响的区域除外。就机场而言，位于着陆和起飞路径下方的区域，环境嘈杂，受到外部性的消极影响，该区域土地价值不会因机场的修建而提高。

交通设施能承载的运力可以反映对设施的需求程度。由于居民或公司客户需要使用机场，因此居民和公司会搬迁到靠近机场的地区。他们购买房产的意愿能体现他们对机场带来的改善的可达性的重视程度。机场节约的交通广义成本可以衡量可达性的改善程度。

因此，期望与机场距离近的用户会搬迁到机场附近，并愿意将楼价推高至广义运输成本预期节约的价值。与此同时，机场附近的当地居民如果不太喜欢靠近机场的位置，就会把他们的房产卖给那些期望靠近机场的人。实际上，那些出售其房产的人是在挪用买方因改善机场可达性而获得的资本化价值。因此，地产价值的增加是一种转让，而不是产生了除了项目节省的广义运输成本之外的额外价值。这说明，如果将运输投资导致的地价上涨作为投资的收益，那么就重复计算了已经作为节省的广义运输成本而纳入分析的收益。

项目导致的土地价格变化包括广义成本变化的资本化，这可以成为项目分析人员的有用分析工具。假设某项目中，有关时间价值和前往机场的出发地的数据不足（即无法计算该项目节省的广义交通成本），可以用土地价值的变化来衡量该项目带来的可达性效益。

正如上涨的土地价格衡量资本化收益一样，下跌的土地价格衡量资本化损失。上文提到，飞机噪声会导致受噪声影响地区的房地产价格下跌。这种价格下降可以用来衡量噪声的外部性，而不是经济评估中衡量噪声外部性货币化的额外成本。

投资分析员应该谨慎衡量项目导致的土地价格预期上涨。如果分析人员是在项目向公众公布后才进行评估的，那么土地价格最好已经至少反映了该项目的部分预期收益。[22]

2.7.5 乘数效应

通过成本效益分析进行的经济评估与财务评估一样，用于衡量资源分配于某特定用途（项目）相对于另一个用途（无项目情况）所产生的价值。项目投入支出和项目产出产生的收入乘数效应不属于经济可行性评估的一部分。原因在于如果这些资金投资于其他用途，也会产生乘数效应。任何支出都会产生乘数效应。即使是既赔钱又产生净福利损失的项目，也会产生乘数效应。

项目对收入和福利的净差额包括产生的净货币化和非货币化价值，由成本效益分析衡量。乘数效应是影响研究的范畴，它描述一个项目对当地经济的影响，但不涉及该项目是否产生超过投入的机会成本的利润或净福利改善的问题。[23]

2.7.6 创造就业机会

经济评估中另一个常见的误差来源于对就业的考量。一方面，创造就业机会属于好处，也受到人们的欢迎，将创造就业机会作为投资项目的正当理由很常见。另一方面，没有必要向商人解释劳动力是一种成本。劳动力是一种稀缺的生产性资源。在一个项目中雇用一名员工，其他企业就不能雇用该员工。因此，受劳动力市场频繁扭曲（如税收、社会保障和限制性劳动力市场法律）的影响，工资反映了劳动力这一稀缺服务的机会成本。

可以用一个简化的例子来说明劳动力的机会成本，这个例子提醒我们，如果一项任务可以用更少的劳动力投入（提高劳动生产率）来完成，解放劳动力资源用于其他任务，国家就会变得更富裕。如果一架波音 747 飞机可以配备三名飞行员（两名在驾驶舱，一名在后备舱），而不是四名飞行员（三名在驾驶舱，一名在后备舱），社会将会更加富裕，因为它可以用更少的资源（劳动力投入）创造服务（驾驶波音 747），解放一名飞行员来操作其他飞机。

然而，正如我们在 2. 3. 2 节中看到的，尽管劳动力是一种投入，但由于税收或补贴的存在，投入成本可能会被扭曲。在计算经济收益时，应从劳动力货币成本中扣除劳动税和社会保障缴款，来估计劳动力的影子价格。从这个意义上说，一个项目中拥有劳动投入有一个“好处”。从项目成本中扣除实际上是转移给政府或社会保障基金的费用。[24] 那么投入成本较低，而非净效益。

除了税收和社会保障缴款之外，影子工资还可以纠正劳动力市场的其他扭曲现象，如高福利失业、最低工资以及可能导致失业的僵化的劳动力市场法律。[25]

附录 A2. 1　生产率和时间价值

出差的时薪能最直接地反映出差的时间价值。但是，为了在一个更完整的框架内评估节省的出行时间（包括旅游和出差），有必要将时间评估嵌入消费者理论。该框架还应该考虑到税收造成的扭曲。将时间纳入微观经济理论考量的模型各种各样。关于这些模型的概述，以及模型的演变历史，可以参见 Jara-Díaz（2007）的阐述。

下面用一个通用模型的图解表示。特定模型在细节上与这个通用模型有许多不同。列举通用模型的图解表示是为了让读者了解分析人员在评估航空运输项目时，各种时间价值如何转化为与评估相关的更广泛的价格和数量。一个核心时间价值是劳动生产率。劳动生产率解释了项目分析人员在不同国家会遇到的不同时间价值。

图 A2-1 代表劳动力市场。横轴表示可用的总小时数。可以将横轴看作平均每天、每月或每年的几小时。同样，横轴可以代表个体、部分群体，或者整个群体。用于睡眠等基本需求的最少时间已经留出。用于基本需求的时间决定最长工作时数，最长工作时数用垂直的长虚线表示。一旦确定了个人偏好，剩余时间中有多少时间分配给工作和休闲将取决于工资率。劳动力供求以及劳动力市场的任何扭曲都会影响工资率。

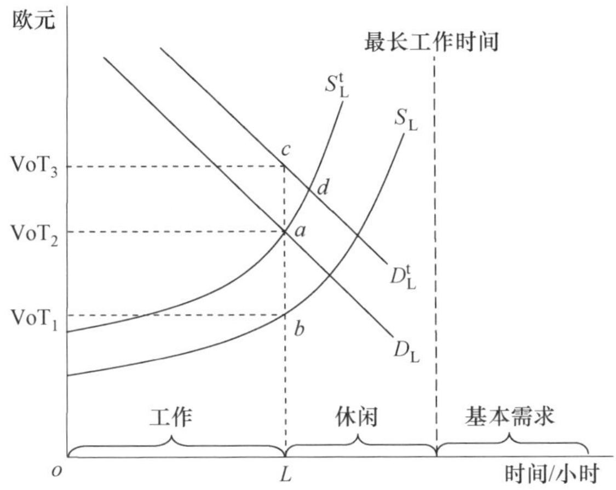

图 A2-1　劳动生产率和不同的时间价值之间的关系

本附录说明了税收造成的扭曲。劳动力市场中常见的其他扭曲现象是最低工资和非自愿失业。

S_L 代表税后劳动力供应。劳动力的供给取决于个人意愿，即劳动者愿意在多大程度上用工作换取休闲。一般来说，随着工资的增加，工作时长也会增加，因此 S_L 曲线向上倾斜。随着人们工作时间的延长，剩余闲暇时间的边际效用增加。如果工作时间增加，剩余闲暇时间减少，那么 S_L 会变陡。S_L^t 代表税前劳动力供给，其中 t 代表工资收入税。全额劳动补偿还应包括附加福利，但为了简洁，不单独列出附加福利。读者可以将附加福利看作是按小时计算的，扣除了税收补偿后的净额。

与此同时，劳动力需求 D_L 呈向下倾斜的趋势，表示随着工作时间的增加，劳动的边际产量递减。工作的最初几小时，生产效率最高，因此时间价值最高。工作时间越长，生产效率较低，所以降低了雇主为这种额外工作付费的意愿。

公司会雇用额外的员工，只要劳动的边际价值产品（即劳动生产率）等于员工工资，即个人所得税总额，由图 A2-1 中的 a 点表示。如果雇主支付的附加税随着就业情况的变化而变化，那么雇主对劳动力的需求就不能衡量劳动的全部边际产品，而边际产品也包括额外劳动投入的税收（工作时长）。

因此，沿横轴的工作时长给社会产生的价值相当于 cL 之间的距离。其中，bL 之间的距离是员工的税后工资。ab 之间的距离代表雇员支付的工资所得税，归政府所有。最后，ca 之间的距离代表公司雇佣劳动力时，工作时长产生的税收。假设公司所处的市场竞争激烈，除了税收之外没有任何扭曲，那么该公司的利润一般，仅涵盖其资本成本。如果公司所处市场竞争不激烈，会产生超常利润，那么公司会获得额外的价值，如 a 点劳动力需求和供应之间的楔形所示。

就节省出行时间的价值而言，首先假设乘客将花费在出行上的时间视为成本，并没有从中获得任何效益。乘客（相对于雇主而言）为了避免 1 小时的出行成本和为了享受额外 1 小时的闲暇所愿意付出的金额是一样的。这一数额可以通过补偿出行者放弃 1 小时休闲时间所需的（税后）工资来衡量。这说明，工作 L 小时的人的边际时间价值（VoT）等于每小时税后工资 bL，等于纵轴上的 VoT_1，VoT_1 也是出于休闲目的的出行时间价值。

当该乘客出差时，出差的行程必然产生雇用公司支付的工资，和所得税总额。对雇主来说，相关的劳动边际产品是该公司在扣除公司税后产生的产品。为节省 1 小时而花钱的意愿是 aL，等于每小时的时间价值 VoT_2。这就是出差的时间价值比旅游的时间价值高的主要原因。

雇主为缩短雇员出行时间付费的意愿，是促使雇主决定雇员出行方式的驱动因素。假设一名乘客的雇主考虑乘坐航空路线 A 出行，雇主愿意支付 50 欧元来节省员工 1 小时的出行时间。另一条航线（或运输方式）B 便宜 30 欧元，但行程要多花 1 小时。那么雇主会很乐意支付航线 A 而不是航线 B 的费用。由于这种对时间价值的衡量解释了乘客的行为，所以被称为时间的行为价值，如图 A2-1 中的 VoT_2 表示。然而，社会所损失的劳动力产出的价值不仅仅是 50 欧元。对于社会的价值衡量还需要包括雇主为员工花费的出行时间所缴纳的公司税。时间的社会或经济价值由 VoT_3 表示。

因此，原则上经济评估应该同时采用两种工作时间价值。第一，VoT_2 解释出差的乘客行为，即估计有或没有项目情况下的私人或行为的出行广义成本，并估计客流的变化；第二，VoT_3 通过估计总的或社会一般广义成本，对有项目情况下的出行时间（相对于没有项目的情况下）的增加或减少进行社会评估。然而，在实践中评估采用单一的工作时间价值来进行行为评估和社会评估。公司税随不同公司雇用情况而不同，在评估中也许不占太大比重。也有人认为公司税与资本而非劳动力有关。同时，对于休闲出行，VoT_1 构成时间的行为和社会价值。

VoT_1 衡量工人的劳动生产率，VoT_2 衡量公司实际的劳动生产率，VoT_3 衡量社会测量的劳动生产率。另外，假设没有公司税，那么直线 D_L 代表公司和社会对劳动力的需求。该直线与 a 点的（所得税）劳动力供应相交。在市场均衡情况下，VoT_2 既代表社会劳动生产率，也代表雇主所认为的劳动生产率（劳动的边际价值产品）。现在假设存在正生产率冲击（假设正生产率冲击来自其他经济体的知识转移），该冲击导致劳动力需求增加，D_L 向上转移到 D_L^t，同时仍然假设没有公司税。生产率冲击后产生新的劳动生产率，通过点 d 和横轴之间的距离来衡量。从 d 点水平投影到纵轴，会发现时间价值会增加，高于冲击前市场清算点 a 暗示的时间值。

该结果表明，生产率较高、收入较高的经济体下商务出行的时间价值通常高于生产率较低、收入较低的经济体。同样，从点 d 向下垂直投影到横轴，我们看到，相对于纵轴，该投影会与曲线 S_L 在比点 b 更高的位置相交。也就是说，在生产力较高的经济体中，休闲出行的出行时间价值也高于低收入经济体。此外，对于低收入国家的航空旅行来说，低收入国家经济体往往表现为二元经济体制，两种经济体制的劳动生产率差别显著，或者收入分配比高收入国家更加不平衡。这些低收入国家的航空出行会由收入较高的部分人群使用。因此，高收入国家和低收入国家之间的航空时间价值的差别可能比人均国民收入衡量标准所显示的要小。

如本附录开头所述，此处介绍的出行时间模型是通用的，是为了说明出行时间价值差别的隐含原理。假如，该模型假设出行（车内时间）本身并不是效用或负效用的特定来源。如果一个人享受在交通工具上度过的时间，那么为节省出行时间而付费的意愿会更低。如图 A2-1 所示，当该人度假时，为节省 1 小时出行时间而付费的意愿将小于 VoT_1。

如果一个人不喜欢旅行，情况就相反。综合估计休闲出行的时间价值还需要评估休闲时间的其他用途（各种理论模型的综述见 Jara-Díaz（2007））。减弱休闲出行时间价值和个人收入之间联系的另一个因素是，对于一个普通家庭来说，一些休闲出行的旅客是没有收入的家庭成员，这进一步降低了为节省时间而付费的意愿。由于这些因素，指南通常包括个人收入和休闲出行时间价值之间的楔子。例如，美国交通部（2016）估计个人（即休闲）航空出行时间价值为收入的 70%。

同样，出差时，如果人们可以利用车内时间工作，为减少出行时间支付的意愿将低于 VoT_2。理论上，在极端情况下，如果一个人在出行时的工作效率与在办公室的效率一样高，那么节省的出行时间价值为 0 欧元。这些情况说明了为什么分析员最终在评估项目时，都经常依赖对时间价值估计的直接结果。这些结果来自采用陈述偏好法和显示性偏好法对实际行为的调查和研究。当没有直接估计结果可用时，参考每小时收入可作为估计时间价值的备用间接方法。

在其他交通方式中，规划和评估研究往往会区分等待时间和车内时间。

对于城市交通来说，用工作—通勤—休闲三分法来代替工作—休闲出行目的二分法往往很有必要。此外，考虑到现有交通方式的速度不同，交通方式的选择本身体现了出行者为节省时间付费的意愿。因此，不同运输方式估计的时间价值不同。

在航空方面，可以通过增加机场手续办理时间、车内（或飞行）时间、从出发地到达机场时间、从机场到达目的地的时间等类别来进一步区分时间类型。在某一设施的高峰时段出现拥堵时，也可能存在需要区分两种延迟价值的情况：第一种延迟价值，是对于仍然通过同一设施出行，但更改到较不喜欢的出发时间出行的乘客而言；第二种延迟价值，是对于更换其他交通方式或机场的乘客而言。第3章将介绍这两种交通变更方式。

简便起见，本书使用单一的平均时间价值。侧重于特定服务属性的评估，例如，减少安检中的等待时间，可能会针对出行时间的特定组成部分评估时间价值。除了投资评估之外，运输运营商和主管部门还可为各种目的开展量身定制的时间估价研究，如制定营销或竞争策略、评估服务质量、向竞争主管部门提供案件规划或支持。

附录 A2.2　总量控制和排放权交易体制与碳抵消机制的比较

A2.2.1　简介

本附录将更详细地介绍通用市场机制（MBM）如何将排放内部化。本章的介绍侧重于总量控制和排放权交易体制的许可排放权（排放权和配额这两个术语可以互换使用）。本附录从两个方向拓展介绍。首先，本附录超越了可交易排放权市场，包括排放权买卖市场。假设销售市场是发电市场，本附录探讨市场显示非弹性需求曲线与更常见的向下倾斜需求曲线带来的后果。第二，本附录将介绍抵消机制，包括上游和下游市场。附录修改了排放权市场的图表，市场仅针对排放权的市场，而不是图2-3和图2-4中排放和燃料复合排放物的市场。这是因为本附录中包括了不同的部门，不同部门导致温室气体排放的燃料可能不一样，燃料排放比不同。本附录中各相关图表中的横轴代表二氧化碳的吨数，而不是燃料排放复合物。图中纵轴代表排放权市场，包括排放权（或抵消）的燃料成本净额和碳的社会成本。

总量控制和碳排放权交易体制和抵消机制均用图A2-2表示。

A2.2.2 总量控制和排放权交易体制

图 A2-2(a) 表示航空服务（或航空出行）需求从 D_{a1} 增长到 D_{a2}，曲线 S_{axp} 表示航空服务供应，不包括排放权（“a”代表航空公司，“x”代表排除，“p”代表排放权）。当航空公司不需要购买排放权时，航空出行需求的变化不会导致机票价格的变化。

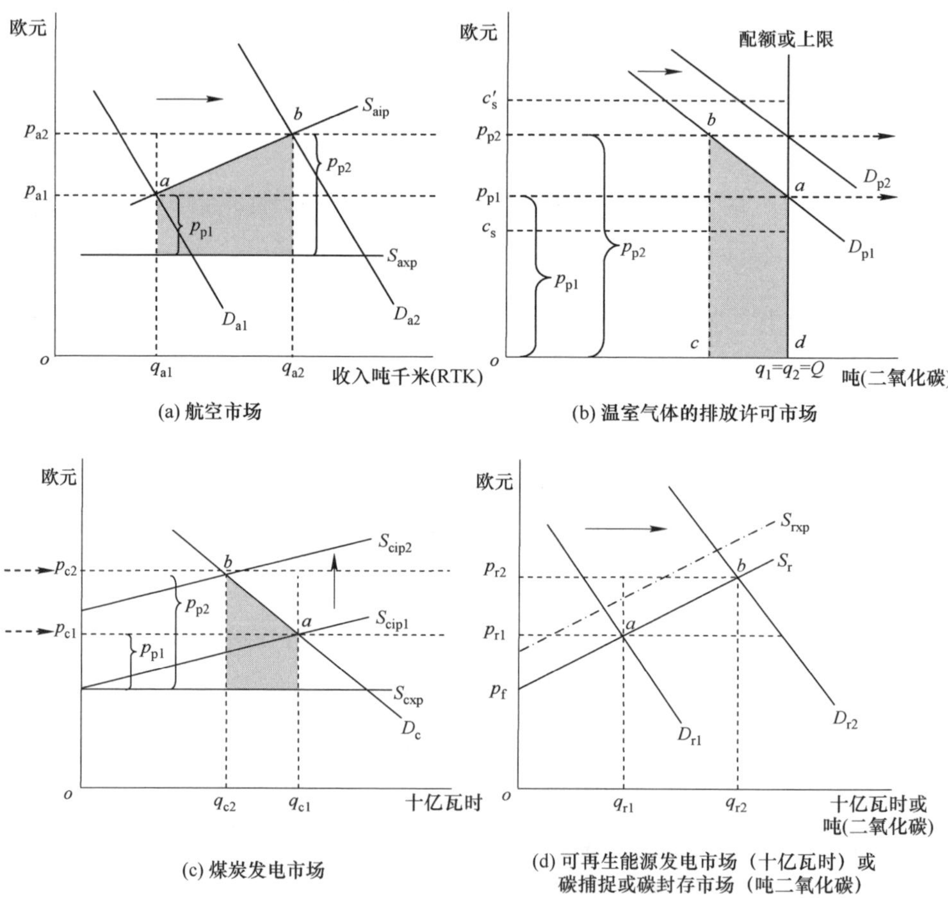

图 A2-2 总量控制和排放权交易体制以及抵消机制下的市场调整

然而，曲线 S_{aip} 代表包括排放权在内的航空公司供应曲线（其中“i”代表包含），这是航空公司的必须投入。该曲线是向上倾斜的，因为所需排放权的数量越多，价格就越高。当需求为 D_{a1} 时，机票价格为 p_{a1}，其中包括排放权价格 p_{p1}。需求转变到 D_{a2} 时，机票价格从 p_{a1} 上升到 p_{a2}，这完全是因为排放权价格从 p_{p1} 上涨到了 p_{p2}。

航空公司在排放权市场上获得排放权，如图 A2-2(b) 所示。排放权市场见证航空公司需求（图 A2-2(a) 中的 D_{a1} 至 D_{a2}）的增长，即对排放权的需求从 D_{p1} 转移到 D_{p2}。需求增加导致排放权的价格从 p_{p1} 增加到 p_{p2}。请注意图 A2-2(b) 的纵轴与图 2-3 和图 2-4 中的纵轴之间的差异。图 A2-2(b) 仅代表排放权市场，而图 2-3 和图 2-4 中的纵轴也包括相关的燃料价格。

航空旅行需求的增长使社会总排放量在图 A2-2(b) 中保持在 Q 处不变。航空公司为适应航空需求的增长而购买的排放权数量等于图 A2-2(b) 中 c 点和 d 点之间的水平距离。航空公司使用的这些排放权由其他一些温室气体排放行业出售，随着排放权价格从 p_{p1} 上涨到 p_{p2}，完全停止生产或采用不排放温室气体的技术继续生产，理论上都是盈利的。对于这些部门来说，在图 A2-2(b) 中连接曲线 D_{p1} 中点 a 和 b 的部分表示发生转换的排放权价格—数量组合的路径。图 A2-2(a) 中阴影梯形的面积代表航空公司用于购买排放权的总金额，衡量欧元交易的规模，该规模由图 A2-2(b) 中阴影梯形所反映。

排放权的卖家可以是总量控制和排放权交易体制中的任何部门，也可以是其他航空公司。但是，由于 D_a 包括整个航空产业对排放权的总需求，该图假设航空产业是排放权的净购买者。简洁起见，假设所有排放权销售者都来自煤炭能源生产领域，用图 A2-2(c) 表示。

在没有总量控制和排放权交易体制的监管下，煤炭发电厂的供应曲线如 S_{cxp} 所示（“c” 指煤炭，“x” 指排除和 “p” 指排放权）。引入排放权后，煤炭能源供应曲线变成了 S_{cip}（其中 “i” 代表包含）。与图 A2-2(a) 中的航空公司一样，供应曲线是向上倾斜的，因为更多燃煤发电需要购买更昂贵的排放权。

航空公司对排放权需求的增长（图 A2-2(a)）以及由此导致的排放权价格的上涨（图 A2-2(b)）被煤炭发电市场视为供应曲线从 S_{cip1} 向 S_{cip2}（图 A2-2(c)）

向上移动。排放权价格从 p_{p1} 上涨到 p_{p2}，充分解释了供应曲线从 S_{cip1} 向 S_{cip2}（图 A2-2(c)）向上移动。供应曲线的变化导致煤电价格从 p_{c1} 上涨到 p_{c2}，同时煤电数量从 q_{c1} 减少到 q_{c2}。煤电数量下降给排放权数量带来的变化相当于图 A2-2(b) 中排放权数量 cd 之间的水平距离，该数量对应图 A2-2(a) 中与从价格 q_{a1} 增加到 q_{a2} 的航空运输产出相关的排放权。请注意，这三个图的横轴上的单位表示意义不同：图 A2-2(a) 衡量航空服务需求，比如百万吨·千米（吨指的是飞机有效载荷，而不是温室气体排放）；图 A2-2(b) 衡量排放权，比如 1000 吨排放权（吨指的是温室气体排放）；图 A2-2(c) 衡量煤炭发电量，比如十亿瓦时。

图 A2-2(c) 中阴影梯形的面积衡量因排放权价格上涨而损失的煤电价值。该阴影梯形也衡量煤炭能源部门出售排放权的总收入。换言之，它的面积（以欧元计）与图 A2-2(a) 和图 A2-2(b) 中阴影梯形的面积相同。事实上，这是本节的关键结论，即航空公司购买的排放权价值总额等于与煤炭发电相关的价值损失。[26]

就能源生产而言，以上结论可能是最终结果。如果没有煤的替代品来发电，增加航空运输的供应将减少能源生产（能源的形式可以是电能或热能，而不是航空煤油）。但是，能源生产通常有其他替代煤炭的技术（假设没有保护煤炭行业的国家政策）。图 A2-2(d) 描绘可再生能源市场的情况。可再生能源市场可以看作可再生能源技术的总供应曲线，或者更抽象，看作可再生能源的单一来源，重要的条件是，这种可再生能源的来源不需要购买排放权。[27]

向上倾斜的供应曲线 S_r 代表可再生能源发电市场。每增加一个单位的发电量，产能价格越来越贵，这意味着在既定的技术条件下，收益递减。图 A2-2(d) 中的曲线代表了既定时间段内的世界状况，在此期间，图 A2-2(a) 体现的航空需求增长了。从长远来看，技术变革将供应曲线下移或使供应曲线更平滑。即使单从航空的角度看待可再生能源市场，航空将长期对排放权需求的增加的预期也将激励旨在改善可再生能源技术的投资，随着时间的推移，影响长期供应线 S_r 趋于平滑。

在图 A2-2(c) 中，燃煤能源价格从 p_{c1} 上涨到 p_{c2}，导致对替代品（在这种情况下是可再生能源）的需求增加，在图 A2-2(d) 中表示为可再生能源需求曲线从 D_{r1} 向外移动到 D_{r2}。[28] 需求曲线的这种移动导致生产的可再生能源数量从 q_{r1} 增加到 q_{r2}，其价格从 p_{r1} 增加到 p_{r2}。然而，可再生能源价格的上涨也会反过来对燃煤能源产生影响，因为它们是双向替代品。一旦与空运最初需求变化有关的任何价格发生调整，图 A2-2 中的各种曲线都能当作一般均衡结果。[29]

为了更全面地分析新能源市场的情况，图 A2-2(d) 中供应线 S_r 下的面积 $abq_{r2}q_{r1}$ 衡量为了向市场输送新能源而需要调动的资源。面积 $abq_{r2}q_{r1}$ 由放弃的燃煤能源生产价值（包括温室气体排放成本）组成，反映图 A2-2(c) 中的 $baq_{c1}q_{c2}$ 区域。但是，已经假设与从 D_{a1} 到 D_{a2}(见图 A2-2(a))的航空出行需求增长相关的航空运输所需的所有额外排放权都由燃煤能源公司提供。如果市场上销售的排放权来源于其他生产部门，如石油、天然气或石化行业的能源生产——每一个部门都由一个单独的图 A2-2(c) 表示，那么所有部门中相当于 $baq_{c1}q_{c2}$ 区域的面积总和衡量这些部门放弃的发电总值。图 A2-2(b) 中的阴影区域反映所有这些部门的温室气体相关资源成本总和。

同样，也许每一种可再生能源技术都有自己对应的图 A2-2(d)。那么这些图 A2-2(d) 中对应的曲线仅部分反映图 A2-2(c) 总和中的资源影响。可再生能源部门的总和反映所有图 A2-2(c) 中放弃的产量。但是，不需要仔细关注这些部门。随着航空出行的增长，在图 A2-2(b) 的排放权市场可以反映其他温室气体排放部门放弃的净值。

A2. 2. 3 碳抵消机制

碳抵消机制要求航空公司购买减排信用抵消温室气体排放量。抵消机制下，航空公司购买的碳抵消量属于航空运输生产中的投入，总量控制和排放权交易体制下购买的排放权也属于生产投入。[30] 排放权和碳抵消量同等属于排放许可。总量控制和排放权交易机制下，现有的投入（或权利）的数量是固定的，因此航空公司使用部分投入需要另一个用户放弃使用该数量的投入。

相反，抵消机制下，投入的数量不是固定的。该航空公司从某部门购买碳抵消量，该部门通过捕获等量的温室气体来发放排放权。碳抵消量的供应可以扩大或减小，但是排放最终都会被抵消。

就所有实际问题而言，两种市场机制——总量控制和排放权交易机制以及抵消机制——两者的边际净社会排放量是相同的，为零。但是，这两种机制的运作方式不同。在总量控制和排放权交易体制中，航空公司代替其他用户为排放温室气体而花钱，而在抵消机制下，航空公司为了扩大抵消的供应而花钱。

简而言之，假设某公司的唯一产出是碳封存，例如，某些公司捕获温室气体并储存在地下的碳汇上，这些碳汇以前用来发电，没有考虑碳捕获的可能性。碳捕获可能是其他生产的副产品，后文会涉及这给部门带来的影响。生产木材的林业就是一个例子。

抵消机制下，污染者通过市场直接从抵消部门购买碳抵消量。相关图示可参考图 A2-2 中的（a）和（d）。不能参考（b），因为没有正式和明确的碳排上限；也不能参考（c），因为航空公司和碳抵消量提供者之间的交易并不一定意味着存在抵消生产的替代品，碳抵消量的需求和供应计划随着抵消价格的变化而变化。

抵消机制的运作方式如图 A2-2 所示。从图 A2-2(a）开始，从 D_{a1} 向 D_{a2} 移动的需求曲线表示航空公司面临的需求增长。S_{axp} 表示不需要购买抵消的航空市场的供应曲线（在 A2.2 节中探讨的不需要购买排放权的情况相同）。S_{aip} 表示航空公司需要购买碳抵消量的供应线，S_{aip} 向上倾斜，因为每增加 1 吨需要抵消的温室气体，碳抵消量的价格越来越高。[31] 图 A2-2(d）反映该情况。图 A2-2(d）代表生产温室气体抵消的市场，由向上倾斜的供应线 S_r 表示。航空公司对碳抵消量需求的增加导致抵消需求从 D_{r1} 向外转移到 D_{r2}。图 A2-2(d）中价格从 p_{r1} 上涨到 p_{r2}，相当于图 A2-2(a）中排放权价格从 p_{p1} 上涨到 p_{p2}。这说明，就航空公司而言，碳抵消量和排放权都是等价的。

航空公司购买碳抵消量的总价等于图 A2-2(a）中阴影梯形的面积。

航空公司支付的总价等于抵消部门出售碳抵消量获得的收入，相当于图A2-2(d) 中的梯形 $abq_{r2}q_{r1}$ 的面积。这反映了一个关键信息：碳抵消量的售价反映购买碳抵消量的经济成本，正如在总量控制和排放权交易体制下，排放权的价格反映购买排放权的经济成本。对于排放权或碳抵消量的需求边际变化，可以视经济价格为它们的现货价格。对于排放权或碳抵消量较大的非边际需求变化，经济价格是其初始价格和最终价格的平均值。

现在考虑一下副产品是碳抵消量的行业，比如木材生产业。假设图A2-2(d) 描述了木材采伐市场的情况。树木的供应线是虚线 S_{rxp}。监管变化创造了一个抵消市场——树木种植商的种植园捕获温室气体的同时，种植商可以出售碳抵消量，直到树木被砍伐用于木材销售。这一过程可以用曲线表示，类似于树木种植商获得补贴，种植树木的供应线向下移动到 S_r。

从数学的角度来说，木材和碳抵消量的供应呈固定比例，并取决于碳抵消量的价格和木材的价格。回到将图 A2-2(d) 仅视为抵消市场的情况，供应线 S_r 由于木材价格的下降或上升而向上或向下移动，因为这些因素与抵消市场无关。

附录 A2.3　具有内生上限的排放量估值

欧盟排放交易系统第 4 阶段中，市场稳定储备（MSR）的排放配额（排放权）可能被永久取消。如果项目或政策有助于使配额进入或防止配额离开 MSR，那么将有助于改变上限。从经济评估的角度来看，上限将不再是外生的，而是项目或政策内生的。如 2.5.4 节所述，推出一个公式来估计一个项目或政策预期能改变多少限额仍处于早期阶段，超出了本附录的探讨范围。相反，本附录以图表方式揭示了改变上限的经济成本。Johansson(2020) 对此进行了正式的阐述。

以用其他方法减少排放需求的项目为例。比如在未来的航空产业中，航空公司更新机队并实施电气化的项目。电气化项目的评估需要比较混合动力飞机（“有项目”情况）与替代的老式煤油飞机（“无项目”情况）。图 A2-3 显示项目在三种情况下给排放权市场带来的影响，由垂直线 Q 表示。电气化项目将排放需求从 D_1 降低到 D_2。直线 C 表示碳的社会成本。理想情况下，上限应设定在尽可能接近直线 D 和 C 的交点部分。在该上限的作用下，排放权价格将反映碳的社会成本。

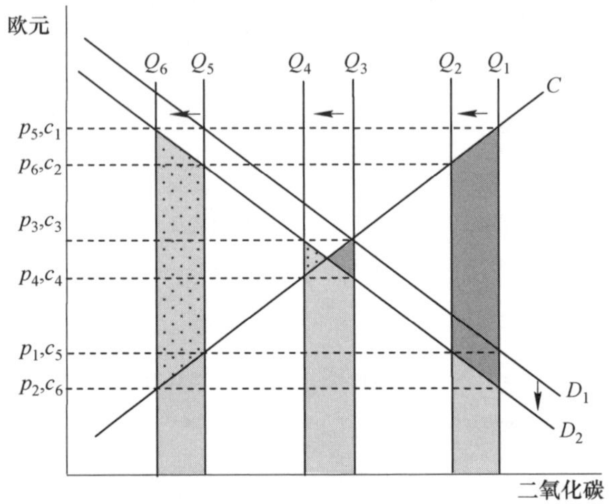

图 A2-3　改变总量控制与排放权交易体制限额的经济成本

假设上限过于宽松，如 Q_1，所表示的排放量远高于 D 和 C 的交点。如果管理总量控制和排放权交易体制的上限最初是 Q_1，上限是外生的。从 D_1 到 D_2 的转变将导致排放价格从 p_1 下降到 p_2。浅阴影梯形区域是项目为发起人节省的购买排放权的费用。其他排放权使用者也能获得这些排放权，因此梯形也衡量了由于航空公司需要更少的排放权而使经济中其他方额外产生的价值。更准确地说，它衡量的是经济中其他方为这些购买排放权付费的意愿，这是由这些排放权的边际价值产品决定的。通过增加其他经济领域的生产，航空公司的私人成本节约也构成了社会利益。与此同时，有无项目情况下的排放量保持在 Q_1 不变。因此，项目投放的排放权的社会价值由浅阴影面积单独衡量。由于社会排放没有变化，社会价值的计算不包括碳的社会成本 c_1。

或者，假设总量控制和排放权交易制度的规则为：限额不再是外生的，而是项目内生的。此外，假设一个极端情况：项目投放的所有排放权都将转化为永久降低的上限。这意味着上限将从 Q_1 降低到 Q_2，无论是有项目还是无项目，排放权的价格保持在 p_1 不变。那么，浅色阴影区域仍将构成项目收益，包括项目发起人节省的排放权费用。然而，现在社会总排放量也有所减少，减少的社会总排放量由成本 C 下且位于 Q_1 和 Q_2 之间的面积表示。这个面积也能衡量降低上限带来的额外社会收益。这一额外收益的价值是碳的社会成本水平方向上的 c_1 和 c_2 之间的差值。浅阴影梯形衡量项目发起人节省的排放权费用。

现在以另一个上限起点 Q_3 为例，上限应基于经济原因，位于 D 和 C 围成的区域。假设上限是外生的，该项目将使配额价格从 p_3 降低到 p_4。浅色阴影区域（包括非点状部分和点状部分）将衡量该项目为航空公司节省的价值，该部分价值与使用航空公司投放的排放权的行业增加的产值相等。随着需求 D 的变化，上限变得稍微宽松，导致与 C、Q_3 和 D_2 围成的深色三角形面积相等的小成本效率损失。这种效率损失可能是任何机制的实际运作过程中出现的小缺陷，在评估中可以忽略不计。碳社会成本 c_3 不包括在计算中，因为无论有无该项目，对社会排放都没有影响。

相反，如果上限是内生的，该项目将使上限从 Q_3 降低到 Q_4，排放权价格保持在 p_3 不变，而碳的社会成本从 c_3 下降到 c_4。浅色阴影区域（包括点状和非点状部分）衡量航空公司节省的排放权费用。由 D_2、C 和 Q_4 围成的小的浅色阴影点状三角形面积衡量低的效率损失，或因一个比效率稍高的上限而导致的无谓损失。和其右边 C、Q_3 和 D_2 围成的深色三角形一样，该部分小成本也可以忽略不计。

分析第二种上限的可能（Q_3 和 Q_4），可以得出以下结论：在有效设定上限的情况下，项目为发起人节省的排放权成本（排放权总价）与项目在减排方面的社会效益非常接近。无论上限是外生的还是内生的，影响很小甚至没有影响。

最后，假设上限过紧，由 Q_5 所示。在外生上限制度下，该项目将排放权价格从 p_5 降低至 p_6，节省的费用相当于 Q_5 和 Q_6 之间的阴影梯形面积（包括点状和非点状部分）。航空公司节省的排放权费用衡量经济中其他领域增加的产出，从而构成了私人和社会收益。碳的社会成本保持在 c_5 不变，不计入计算，因为无论有无项目，社会总排放量都不会改变，仍由 Q_5 决定。

在内生上限下，该项目使排放权价格保持在 p_5 不变，上限从 Q_5 收紧到 Q_6。该情况下，梯形的点状部分是社会的福利损失。该项目将导致产量下降，阴影区域（点状和非点状）可衡量该部分损失，其中只有阴影区域的非点状部分代表节约的资源成本（排放）。点状部分属于社会价值的净损失，竞争激烈时，社会价值的净损失还包括消费者剩余的损失。这个例子说明减少排放的社会损失大于社会成本。此外，也可以把上限看作从 Q_6 放宽到 Q_5。非点状的阴影区域可以根据增加的排放量来衡量这种转变的成本，而点状阴影部分计算消费者剩余的收益产生的附加值。

就对评估的影响而言，具有内生上限的总量控制和排放权交易体制最有可能面临的情况是上限 Q_1 和 Q_2 所描述的情况。事实上，上限内生化的基本原理是收紧上限，使上限更接近其经济水平（接近 Q_3 和 Q_4）。本附录的分析表明，在评估具有宽松内生上限的项目时，从替代生产中分配或分配给替代生产的任何比例的排放权都应按排放权价格进行估价，而任何撤销或没有被撤销的排放权都应基于碳的社会成本进行评估。

注释：

[1] 参见 Douglas 和 Miller（1974）。

[2] 人均收入和时间价值的关系与人均收入和劳动力成本之间的关系密切相关。原则上，劳动力成本随着人均收入的增长而增长，那么项目的单位成本也随之增加。然而，人均收入的增长通常也意味着劳动力生产率的增长和单位成本的降低。投资评估人对项目生命周期内的时间价值增长做出假设时，也应对劳动力成本和生产率的增长做出假设。如果评估人假设时间的实际价值随着时间的推移而增长，但没有假设劳动力成本会增长，那么评估人实际上隐含地假设了足够的生产率增长来补偿劳动力成本的增长。

[3] 美国交通部建议高铁和飞机的时间价值相等。交通部根据美国国内经济每小时总收

入定期修改对时间价值的估值。所有交通方式商务旅行的时间价值为每小时总收入的 100%。而搭乘飞机和高铁的个人旅行时间价值为每小时总收入的 70%，其他陆路交通工具为 50%。

[4] Jong（2007）采用陈述偏好法研究了荷兰托运方和承运方的时间价值，结果为每吨每小时 132.24 欧元，相当于 2002 年全货机每小时 7935 欧元的时间价值。该研究没有具体说明参考文献和平均飞机尺寸（AS）。在随后 Jong 等（2014）的新研究中，研究人员对同样的样本也采用了陈述偏好法，得出一架全货机每小时的时间价值为 13000 欧元，比先前的估计增加了 64%，但没有计算每吨的时间价值。假设整架飞机的时间价值也增加 64%，则时间价值四舍五入后为 216 欧元（=132 欧元×1.64）。

[5] Hummels 和 Schaur（2013）将时间视为贸易壁垒，认为每天的时间成本相当于 0.6%～2.1%的从价关税。其他类似的研究见 Nordas（2006）以及 Hummels 与内森组织（Nathan Associates）（2007）。

[6] 参见 de Rus（2010）以及 Campbell 和 Brown（2016）的介绍；以及 Londero（2003）更全面的介绍。

[7] 见本书 4.1 节。

[8] 关于航空运输和环境的介绍，参见 Daley（2010）。

[9] 这种针对污染的税收称为庇古税。关于庇古税更全面的介绍可以参考介绍微观经济学或公共经济学的教科书。

[10] 欧盟（European Union）2018 立法。Bruninx 等（2019）分析了可能会产生的影响。

[11] 参见 Perino（2018）以及 Perino 等（2019）提出的公式。对公式的争议，参见 Rosendahl（2019）和 Perino（2019）。

[12] 例如，参见 Tsafarakis 等（2018），Jiang 和 Zhang（2016），Hess 等（2007），Ling 等（2005），Lu 和 Tsai（2004），以及 Coldren 等（2003）。评估服务质量属性的文献与品牌忠诚度的文献有所重叠，并因航空产业中频繁流动计划的广泛存在而得到增强。参见 Dolnicar 等（2011），以及 Jiang 和 Zhang（2016）。

[13] 参见 Garrow（2010）。

[14] 参见 Boardman 等（2018）和 de Rus（2010）。更深入的技术分析参见 Just 等（2004）的文章。经济发展中对运输投资的评估，见 Banister 和 Berechman（2001）。读者应该明确经济可行性评估和对收入和就业的影响分析之间的区别，经济可行性评估考虑福利的变化，而影响分析不考虑对福利的净影响。见 7.5 节和 7.6 节。

[15] 参见 Varian（1992）。此外，项目评估中生产要素带来的收入包括机会成本。因此，在完全竞争经济中，边际项目的经济净现值往往为零。

[16] Just 等（2004，第9章）假设企业实现垂直一体化，结论如下：在二级市场的边际成本下降或上升的情况下，一级市场也会反映二级市场的价值。但此处情况并非如此。此处隐含假设了一些共谋的元素。它抽象出边际成本曲线下降对二级（即润滑油）市场结构的影响。随着规模效益的增加，市场将不会是完全竞争市场。取而代之的是一些替代性的、低效的市场结构，比如垄断，或者可能是某种形式的合作寡头垄断。但是，这可能会影响对项目福利的评估，影响程度取决于节省的成本在何种程度上转移给用户或被润滑油生产商挪用。这个例子只是介绍了项目可能对二级市场产生福利影响的一般情况。

[17] 此处假设润滑剂运输中节省的成本会转移给润滑剂消费者。如注释［16］所述，润滑油供应商的行为可能会影响福利变化的程度。然而，请注意，即使润滑油供应商挪用了所有的成本节约，他们的利润增长也构成了福利收益。在其他条件相同的情况下，如果润滑油市场享受边际成本定价，这种福利收益将低于相应的福利收益。

[18] 区域 $p_{b1}adp_{b2}$ 还包括机场在没有项目的情况下使用的润滑剂。注意不要重复计算此收益。

[19] 不要将福利损失与可能伴随这种情况而来的生产者剩余的增加混为一谈。Just 等（2015）表明，在完全垂直整合的情况下，二级市场上的项目或政策的价值影响会在一级市场上反映出来。

[20] 据作者所知，航空部门的此类研究以机场部门为研究中心。著名的例子如对伦敦和悉尼这两个地方进行的 CBA 和 CGE 研究。对于悉尼，悉尼航空运力联合研究开展的相关研究分别为安永会计师事务所（2012a 和 2012b）针对 CBA 和 CGE 的研究。对于伦敦，相关研究分别为机场委员会（2015a 和 2015b）针对 CBA 和 CGE 的研究。机场委员会明确表示，其 CBA 和 CGE 研究的结果不是递增的（机场委员会，2015b 和 2015c）。Mackie 和 Pearce（2015）回顾了伦敦的研究，对 CGE 和 CBA 结果相关的可能出现的问题类型提出了见解。为了从经济的角度做出项目决策，Mackie 和 Pearce 更倾向 CBA 的结果，并在扭曲的二级市场中做出了特别调整（他们称之为 CBA+方法），而不是 CGE 的结果。作者同意这一结论，至少在 CGE 与 CBA 兼容之前是如此。

[21] 报告和代码可在项目网站 http：//c-bridge. ulpgc. es/上查阅。

[22] 不应排除在向公众公布项目之前土地价格就开始上涨的可能性，特别是在制度薄弱的情况下。

[23] 关于在个人出行中滥用乘数效应的讨论参见 Crompton（2006）。

[24] 一个不太常规但可能更务实的方法是，将劳动税和社会保障缴款视为社会良好运转的必要支付，就像给建筑物购买保险一样。那么，分析人员不需要估计影子工资。任何情况下，此类调整相对于其他项目成本而言，很少会对投资评估的结果造成重大影响。

[25] 参见 Londero（2003）。

[26] 关于价格变化给纵向和横向相关市场带来的福利影响的综述分析，参见 Just 等（2004）。

[27] 如果没有煤的替代品用于能源生产，那么需求曲线 D_c 代表（非航空领域）能源的需求，如果有替代品，图 A2-2(c) 中的需求弹性会减弱。不过，供应线下阴影区域的解释的结论保持不变。

[28] 当 A 的价格上升（下降）导致 B 的需求上升（下降），即 B 的需求曲线向外（向内）移动，那么产品 A 和 B 互为替代品，同样，产品 B 的价格变化时，产品 A 的需求也会相应变化。当 A 价格上升（下降）导致 B 需求的下降（上升），即 B 的需求曲线向内（向外）移动，那么产品 A 和产品 B 互为互补品，同样，产品 B 的价格变化时，产品 A 的需求也会相应变化，煤炭能源和可再生能源是替代品。排放前者需要投入 GHG 排放权，后者不需要。航空公司还要求投入 GHG 排放许可，并与燃煤发电竞争。总之，航空公司和可再生能源在生产上都是燃煤能源的替代品，而航空公司和可再生能源在生产上是互补的。另外，这些条件依赖于排放的市场机制的存在。

[29] 对于所涉及的各种福利影响更深入的分析，参见 Boardman 等（2018），更详细的分析参见 Just 等（2004）。

[30] 航空公司视抵消为投入，也视总量控制和排放权交易体制下的排放权为投入。抵消生产部门可能会与其他抵消生产商竞争，向航空公司和其他需要投入抵消的工业部门提供抵消。

[31] 与总量控制和排放权交易体制的情况一样，该报告假设排放部门的技术水平保持不变。长远来看，报告会包括技术变革，图表会呈现不同的供应曲线。

第❸章

基本框架

引言

航空产业投资可分为两大类：陆侧投资和空侧投资。陆侧投资指在数量和质量两方面提高系统服务旅客或运输能力的投资项目。空侧投资项目指增强管理飞机能力的项目，包括投资飞机起降架次、飞机尺寸以及起飞重量。

本章介绍了用于评估空侧和陆侧投资收益的基本概念模型,[1] 并讨论“有项目”和“无项目”两种情况，分别剖析评估中出现的问题。

3.1 陆侧投资

陆侧投资涉及航空运输系统中的旅客吞吐量和货邮吞吐量，以及向乘客提供的服务质量和水平。本节主要讨论客运，但该框架同样适用于货运。

航空出行市场模型如图 3-1 所示。该图呈现了个别机场的情况，也可用于描述航空产业投资和空中交通管理（ATM）投资的情况。

在特定地区，旅客在当地机场（下文统称为“机场”）搭乘飞机出行的广义成本为 g_0。该旅客使用直接替代交通工具的广义成本为 g_1，这种替代方案可以是在该地区之外的其他机场搭乘飞机。不同出行方案的广义成本差异表明航空出行市场的产品存在差异性。极端情况下，当产品差异非常大时，可被视为垄断。因此，目前所讨论的框架并不适用于完全竞争市场或高度竞争性市场。3.3.2 节中将详细说明此问题对项目开展情况的影响。

本分析以航空出行为首选出行方式或中转站，讨论相关出行需求。当机场需求为 D_0 时，机场的客流量为 q_0。此时机场可以容纳所有乘客，平均广义成本为 g_0。随着需求的增长，需求曲线右移，在某个时间点达到设计容量 q^{dc}。此时起，需求的进一步增长将造成航站楼拥挤，飞机出发延迟可能性增大，乘客办理登机时间延长或无法自由选择出发时间，导致其时间成本增加。同时，如图中曲线 C 所示，随着需求的增长，旅客的成本也将增加。

不同机场设计容量可承受的拥挤程度不同。广义成本 g_0 反映了乘客办理

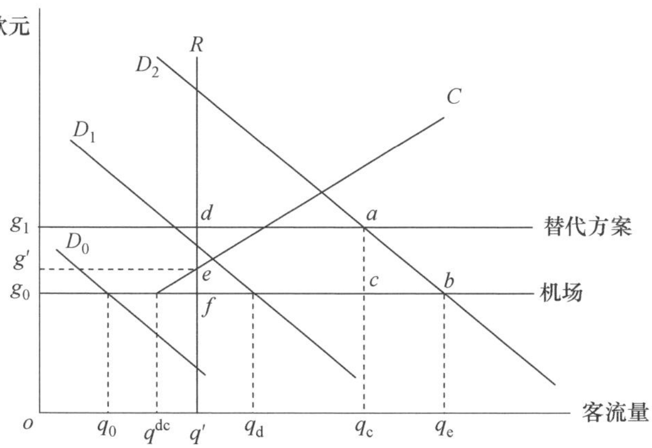

图 3-1　陆侧容量供应的供需情况

登机手续的时间，从而确定机场管理机构认定的可接受和最大拥挤程度。在本书所构建的模型中，拥挤成本指超出机场设计容量所确定的旅客办理登机时间额外给旅客带来的成本。因此，该模型可作为过度拥挤的衡量标准。[2]

机场通常会设定固定的营运能力水平，一旦超过固定容量，机场将进行容量配给，并取消航空公司额外增加的值机柜台、登机口或机位。该配给如图 3-1 中 R 所示，此时旅客吞吐量为 q'，广义成本为 g'。纵轴上 g' 和 g_0 之间的货币差即为机场处于容量配给阶段时，机场中乘客的拥挤成本。[3]

如果机场不进行容量配给，那么随着需求的增长，需求曲线右移，机场吞吐量将超过 q'，进一步加大机场拥挤程度。某一时刻，拥挤成本和造成的广义成本将达到某一定值，曲线 C 和“替代方案”相交，此时乘客将在使用本机场和其他替代旅行方式之间进行选择。“替代方案”表示乘客在项目机场是首选的情况下，转移到替代旅行方式的广义成本，替代旅行方式一般指在其他机场乘坐飞机出行，路线较短时也可指铁路等城际地面交通方式。此时旅客的广义成本为 g_1。

回到机场进行容量配给的情况。当需求增长超过 D_0 时，g' 和 g_1 间发生了由配给引起的不连续一次性广义成本跳跃。这表示如果有可用的机场容量，一些乘客愿意继续选择航空出行，但对他们来说，转而使用成本为 g_1 的替代旅行方式成本太高。因此，这种潜在的乘客将不会继续选择出行，随即构成受阻客流。在需求条件如曲线 D_1 所示时，受阻流量由 q_d 和 q' 之差表示。

随着需求持续增长，一旦 D 与 R 右侧的“替代方案”曲线相交，就会有乘客以 g_1 的广义成本使用替代旅行方式，尽管他们更愿意以广义成本 g_0 使用航空旅行。这种客流称为转移客流。当需求增长到 D_2 时，当地机场的流量为 q'，同时大量的本地客流转而使用其他替代旅行方式（q_c-q'）并成为受阻流量（q_e-q_c）；后者也被称为新增客流。[4]

可以将 R 视为机场的实际容量，实际容量往往会超出设计容量。在客流量达到 g_1 之前，R 可以简单理解为开始发生流量转移时的容量。另一种方法是允许比设计容量低得多的容量进行转移。这涉及使用数学函数来表示边际成本的增加，直至广义成本达到 g_1。本书所采用的方法是将客流分成不同的类型，并指定每种类型的平均成本。理论上，使用边际成本递增的函数是可行的，但在实际操作中，使用平均成本更简单快速，这在实践中很重要。这两种方法计算出的结果应该非常相近。两者之间的任何不同都只适用于边际成本增加到 g_1 之前的阶段。[5]

通过将机场总容量扩大到 q'以上，项目能为乘客带来三方面好处。首先，该项目可以降低现有客流量，即无论有没有项目都会使用机场出行的乘客的拥挤成本（$g'-g_0$）等于区域 $g'efg_0$ 的面积。其次，该项目将降低转移客流（q_c-q'）使用其他旅行方式（g_1-g_0）所产生的额外广义成本，等于面积 $dacf$。第三，该项目可以将容纳新增客流（q_e-q_c）。这种新增或受阻的客流量包括那些打算接受成本为 g_1 的乘客以及接受成本为 g_0 的乘客；后一类乘客被称为“边际旅客”。需求曲线 D_2 表示了每位边际乘客预订价格（即最大支付意愿）的下降。这些乘客从该项目中获得的收益等于区域 abc 的面积，以公式（（q_e-q_c）×（g_1-g_0））/2 计算，是相同数量转移乘客获得收益的 50%。计算结果最终取决于图 3-1 中 a 点和 b 点之间的需求曲线是否是一条直线，近似于实际收益，这种近似被称为“二分之一法则”。[6]

如本节开头所述，该模型也适用于航空公司。如果航空公司垄断了一条航线，那么就可以用航空公司代替机场来进行分析。“替代方案”在这里指的是同一城市内的其他航空公司，也包括其他交通方式，如公路、铁路或轮船。如果该航空公司与其他在该航线上提供直达服务的航空公司竞争，那么替代方案则为其他航空公司提供的、不太便利的飞行时段，或是较少的起飞频率。如果相互竞争的航空公司提供的航线质量相当，那么广义成本就几乎相同，产品差异减少，市场接近完全竞争市场。

表3-1呈现的是将机场容量从500万乘客扩大到1000万的项目框架。表3-1中的a列和b列各有1000万乘客。a列中的500万乘客数值对应于图3-1中的q^{dc}，是理想的服务水平或拥挤程度下机场可以容纳的最大乘客数量（$q^{dc}=500$万人次）。图3-1中的D_2是机场在达到项目提供的额外设计容量后的未来需求曲线，q_e对应1000万乘客。如前文所述，设计容量通常已经考虑到拥挤因素，其拥挤程度取决于机场管理机构所期望的最低服务水平或最大拥挤水平。因此，当客流量超过q^{dc}时出现的拥挤应为超出预期拥挤程度的过度拥挤，预期拥挤程度由目标服务水平决定。

表3-1　开展机场扩容项目前后的客流类型

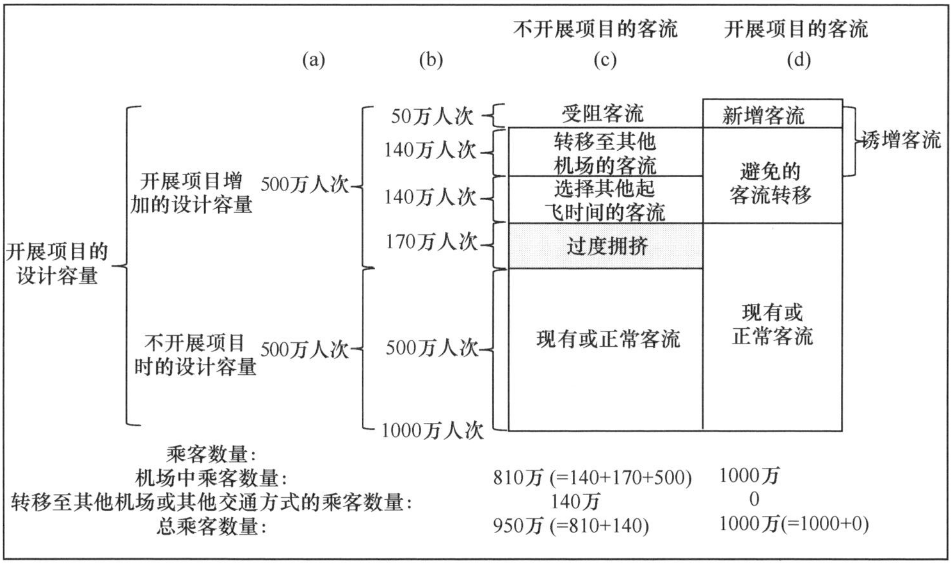

如果不施行扩容项目，机场客流量可在不发生客流转移的情况下大幅增长至500万人次。当需求曲线与图3-1中的d点相交时，会发生客流转移。假设客流量达到每年670万客流就会开始转移，即图3-1中的q'（$q'=670$万

人次，$q'-q^{dc}=170$ 万人次），在标准交通规划术语中，这 670 万乘客即为“现有”或“正常”客流量，是在乘客可接受的最低服务水平下，无论机场是否施行项目都会进行航空旅行的预期客流量（如图 3-1 中 R 所示）。

每年超出 670 万的额外客流量都会引起客流转移，客流转移有两种形式：一是时间转移，即乘客根据他们的首选旅行时间调整实际旅行时间；二是模式转移，即通过其他方式旅行，比如选择另一个不太受欢迎的机场，或是选择另一种交通方式。[7] 简单起见，假设两种形式平均分配转移的客流，时间转移和模式转移各占 140 万人次，见表 3-1 的（b）列和（c）列。随时间推移需求增长到 D_2，两种类型的转移客流总量相当于图 3-1 中的 q_c-q'（即 $q_c-q'=280$ 万人次）。需求达到 D_2 后，还将有 q_e-q_c 的新增乘客。q_e 是机场 1000 万人次的设计容量，此时新增客流量为 50 万人次（$q_e-q_c=50$ 万人次）。

通过比较（c）列和（d）列，扩容项目的效果可见表 3-1。表 3-1 假设系统中的客流量已经达到 1000 万人次，即需求量为 D_2，q_e 达到 1000 万人次。总而言之，该项目可以降低 670 万客流中 170 万人次的拥挤成本，同时避免共 280 万名乘客的转移成本，还将产生 50 万新增客流。注意，“有项目”新增客流量也可视为因“无项目”而受阻的客流量。

对于整个旅游市场，不开展项目和开展项目的总旅次差异仅为开展项目产生的 50 万人次。在表 3-1 中，开展项目的机场年客流量为 1000 万（（d）列倒数第三行），同年，不开展项目的机场客流量为 810 万（（c）列倒数第三行）。在这 810 万乘客中，许多乘客承担的广义成本要高于开展项目时的广义成本 g_0：170 万乘客造成过度拥挤（图 3-1 中 g'），140 万乘客不得不选择不太理想的出行时间（见图 3-1 中 g_1）。

该项目能够帮助乘客规避较高的广义成本，降低另外 140 万乘客选择其他旅行方式产生的转移成本 g_1，也能减少 50 万乘客处理交通威慑相关的成本（$(g_1-g_0)/2$）。

机场开展项目（1000 万客流）和不开展项目（810 万客流）的客流差值可以称为“诱增”的客流。选择其他旅行方式的转移客流和新增客流组成了诱增客流。

实际情况下，当不同替代方案的产品属性存在永久性差异，且广义成本也存在相应差异时，表 3-1 所示的分析可用于评估项目收益。在此情况下，机场会与其他机场或其他交通方式竞争，同时，航空公司可以选择不同空中导航服务提供商（ANSP）为其提供的不同航线，尤其是在进行长途飞行时。当竞争对手提供的产品较相似时，用户使用不同竞品产生的广义成本差异不大，相当于完全竞争。在此情况下，该项目的收益是修正全部价格扭曲后的财务收益，如 2.7.1 节所述。进而得出推论：g_0 和 g_1 的差值代表开展项目给发起人在给予客户附加价值方面带来的竞争优势，而项目发起人的收益是无法衡量的。竞争优势的衡量标准在本书后面分析的项目示例中进行说明。[8]

该分析对货运同样有效。然而，对于大多数货运而言，通过广义成本实现产品差异的可能性要略低于客运，特别是在飞机离场和进场时间选择方面。这是因为货运客户的时间价值较低，对出发时间和在途时间并不敏感，但不同货运产品在此方面也有差异。

在与多种形式联运竞争时，货运采用航空运输仍具有明显的竞争优势。货物越易腐烂，客户为节省时间付费的意愿就越高，进而增大时间差异对产品选择的影响。某些特殊产业只能依靠空运存续，如全年洲际鲜花递送。如果没有航空运输，整个当地花卉出口业务都将成为受阻流量。航空运输给当地经济发展带来了巨大收益（详见 3.3.3 节）。

3.2 空侧投资

空侧投资旨在增加系统可运行的飞机起降次数或飞机尺寸，这会带来两方面效益：第一，飞机起降次数增加意味着离场频率增加。这有利于减少频率延迟，即普通乘客或货运托运人等待下一个起飞航班的时间，进而降低运输行为成本或旅客的广义成本。相关投资包括在机场建造新的跑道或滑行道，或通过投资空中交通管理设备扩大空中交通管理容量，以减轻产业的垂直分离程度。

第二，由于大型飞机每座次的成本较低，运行大型飞机可降低运营成本，增加效益，这一类型的投资仅适用于机场。空中交通管理无法获得其他效益，因为较小的螺旋桨飞机速度较慢，所需空中交通管理容量较大。即飞机尺寸与空中交通管理容量需求之间存在关系，飞机尺寸与机场容量需求之间是直接的正比关系。空中导航服务提供商可以通过限制空域飞机起降容量来调整飞机尺寸。

然而，投资者需要对这两方面效益进行权衡。例如，航空公司在调整或扩大容量时，会考虑新容量是否应该相应采用更多架飞机或更大型号的飞机。采用更多架飞机可以增加离场频率并提供更多直达航班，进而提高航空公司的航班排班合理性；而采用更大型号的飞机可以降低票价，提升乘客舒适度。[9]

航空公司和机场的决策并不相互独立。组建机队时，航空公司需要考虑机场容量的限制。例如，枢纽机场航班机位使用的限制迫使航空公司决定使用更大型的飞机，而对提高离场频率没有促进作用。同样，选择扩大容量的机场会考虑为机场提供服务的主要航空公司机队的容量需求，以此调整航站楼、停机坪、滑行道和跑道大小。

为同时考虑航空公司和机场的需求，飞机尺寸和起飞频率之间的权衡如图 3-2 所示。向下倾斜的 FD 曲线表示边际频率延迟，该延迟随航班频率增加而减小。左纵轴表示频率延迟的货币价值。座位数量既定的情况下，频率延迟与平均飞机尺寸（AS）成正比，即座位数量一定，飞机尺寸越大，起飞频率越低，频率延迟越高。因此，右纵轴表示边际频率延迟 FD 随飞机尺寸的增加（减少）而增加（减少）。

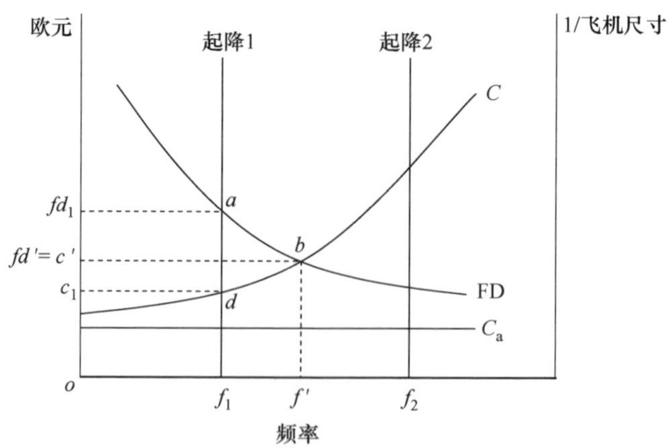

图 3-2　空侧容量的供应成本

假定空侧容量带来的规模效益恒定，水平线 C_a 表示机场增加一个额外航班产生的边际成本。曲线 C 表示总成本，包括机场的成本和航空公司的成本。曲线 C 向上倾斜，因为对于给定的座位数量，随着频率的增加，飞机的平均尺寸减小，每个座位的成本增加，小型飞机的单位成本反而更高。

垂直线起降 1 和起降 2 分别表示机场空侧扩建前后系统的起飞频率。起降 1 是只有一条跑道时，机场的起飞频率为 f_1；起降 2 是增加第二条跑道后的频率为 f_2。“起降”曲线也可以表示设备升级前后两个空域的容量水平。

当空侧容量为起降 1 且起飞频率限制为 f_1 时，增加起飞频率的边际效益是左纵轴上的 fd_1，高于减小飞机尺寸产生的边际成本 c_1。当空侧容量扩大到起降 2 时，飞行频率增加到 f'，同时飞机尺寸缩减。该情况下减少频率延迟的边际收益等于缩减飞机尺寸的边际成本（$fd'=c'$）。空侧容量从起降 1 扩大到起降 2 产生的收益等于 abd 区域的面积。[10]

3.3 情景构建

投资评估旨在估算相对于不进行投资，生产者以及消费者和整个社会（经济评估）从投资项目中获得的收益。也就是说，项目的收益和成本是以增量计量的。因此，投资评估需要分析至少两种情景：第一种情景，项目（即有项目）情景，是在项目实施运行期间对关键投入和产出的预期；第二种情景，反事实（即无项目）情景，是假设不实施项目情况下产生的结果。投资项目所在市场的竞争程度在情景构建时发挥核心作用。高度竞争市场中其他竞争者可以提供与项目发起人相似的竞品，从而迫使发起人必须开展项目。相反，如果市场竞争不激烈或几乎没有市场竞争，项目发起人就可以掌握较大的自由裁量权，该前提下分析员不得不从两个方面对不开展项目的情况做出假设：发起人的行为；市场上替代品的有效容量大小。

本章将依次讨论以上情况。在此之前，本节将先讨论另一个问题，即评估计算的是谁的收益和成本？是全世界的人们，某个国家的国民，还是该国当地居民？

忽略某一群体的收益，或者对某些群体的收益赋权更高，会导致投资评估的计算结果有所不同。这会导致实际项目评估构建情况时出现显著差异。

3.3.1 不同群体的收益和成本

财务评估的对象是发起人收益和成本，以及所有用户的收益和成本。经济评估的对象是开展项目影响到的、包括竞争对手在内的所有客户和非客户的收益和成本。分析评估该项目能否有效地分配资源，进而考虑该项目能否使世界变得更好。

经济评估有时会关注项目获利方、支出方、损失方。决策者关注点各有侧重，关注当地居民或国民的利益，或是特别关注对非居民的利益。[11] 只要分析人员和决策者意识到评估应更侧重于收益分配而不是经济效率，那么这种评估在方法上就没有什么问题。此外，在区分利益相关者时，如果完全排除其中看似利益不相关的群体，计算过程可能并不清晰，如在容量利用率的计算方面会更加困难。一般来说，在估算过程中考虑所有的利益攸关方，然后对不同群体的收益和成本赋予不同的权重会更好。

分析人员应该注意到，如果忽视某些群体的成本和收益，评估结果会南辕北辙。成本经济会发生在对不同客流开展的联合服务（范围经济）以及乘客的网络效益（枢纽航线网络中离场频率和目的地范围）等方面，其中联合服务可以是航空项目在热容量利用（密度经济）、车辆或设施规模（规模经济）、客运和货运等。在此情况下，乘客之间会产生正的外部性，扣除某个类型乘客的收益而其他乘客的收益不受影响的假设是错误的。例如，一条从A地到B地的航线，如果使用大型飞机，其起飞频率可达每天4个航班架次，每个座位的成本也较低，这是因为不同目的地和不同国籍的转机乘客增加了客流密度。如果没有这些转机乘客，该航线的起飞频率可能会较低，而单位成本较高（因为使用较小型的飞机），减少了以A地、B地为出发地和目的地的乘客的福利。

本书在情景构建中采用“世界经济”的观点，不考虑传统财务评估中的来源或分配问题，并遵循福利经济学的标准原则。

3.3.2 竞争程度

在投资评估中，特定反事实情景的构建取决于投资项目所在市场的竞争条件。竞争的程度从完全竞争市场（竞争者的数量极多）到自然垄断（只有一个生产商）。在这两个极端之间，还可能存在一系列连续的市场条件。产业组织（产业经济学）提供了许多通用模型，例如，双头垄断、寡头垄断和垄断竞争。这些模型的建立是基于进入壁垒、成本经济、协同效应和产品差异等情形。[12]

在完全竞争的市场中，生产者很容易相互替代，而消费者或社会却不需要付出任何代价。在自然垄断的市场中，根本不存在替代品，完全竞争和自然垄断这两种情况非常罕见。而且如果只考虑品牌形象，实际情况中总是存在一定程度的产品差异。就投资评估而言，关键在于判断投资项目所在市场的竞争程度，判断在不开展项目的情况下，是否有其他公司（现有或潜在竞争者）能够以与发起人相同或非常相似的条件供应市场。如果答案是肯定的，则可以认为该项目处于竞争性市场。此时没有必要构建一个反事实情景，因为如果不开展项目，竞争者将以相同或相似质量和价格的产品取代项目发起人给消费者提供服务。实际上，反事实情景是投入到项目中的资源的机会成本。

如果没有类似上文的竞争公司，那么在不开展项目的情况下，消费者会依赖发起人的行为。消费者要么找不到替代的供应商，要么承担转移成本、损失部分福利以购买最相近的替代品。在此情况下，分析员必须假设如果发起人不实施项目，市场面临的供应条件，即分析员必须构建反事实情景。此时反事实情景有两个主要方面：不开展项目情况下，发起人会采取的行动；不开展项目情况下，相近替代品为市场提供的可用容量。这两个问题将在3.3.3节和3.3.4节中依次讨论。

表3-2总结了分析员在评估航空项目时可能遇到的一般竞争情况。该表呈现的信息十分清晰，但有三个问题值得深入讨论。首先，潜在的竞争结构是完全竞争市场还是寡头垄断并不重要。因为无论是哪种情况，如果不实施项目，竞争对手都将取代本公司供应市场。在完全竞争的情况下，市场供应由原有竞争者或新兴竞争者进行。在寡头垄断的情况下，原有竞争者会扩大生产。

表 3-2　投资评估中的竞争条件和情景构建

市场竞争程度	主要特点	航空领域实例	投资评估方法
完全竞争	• 许多竞争对手； • 许多潜在进入者，没有贸易壁垒； • 无产品差异，公司没有定价权； • 可获利润率是资本的机会成本	• 航线密集，机场不拥挤； • 洲际市场中的枢纽竞争； • 航空标准化组件的供应商	• 无须构建反事实； • 二级市场不受项目影响； • 不开展项目影响不大
寡头垄断	• 市场内公司很少； • 几乎没有产品差异； • 进入壁垒很高但竞争公司之间互相牵制； • 可获利润率高于完全竞争情况	• 在一个枢纽内竞争的大型航空公司； • 行业主力机型的制造商； • 多机场城市中的机场	• 无须构建反事实； • 二级市场不受项目影响； • 不开展项目影响不大
垄断竞争	• 产品差异使公司在细分市场中具有市场权力； • 可进入但成本高昂； • 需求曲线反映差异化产品的竞争，但没有竞争者，公司享有垄断租金	• 为偏远机场提供“低成本”服务的航空公司； • 小众细分市场飞机制造商； • 与附近城市机场的服务区有重叠； • 其他航线的空中导航服务提供商	• 需要构建反事实； • 二级市场可能受项目影响； • 长期不开展项目会产生不太严重的影响
完全垄断	• 市场上只有一家公司； • 其他公司无法进入市场； • 除政府管制，公司自由制定销售价格和数量以实现利润最大化	• 偏远岛屿上的唯一机场； • 到偏远地区的唯一航班； • 进场或国内的空中导航服务提供商； • 为大面积海洋空域提供服务的空中导航服务提供商	• 需要构建反事实； • 二级市场可能受项目影响； • 长期不开展项目会产生严重影响

其次，在充分竞争条件下，一级市场中存在替代品，这会影响项目对二级市场的作用，包括纵向市场和横向市场。假设即使不开展该项目，市场上也会有相同或类似的产品，那么对二级市场的影响就不能明确地归因于该项目。该问题对于竞争激烈的飞机制造业尤其重要。飞机制造业中的产出是飞机，在（纵向）二级市场，即航空市场中运营，该市场可能会受到外部性等市场扭曲的影响。如果项目可以明显影响到一级市场，进而影响到二级市场，导致外部性增加，则将二级市场的外部性归因于该项目（在一级市场开展）是合理的。例如，如果一个飞机制造项目影响了一级市场的价格，从而影响到飞机的销售总数，则可认为该项目直接影响到二级市场，增加了运行飞机的数量，提高了外部成本。但是，如果一级市场是完全竞争市场，在不开展项目的情况下，其他飞机制造商将占据原本由项目发起人进行的生产份额，那么就不能将二级市场中的变化，如外部成本的改变，明确归因于该项目。

请注意，该问题涉及项目对二级市场的产出（或价格）是否有显著影响，这是2.7.3节中讨论的问题，与直接影响一级市场的二级市场价格调整有关，如对项目投入的税收，在2.3.2节中也有讨论。

第三，如果发起人具有市场权力，即垄断情况，或在较小程度上处于垄断竞争情况，不进行投资可能会对当地经济造成严重负面影响。例如，不进行机场扩容会难以满足偏远地区日益增长的航空运输服务需求，影响该区域的经济发展。此问题将在3.3.4节中讨论，但目前值得强调的是，这种情况有时被错误地用于存在事实上的竞争的情况，一些现有的设施，如当地机场，可能被视为地方垄断。如果到其他机场的地面交通发达，最好是关闭受补贴的机场，而不进行扩大（使用补贴）。关闭机场实际上可能有助于当地经济，因为节省了不必要的补贴。

上述逻辑也成为建设机场会对当地经济产生影响的常用且错误的解释。如果附近城市的机场能够提供良好的航空服务，那么即使当地机场具有明显的本地垄断地位，机场建设也很可能是一种浪费性的投资。该项目产生的收益将成为附近其他设施的转移。因此关键在于定义好竞争环境。比如，镇上唯一的服务提供商可能仍在与附近地区的服务提供商进行垄断竞争。[13]

3.3.3 发起人的反事实行为

本章的前一节讨论了在充分竞争条件下，构建反事实情景的不必要性，构建反事实情景需要考虑发起人不开展项目时市场的运行情况。在存在竞争的情况下，只要项目能提供充足的利润，发起人不实施该项目，竞争对手也会实施。如果竞争不完全，发起人拥有很强的市场权力，则在无项目的情况下，发起人不会采取行动。为了比较有项目与无项目可能发生的情况，构建一个反事实情景是很有必要的。关于发起人行为，反事实情景提供三种基本情况，如下所述。

（1）不采取行动：该情况假设开展项目的反事实是根本不进行投资，容量将逐渐缩减，从而降低相关设施未来容纳客流的能力。这种不开展项目的情况适用于设施修复相关项目。

（2）采取最低限度行动：该情况假设存在大量投资帮助保持现有容量的运行。这是一个与扩容项目匹配的反事实。投资分析将项目投资与为保证在开展项目过程中装机容量正常运营进行的必要投资进行比较。

（3）采取行动（额外行动）：开展项目就属于“采取行动”情况。“采取额外行动”情况包括采取替代方法实现项目目标。因此，一旦确定必须采取行动，该情况就是分析项目方案一个很好的反事实。例如，机场可以通过建造第二个航站楼或扩建现有航站楼来扩大容量。货运航空公司可以通过购买新的货机或将客机改装成货机来替换老旧的货机。

情景构建中一个常见的错误来源是混淆反事实情景 1 和反事实情景 2。面临“我们是否要扩大容量？”的问题时，管理团队将通过投资分析，比较开展项目与情景 1 不采取行动的情况，而不是与情景 2 采取最低限度行动比较。将项目的反事实设定为不采取行动，管理层真正要问的问题是“我们是应该扩建机场还是让它慢慢淘汰？”这与“我们是扩建机场还是将容量保持在当前水平？”是不同的两个问题。如果管理层想问的是后一个问题，但根据前一个问题进行了分析，他们往往会高估扩容项目的收益，做出过度投资等错误决定。

第三类反事实是指在规划中通常被称为的“选项分析”（options analysis），不能与经济学中的实物期权分析（real options analysis）混淆。分析人员除了需要将开展项目的情况与情景 1 或情景 2 进行比较以外，还需要检验是否有更好的项目替代方案（其他选项）可以为公司或社会实现价值最大化。在竞争情况下，不采取最佳替代方案就会促使竞争对手采用该方案并发展形成竞争优势。

3.3.4 反事实容量

在无项目的情况下，乘客的行为取决于发起人和其他替代服务提供商能够提供的容量，与所处市场条件也有关。当市场竞争激烈时，结论显而易见：不开展项目，竞争对手会提供与发起人与项目类似的容量，以及相似的价格和质量条件。然而，当竞争不激烈时，如果项目不进行，市场上可用的容量可能并不清晰。分析员估算转移客流和新增客流时，有必要了解反事实容量。这就产生了两个潜在问题。第一个问题是分析员并不总能确定不开展项目情况下市场上的可用容量。如果不能确定可用容量，分析员就要考虑这样一种可能性，即在项目开展过程中，任何反事实容量都会导致广义成本增加。该假设引出了第二个问题：即使替代情景中的容量条件已知，但其远低于开展项目可以提供的容量，分析员也可能不得不做出不开展项目的极端假设，这会导致难以量化项目对当地经济的连锁效应。

下文的讨论以图 3-1 中开展机场项目的假设为基础。新增客流为 q_e-q_c，转移流量为 q_c-q'。假设可开展项目和不开展项目两种情况下的广义成本差异来源于为普通乘客节约的 2 小时旅行时间，即图 3-1 纵轴上 g_1 和 g_0 之间的差值仅代表乘客的 2 小时旅行时间。对于机场，这 2 小时可以指乘客去往其他替代机场产生的额外时间，或者指在项目机场中选择其他不太方便的出发时间的平均延迟时间。为简单起见，假设在整个项目开展过程中，每位乘客的情况都是如此，因此图中广义成本 g 的函数是水平的。

以上情况存在隐含假设条件，随着项目的深入开展，该假设条件的人为限制增多。隐含的假设是，提供的现有容量足够承担项目开展过程中产生的全部转移客流。而在实际中，只有项目机场和/或其他替代机场在非高峰期存在大量的过剩容量，才会出现以上极端情况。不开展项目情况下，转移到其他机场的客流会占用其容量，而这些被占用的容量原本计划用于替代机场附近载客范围的客流。未来某个时刻，从项目机场转移到替代机场的客流量不断增加，替代机场扩容的需求提前。因此，现实中的无项目情况会预先假定几年后对替代机场进行资本投资。该假设符合经济评估中的基本假设，即在无项目的情况下“正常运作”：经济体为适应无项目情况而保持对容量投资。给经济评估带来的问题是，无项目情况下的投资可能与开展项目情况下相等，但该情况下的投资对象是替代机场，且投资在未来进行。投资评估因而变成了规划评估，其中的投资总量没有变化，主要评估的是投资当下正在考虑的项目与投资其他项目哪个收益更高。

另外一个问题是，在不开展项目时，客流会被转移到机场较差的非高峰飞行时段内。在某一时刻，较差的时段内将没有剩余客流容量，因此必须考虑投资扩大容量。此时，项目的替代方案就是实施项目。不实施项目会承担更高昂的成本。

为了进一步说明，我们考虑一下替代机场不存在的情况，以及现有机场拥有较大市场权力的情况。一个极端的假设是在偏远的孤岛上只有一个高度拥挤的机场。该情况下，航空运输的替代方案效果较差：比如 8 小时航运的替代方案是为期一周的海运。由于机场的需求和拥挤程度日益增长，转移客流（转移到不太方便的航班）经历的延迟将随时间的推移而变长。因此，在开展项目情况下，更多客流量成为项目新增客流，而不是转移客流。有关说明见图 3-3，该图在图 3-1 的基础上做相应调整，将现在不适用的“替代方案”的广义成本曲线留在图中，以点画线表示。图 3-3 还增加了另一条指数成本线 $C_{\exp}$，描绘的是随机场拥挤程度加大，不太受欢迎旅行时间内飞机的延迟率也会呈指数增长（非高峰期这一描述会失效，因为机场在一天中各个时段的拥挤程度相同）。最后为清楚起见，图 3-3 删除了需求曲线 D_1。

图 3-1 中，因开展项目新增的客流量（或在无项目情况下被阻止新增的客流量）是 q_e-q_c，转移客流量为 q_c-q'。现假设图 3-3 中乘客的广义成本与

曲线 C 所示的客流量有关，新增客流量在项目客流量中的份额增加到 q_e-q_{c2}。在无项目情况下，如果按曲线 R 所述实施配给，则预计等于 q' 的客流量将在合理的时间旅行，经历 g' 的广义成本，而 $q_{c2}-q'$ 客流量将经历偏离到低于首选出发时间的情况，导致其广义成本增加到 g_2。也许更现实的是，如曲线 C_{exp} 所述，进度延迟和相关转移成本将呈指数级增长，随着可用的流动时间被推入更不方便的时间，客流量的成本越来越高。受阻（或新增）的客流量将增长到 q_e-q_{c3}，而转移的客流量将减少到 $q_{c3}-q'$。此后不久，随着 C_{exp} 趋向垂直，对航空旅行的新增需求将阻止部分出行，乘客的成本将不断增加。[14]

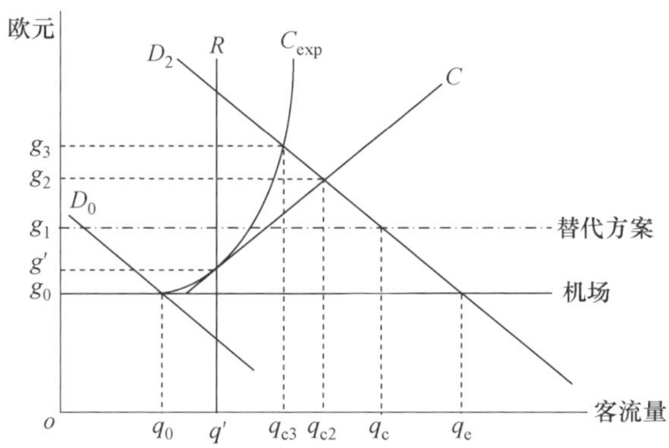

图 3-3　市场权力下替代方案的反事实容量

在无项目情况下，纵轴上不断增加的广义成本表示投资评估工作中高昂的成本假设。当替代运输方式效果较差时，不允许某地区拥有高需求的机场容量最终会阻碍当地企业形成规模经济，推动产业转移，类似于中长途航空客运的情况。必须假设有项目和无项目两种情况能够对当地经济产生不同的连锁效应，影响生产力和收入水平。[15] 无项目时的成本非常高昂，远高于有项目所需全部成本，因此，无论投资项目所需成本几何，项目都有开展的价值。量化用户和当地经济的收益和成本的难度加大，投资评估具有高度的投机性。

分析员可以使用两种估算方式：第一种是将一级市场中的消费者剩余作为收益的第一近似值，一般情况下这一数值较大，使任何合理的项目在经济上可行；第二种是尝试计算给当地经济带来的影响。这项评估工作很复杂，因为涉及许多产业，且每个产业的计算难度较大。评估需要采用可计算一般均衡（CGE）的计算方法，对区域经济建模。[16] 无论采用哪种方式都要注意，开展项目带来的大部分客流量增长构成新增客流量。

但实际上，在设施对当地经济至关重要的情况下，评估可能包括与项目替代方案的比较。此时投资评估转变为关于项目构想和时间安排的规划，而不是确定是否开展项目。

3.3.5 生产者剩余

本节简要介绍关于生产者剩余的三个问题，这些问题会影响投资评估的准确性。第一，在处理项目的生产者盈余时，考虑的不是发起人的整体盈利能力，而是项目产生的增量收益，即经营者通过项目获得的收益与不开展项目时期望获得收益之间的差值。因此，航空公司有可能对飞机项目投资失败，造成损失，但仍可盈利。投资项目评估与航空公司盈利能力提升之间的关联是，在其他条件相同的情况下，与无项目的情况相比，项目开展后投资评估中的负收益会导致航空公司的盈利能力降低。

第二，仅与项目的经济利润率相关，而不涉及发起人的财务利润率。从整个社会来看，要考虑的增量利润既包括开展项目获得的利润，也包括项目未开展时用户使用替代服务产生的利润，该替代服务可能由发起人或是其他运营商运营。因此，如果某投资项目只是简单地将客流从一种运输服务转移到另一种运输服务（转移客流），而且两种服务获得的利润相等，那么对于社会整体来说，生产者剩余总量保持不变。在经济评估中，只有从新增（或受阻）客流中获得的收益，才可计算为生产者剩余的净收益，是社会福利的净收益，这类客流在不开展项目时根本不会存在。转移客流带来的利润被抵消。

第三，分析员必须注意区分因产能增加产生的生产者剩余和因价格上涨而产生的生产者剩余。超常利润的价格变化实现了消费者和生产者之间的收益转移；同时也产生无谓损失。7.1.2 节将详细说明此情况，该节讨论垄断竞争条件下对航空产业的投资。

3.3.6 结论

在进行投资评估时，分析员应首先确定相关市场的竞争性质。主要考虑在无项目情况下，是否有其他公司能够在类似的条件下（以广义运输成本衡量）作为项目发起人向市场供应产品。如果有类似的公司，则就无须构建反事实情景。该情况下的反事实就只是投资于项目的资源的机会成本。相反，如果发起人具有一定程度的市场权力，则有项目的替代方案可能会增加消费者的成本，必须确定市场供应条件。反事实情景有两个方面：无项目时发起人的行为，以及无项目时发起人或其他运营商为市场提供的可用容量。关于发起人的反事实情景，分析员必须考虑发起人采取的行动，无论是“不采取行动”“采取最低限度行动”还是“采取行动（额外行动）”都符合项目开展的目的，因此也符合分析需要解决的问题。上述反事实分别适用于机场维护、扩容项目和替代方案的评估。

当开展项目所需广义成本远低于替代方案成本时，仅是一级市场中的消费者剩余就会使几乎所有的投资项目可行。不开展项目的所有情况都高度投机。而此时的项目评估包括规划工作，比较项目选择和时间安排，而不完全是确定是否开展项目。

注释：

[1] 以下模型详见 Jorge 和 de Rus（2014）。

[2] 拥挤发生在高峰时段。随着拥挤的增加，机场每年经历拥挤的小时数增加。按照传统国际航空运输协会（IATA）航站楼的设计标准，大多数机场都是以 C 级服务水平规划（国际航空运输协会 IATA 2004）。采用较高 B 级服务水平的机场并不罕见，而针对较低 D 级服务水平的机场较少。在修订后的 IATA-ACI（此处为 IATA-ACI 2014，在 IATA-ACI 2019 中进一步更新，综述见 Renne 和 Wielgus（2015））中，机场现以“最佳”服务水平为目标，大致相当于修订前 IATA 的 C 级服务水平。此外，机场在实际情况下允许的服务水平也根据目标标准有所不同。

[3] 拥挤成本由用户承担。然而，在航空运输等网络型产业中，某一节点出现问题可能会

导致其他节点中断，使网络中其他用户成本增加。评估的项目造成的此类成本都应纳入经济收益计算。从概念上讲，这些项目可以被视为影响二级市场成本的项目，详见2.7.3节。延迟的严重程度由项目决定，与机场周围的网络模型有关。美国联邦航空局（FAA）很早就认识到全系统延迟传播的相关性（美国联邦航空局，1999），并一直在该领域进行创新研究（美国联邦航空局，2010）。然而到目前为止，有关论述主要集中在飞机延迟而不是乘客延迟上。这两者有所不同，因为乘客错过转机时，乘客的延迟时间可能比飞机的延迟更长。本书的重点是乘客成本，而投资分析员发现乘客成本更难以计算，因此在项目示例中不考虑此问题。然而，在未来的航空经济评估中，该问题应该作为一个常规的成本问题进行考虑。相关说明见4.1节注释［8］。

［4］客流量（q_e-q_c）为受阻客流，因为这些乘客在项目不开展时会放弃出行，且其选择出行成为新增客流的唯一原因就是开展了项目。术语“受阻”和“新增”可以互换使用。

［5］广义成本超过 g_1 时，所有额外的乘客将转移到替代机场或采用其他交通方式。不开展项目情况下，如果成本超过 g_1，乘客会转移到机场中出发时间不太理想的航班。这些乘客从该机场出发的成本不会高于 g_1，否则他们会转移到替代机场或选择其他交通方式。

［6］从形式上看，“二分之一法则”是指整个梯形区域dabf，即使它只是新增流量的二分之一。推测原因是计算现有、转移和新增客流量的梯形面积公式中存在除以2的计算方法。相对地，转移客流产生的收益是否应该除以2取决于转移客流是否可被视为现有客流。在文献中，转移客流的计算也通常被除以2（世界银行，2005）。如果客流转移的原因是转移后运输方式的总成本相对较低，那么以上计算是合理的，但如果转移是消除容量限制的结果时，以上计算方式并不合理。目前情况下，转移客流是指由于项目机场容量不足而使用其他机场作为替代方案的航空运输客流。对于短途航线，转移客流也可能是选择使用其他出行方式的客流，此时的广义成本不超过通过替代机场进行旅行的成本。如果容量充足，由于容量限制而导致的转移客流将与现有客流一同使用机场。从该项目中获得的收益与现有客流产生的收益相同，因此不应该将这种客流的盈余除以2。在实际情况中，客流类别的区分对乘客数据要求很高，一种实用的替代方法是将转移客流视为与现有客流同质，假设转移客流除了平均时间价值外还具有某些相同特点，比如到两个机场的距离相同，这表示两类客流的边际转移成本和平均转移成本相等，是以无须将转移客流的收益除以2。

[7] 这里转移的概念与欧洲航管组织使用的转移概念不同，欧洲航管组织使用的转移概念是指飞机降落在与原定降落地点不同的机场（欧洲航管组织，2018）。

[8] 机场竞争优势的衡量标准请参阅4.2节；航空公司的相关标准请参阅6.3节。广义成本，竞争优势和估值之间联系的讨论，请参阅 Jorge-Calderón（2013）。

[9] 有证据表明，大型飞机能为乘客提供舒适度方面的价值。参见 Coldren 等（2003）和 Ghobrial（1993）。然而，正如2.6节所述，舒适度问题未被纳入考虑。Ussinova 等（2018）对起飞频率与飞机尺寸之间进行权衡的研究做出简洁的文献综述，并分析了竞争者采取的相关行动。

[10] 注意建造第二条跑道时，至少在跑道运行初期，跑道容量会有剩余。一般情况下，客流增长代表容量最终不会有剩余，这很可能是收益最大化的选择。供应设施的满负荷运转是因为生产函数中的技术不可分割性。

[11] 分配的考虑因素和分配权重的赋予方式是经济评估相关文献中经常讨论的话题，详见 Florio（2014）。在评估中计算谁的收益和成本这一问题被称为经济评估中的地位问题，该问题与上述两方面讨论密切相关，但很少被提及。请参阅 Johansson 和 de Rus（2019）。

[12] 请参阅产业组织的教科书，如 Belleflamme 和 Peitz（2015）或 Martin（2010）。

[13] 产业组织用于定义市场的概念工具是竞争政策的实践核心，也有助于分析员了解投资发生地市场的竞争条件。参见 Belleflamme 和 Peitz（2015）、Motta（2014）以及 Fishwick 等（1993）。市场营销方面的参考文献也提供了宝贵的见解，特别参见 Lambin 和 Schuiling（2012）。

[14] 在此情况下，计算用户总成本时，对客流广义成本 g' 和 g_3 的区分很大程度上是间接的，取决于调度实践和不开展项目情景的构建。构建该情景的另一种方法是将曲线 C 或曲线 C_{exp} 视为平均延迟曲线，而不视为边际延迟，在此情况下，广义成本不再有差异。毕竟，如果这种情况成为现实，航空公司能够提供时段最理想的航班，那么它们往往会通过提高乘客首选时段的机票价格来应对需求压力，从而占有任何可用的消费者剩余。此时，航空公司的可操作性增加将构成从乘客到航空公司的收益转移。

[15] 该情况可以通过2.7.3节的分析来说明。在不开展项目情况下，当地经济中多个二级市场的需求曲线将下移到开展项目时需求曲线的左侧，表示为当地市场提供的多种商品和服务价格上涨。

[16] 详见 Forsyth（2006）。

第4章 机场

引言

本章将运用第 2 章和第 3 章介绍的概念，阐述如何对机场进行经济评估，同时说明投资经济中和经济政策有关的若干问题。本章将依序介绍如下具体项目：4.1 节介绍绿地机场项目；4.3 节介绍航站楼扩建项目，该项目由绿地机场项目发展而来；4.6 节和 4.7 节借由跑道扩建和新跑道增建两个案例来介绍机场空侧运力的评估方法；4.9 节介绍机场搬迁的具体情况。在介绍这些项目案例的同时，本章还专辟小节探讨可能涉及的政策问题。当然，这些政策问题并非只针对于某一特定类型的项目，本章会在合适的案例讨论中述及政策问题。本章利用四节探讨了私营部门投资基础设施行业是否合适的问题，具体为：4.2 节和 4.4 节探讨何时确定基础设施行业是否有空间让私营部门进来投资；4.8 节探讨投资决策中监管框架如何影响私营部门面临的刺激因素；4.5 节进一步探讨投资收益率实行上限监管下过度投资的一般诱因。本书项目示例不是为了提供政策建议，而是重在阐明评估过程。示例中的数据真实可信，但不涉及任何实际项目。

4.1 绿地机场

由于十多年前发现了地下矿藏，A 城及其周边卫星城的人口规模和经济收入大幅增长。该城目前人口为 20 万人，年人均收入为 15000 欧元。A 城没有机场，距离其最近的机场在 B 城，两城之间车程 2 小时。考虑到本城人口众多且持续增长，而居民需花费 2 小时前往邻城乘坐飞机，A 城政府提出在本地修建机场的设想，聘请了机场规划专家评估当地需求，给出建设方案。

规划专家首先评估了当地潜在的空中运输需求（见表4-1），他们不仅调查了乡村地区的需求，预测了客户可能覆盖的区域范围，还建立了经济计量模型。专家发现，与 A 城目前收入水平相匹配的飞机出行需求是每人每年

1.5 次，共计每年 30 万次。根据当地的经济展望报告，该城人口将按照每年 1.2% 的复率持续增长，也就是说20 年后，该城人口将达到25.4 万人，30 年后为28.6 万人。

表4-1 A 城潜在新客流的估算

	年份	1	20	30
(1)	从第 0 年开始的人口年复合增长率（CAGR）		1.2%	1.2%
(2) 来自 (1)	人口数量	200000	253887	286052
(3)	从第 0 年开始的收入年增长复率		2.0%	2.0%
(4) 来自 (3)	人均国内生产总值（欧元）	15000	22289	27170
(5) 来自 (4)	累计收入增长		49%	81%
(6)	需求的收入弹性		1.4	1.4
(7)来自(5)和(6)	人均行程数	1.5	2.5	3.2
(8)=(2)×(7)	行程次数	300000	639919	916471
(9)=(8)×2	旅客流量	600000	1279838	1832942
(10) 来自 (9)	从第 0 年开始的乘客接待人数年增长复率			3.8%

规划专家预计，未来需求的收入弹性可能高至 1.4，即 10% 的收入增长将带来 14% 的出行需求增长。研究表明在较长一段时期内人均收入的增长率为每年 2% 。那么，30 年后，该城的实际人均年收入将增长 81% 至 27000 欧元。按照这样的收入增长率及 1.4 的收入弹性，A 城居民的出行需求将增长 114% 至每人每年 3.2 次飞行。[1] 依此类推，30 年后 A 城每年将产生大约 92 万次飞行需求。由于单次飞行都包括起飞与到达两个过程，所以机场每年将迎来约 183 万次的客流量。故该阶段的客流量年增长复率是每年 3.8% 。

在对 A 城的居民出行需求做案头演练的同时，规划专家也对当地居民进行了实地调查，结果显示每年约有30万人从A城前往B城乘坐飞机，即每年60万次的旅客流动，这与专家们案头演练的结果恰好相符。同时，规划专家也对此结果表示意外，因为高出了预期：调查结果中并不包括被抑制的出行需求，即A城建立新机场后可能带来的出行需求。A城出行需求结构中的某个因素推高了客流量，而该因素极有可能是当地的出口业。A城经济中，出口业占比高于全国平均水平，因此，加上被抑制的出行估算，最终客流量应该会更多。估算被抑制的出行需求，可通过首先比较有无当地机场两种情况下产生的个人（或者行为）广义成本，然后再用计算标准需求弹性的方法估算出两类出行成本的差值对出行情况的影响（计算过程见表4-2）。

表4-2　A城受抑制（或新增）客流的估算

	分流后的广义成本			
(1)	航班平均时长	小时	1.5	
(2)	单程机票均价	欧元	200	
(3)	乘客登机时间	小时	1.5	
(4)	往返机场单程时间	小时	2.25	
(5)	往返机场单程运营成本	欧元	20	
(6)	时间价值	欧元	15	
(7)=(2)+(5)	总货币成本	欧元	220	
(8)=((1)+(3)+(4))×(6)	总时间成本	欧元	78.75	
(9)	飞行安全成本	欧元	1	
(10)	往返机场安全成本	欧元	3.6	
(11)=(7)+(8)+(9)+(10)	分流后的广义成本	欧元		303.35
	分流净成本			
(12)	往返机场单程时间	小时	2	
(13)=(6)×(12)	往返机场单程时间成本	欧元	30	
(14)	往返机场运营成本	欧元	15	

表 4-2（续）

	分流后的广义成本			
(15)	往返机场安全成本	欧元	3	
(16)=(13)+(14)+(15)	总成本节余	欧元		48
(17)=(11)-(16)	无分流的广义成本	欧元		255. 35
(18)	广义成本弹性			-1. 2
(19)=((17)/(11))-1	新客流相对变化			-15. 8%
(20)=(18)×(19)	受抑制客流/新客流			19. 0%

专家调查发现，去 B 城乘坐飞机的 A 城居民的平均飞行时长是 1 小时 30 分钟（即 1. 5 小时）。单程机票的平均价格是 200 欧元，行程中出发和降落两个阶段平均用时也是 1. 5 小时。从 A 城到达 B 城用时 2 小时 15 分钟（2. 25 小时），行程花费 20 欧元。当地区域经济交通规划研究发现，公务旅行者和休闲旅行者为节省 1 小时出行时间分别愿意花费 20 欧元和 10 欧元。调研发现，当地居民乘坐飞机出行，50% 出于公务原因，50% 出于个人休闲目的。所以，对当地居民来说，乘飞机出行的时间价值为每小时 15 欧元。居民飞机出行的安全成本估算下来约为每人 1 欧元，[2] 但是如果考虑当地交通规划有关参数如道路事故发生率，以及为保障出行安全花钱的意愿，单程安全成本为每人 3. 6 欧元。[3] 综合估算下来，每人单程飞行产生的综合成本约为 303. 35 欧元。

A 城没有建成机场时，A 城居民去到 B 城机场需要 2 小时 15 分钟。机场建成后，A 城居民前往机场或从机场返回仅需 15 分钟，单程的费用也从 20 欧元节省为 5 欧元，道路安全成本也随之降低为 60 欧分。以此估算，乘客选择 A 城新机场出行，每人单程可以节省 48 欧元，单程总的行为成本为 255. 35 欧元。换言之，和使用 B 城机场相比，启用 A 城新机场可以为个人节省 15. 8% 的出行行为成本。在-1. 2 的需求弹性水平下，新机场建成后，现有的出行需求将增加 19% 。所以，如果机场如期建成，机场的年均实际乘客运力水平要在 60 万人次基础上增加 19% ，即每年将新增 11. 4 万名乘客，客流量共计714000人/年。[4]

规划专家们根据上述对客流的预测提出了新机场方案，机场运力为每年120万人次，足以满足未来20年A城居民的飞行出行需求。[5] 专家预测，建造这样一个机场需要2.8亿欧元的成本。新机场位置距离A城约7千米左右，离A城较近，土地价格因此相对较高；而征用土地需要1亿欧元，这样总成本在3.8亿欧元。[6] 现有道路可承受未来上涨的交通压力，但机场附近郊区的一个小型社区或将受到飞机噪声的影响，所以投资成本还应加上为该社区建筑安装双层玻璃的2000万欧元，所有的投资成本共计4亿欧元。

当地政治家们急切盼望能够修建机场，然而修建机场成本高昂，且政府还有其他紧迫的支出需求，例如，建设大型医院。机场项目专家认为按照设想的规模，新机场的运营至多实现边际利润，A城政府应该预料到在不久的将来，机场将会成为该城的一项净财务负债。而同时，专家也指出新机场的建成能让A城更好地与外界连通，降低商业成本，增加外来访客量，丰富本地居民的业余生活。

为了做出是否修建机场的决定，政府委托专家组分析这项投资的财务和经济效应，表4-3展示的分析结果既包括4年修建期间的财务、经济收益，也包括运营第1年和之后若干年的收益分析。

首先，第一步是根据总现金消费和现金收入评估项目的财务收益。该项目的收入有两个主要来源：第一个来源是航空服务，包括对每位乘客收取的费用、飞机和乘客地面服务费用、飞机降落、检修费用等，在国内其他机场，这几项费用总计是6欧元/人；第二个来源是非航空相关的活动，包括航站楼内的零售消费收入、乘客停车和机场物业租赁等，除去所售货品的成本，平均每位乘客带来的利润是2欧元。

表4-3中第1行数据是机场运力设计，第2行是预计乘客承载量。机场开始运营后的最初几年，足以满足预计出行需求，到项目第15年，出行需求将达到机场最大设计运力，而到第25年，机场实际运力将不足以满足出行需求。表中第4~第9行是根据现金流计算的项目收益和成本，第9行净现金流等于营业收入减去营业成本和基本建设投资。

表4-3　绿地机场项目财务收益和经济收益

			现值/年份	1	2	3	4	5	10	15	20	25	29
	财务收益												
(1)	机场乘客运力	千人		0	0	0	0	1200	1200	1200	1200	1200	1200
	乘客接待数量												
(2)	项目实施后	千人		0	0	0	0	829	999	1203	1450	1596	1596
(3)	项目实施前	千人		0	0	0	0	0	0	0	0	0	0
	运营现金流(税后)												
(4)	项目实施后	百万欧元	-40.0	0.0	0.0	0.0	0.0	-4.1	-3.9	-3.5	-2.9	-2.4	-2.4
(5)	项目实施前	百万欧元	0.0	0.0	0.0	0.0	0.0	0.0	0.0	0.0	0.0	0.0	0.0
(6)=(4)-(5)	净利润	百万欧元	-40.0	0.0	0.0	0.0	0.0	-4.1	-3.9	-3.5	-2.9	-2.4	-2.4
(7)	资本投资	百万欧元	354.6	100.0	100.0	100.0	100.0						
(8)	补贴	百万欧元	0.0	0.0	0.0	0.0	0.0						
(9)=(6)-(7)+(8)	运营者净现金流	百万欧元	-394.6	-100.0	-100.0	-100.0	-100.0	-4.1	-3.9	-3.5	-2.9	-2.4	-2.4
	运营者财务收益率		N/A①										
(10)	政府财务流	百万欧元	89.8	15	15	15	15	2	3	3	4	4	4
(11)=(9)+(10)	运营者与政府财务流	百万欧元	-304.8	-85	-85	-85	-85	-2	-1	0	1	1	1
	私营和政府财务收益率		N/A										

表 4-3(续)

			现值/年份	1	2	3	4	5	10	15	20	25	29
	经济收益												
	分流的乘客												
(12)	项目实施后	千人		600	623	646	671	0	0	0	0	0	109
(13)	项目实施前	千人		600	623	646	671	697	839	1011	1219	1469	1705
	出行受抑制的乘客												
(14)	项目实施后	千人		114	118	123	127	0	0	0	0	151	324
(15)	项目实施前	千人		114	118	123	127	132	159	192	231	279	324
	分流成本												
(16)=(12)×时间成本	项目实施后的时间成本	百万欧元	70.0	17.6	18.7	19.8	20.9	0.0	0.0	0.0	0.0	0.0	5.6
(17)=(13)×时间成本	项目实施前的时间成本	百万欧元	548.8	17.6	18.7	19.8	20.9	22.2	29.5	39.2	52.2	69.5	87.3
(18)=((12)-(13))×其他成本	分流乘客运营与安全成本	百万欧元	214.0	0.0	0.0	0.0	0.0	12.5	15.1	18.2	21.9	26.4	28.7
(19)	运营者专用收益	百万欧元	0.0	0.0	0.0	0.0	0.0	0.0	0.0	0.0	0.0	0.0	0.0
(20)=-(16)+(17)+(18)-(19)	使用人净利润	百万欧元	692.8	0.0	0.0	0.0	0.0	34.7	44.6	57.5	74.2	95.9	110.5

表 4-3(续)

			现值/年份	1	2	3	4	5	10	15	20	25	29
	抑制出行的成本												
(21)=0.5×(14)×时间成本	项目实施后的时间成本	百万欧元	15.7	1.7	1.8	1.9	2.0	0.0	0.0	0.0	0.0	3.6	8.3
(22)=0.5×(15)×时间成本	项目实施前的时间成本	百万欧元	52.1	1.7	1.8	1.9	2.0	2.1	2.8	3.7	5.0	6.6	8.3
(23)=0.5×((14)-(15))×其他成本	分流乘客运营与安全成本	百万欧元	17.0	0.0	0.0	0.0	0.0	1.2	1.4	1.7	2.1	1.1	0.0
(24)	运营者专用收益	百万欧元	0.0	0.0	0.0	0.0	0.0	0.0	0.0	0.0	0.0	0.0	0.0
(25)=-(21)+(22)+(23)-(24)	使用人净利润	百万欧元	53.4	0.0	0.0	0.0	0.0	3.3	4.2	5.5	7.0	4.2	0.0
	拥堵成本												
(26)	项目实施后	百万欧元	43.0	0.0	0.0	0.0	0.0	0.0	0.0	6.0	7.9	9.6	10.4
(27)	项目实施前	百万欧元	0.0	0.0	0.0	0.0	0.0	0.0	0.0	0.0	0.0	0.0	0.0
(28)=-(26)+(27)	净利润	百万欧元	-43.0	0.0	0.0	0.0	0.0	0.0	0.0	-6.0	-7.9	-9.6	-10.4
(29)	B 机场毛生产者盈余	百万欧元	25.0	0.0	0.0	0.0	1.4	1.4	1.7	2.1	2.5	3.0	0.0

表 4-3(续)

			现值/年份	1	2	3	4	5	10	15	20	25	29
(30)=(11)+(20)+(25)+(28)-(29)	现金流(外部性)	百万欧元	373.5	-85.0	-85.0	-85.0	-86.4	34.9	46.0	54.5	71.5	88.9	101.5
	经济收益率(没有外部性时)		11.8%										
	外部性												
	道路交通因素导致的分流												
(31)=((13)-(12))×温室气体成本	温室气体	百万欧元	19.7	0.0	0.0	0.0	0.0	0.8	1.1	1.6	2.2	3.1	3.8
(32)=((13)-(12))×噪声成本	噪声	百万欧元	11.9	0.0	0.0	0.0	0.0	0.7	0.8	1.0	1.2	1.5	1.6
(33)=((13)-(12))×空气污染成本	空气污染	百万欧元	17.8	0.0	0.0	0.0	0.0	1.0	1.3	1.5	1.8	2.2	2.4
(34)=((13)-(12))×安全成本	安全成本	百万欧元	11.9	0.0	0.0	0.0	0.0	0.7	0.8	1.0	1.2	1.5	1.6
(35)=(31)+(32)+(33)+(34)	总计	百万欧元	61.3	0.0	0.0	0.0	0.0	3.2	4.1	5.1	6.5	8.2	9.3

表 4-3(续)

			现值/年份	1	2	3	4	5	10	15	20	25	29
	来自飞行新乘客												
(36)=((15)−(14))×温室气体成本	温室气体	百万欧元	58.5	0.0	0.0	0.0	0.0	3.1	4.3	6.0	8.4	5.3	0.0
(37)=((15)−(14))×噪声成本	噪声	百万欧元	5.7	0.0	0.0	0.0	0.0	0.4	0.5	0.6	0.7	0.4	0.0
(38)=((15)−(14))×空气污染成本	空气污染	百万欧元	3.8	0.0	0.0	0.0	0.0	0.3	0.3	0.4	0.5	0.3	0.0
(39)=((15)−(14))×安全成本	安全成本	百万欧元	0.6	0.0	0.0	0.0	0.0	0.0	0.0	0.1	0.1	0.0	0.0
(40)=(36)+(37)+(38)+(39)	总计	百万欧元	68.5	0.0	0.0	0.0	0.0	3.8	5.1	7.0	9.6	6.0	0.0
(41)=(35)−(40)	净外部效应	百万欧元	−7.2	0.0	0.0	0.0	0.0	−0.5	−1.1	−1.9	−3.1	2.2	9.3
(42)=(30)+(41)	项目净现金流	百万欧元	366.2	−85.0	−85.0	−85.0	−86.4	34.4	45.0	52.7	68.3	91.1	110.8
	项目经济收益率		11.6%										

①N/A—不适用。

从财务上看，A 城的机场项目不可行。按照政府长期债券收益率 5% 的折算率，该项目现值为负，共计 3.946 亿欧元。如果按照私营部门 8% 的资本成本折算率进一步折算，项目财务对私营部门的吸引力会减弱，所以如果没有政府的财务支持，该项目将无法开展。

如果由公共部门运营该项目，总财务收益包括政府对投入和产出征收的税费。A 城对各类收入和成本施行的税率，包括能源税、销售税、社保等都固定在 15% 的水平上，表 4-3 中第 10 行是该项目的税收情况，第 11 行是包括税费在内的营业收入，可以看出，加上税费后，项目的财务价值仍然为负。而且，如果把公共部门看作一个整体，上述税收有很大一部分是源自从 B 城机场转移过来的收入，然而因为 B 城机场不在 A 城辖区范围之内，A 城政府自然不会考虑这部分辖区外的财务资金流。

尽管财务收益为负，该项目仍能造福 A 城的经济，让当地居民和企业更好地与外界连通，从而改善地区经济效益。当然这一切能否实现，取决于 A 城的企业和居民愿意为项目带来的益处花费多少钱。这取决于人们愿意为节省时间所花费的金钱。如前文所述，A 城居民每小时的时间价值估算为 15 欧元，该地区的人均收入以每年 2% 的速度增长，故当地居民为节省时间所花钱的意愿也大致以这个速度增长。[7]

根据对 A 城居民出行情况的调查，机场建成前，该城每年有 60 万人前往 B 城乘坐飞机，如表 4-3 中第 13 行的数字显示，数量未来还将有所增加。A 城乘客需要花费 2 小时到达 B 城，由此带来的时间成本、车辆运营成本和安全成本如表中第 16 ~ 第 20 行所示。表 4-3 中还列出了机场建成后人们由于飞行成本高而放弃出行的情况，第 14 和第 15 行分别是机场建成前和建成后受抑制客流的数量。用原来去 B 城乘飞机的人数减去机场建成后由于成本高而放弃出行的人数就是新机场能带来的客流总量。新机场运营后第 1 年，也就是表 4-3 中的第 5 年，新机场能承载 13.2 万人的单程飞行；到第 25 年，机场将变得拥挤，运力相对不足，人们的出行需求因此受到抑制；第 29 年，A 城机场本身并不能产生任何新的出行需求了，也就是说如果没有该机场，人们将全部选择从 B 城机场出行。表 4-3 中第 21 ~ 第 25 行的数据是由上述出行需求而产生的乘客收益，也就是除去受抑制客流的出行需求的收益，计算使用了本书 3.1 节阐述的估算原则，即“二分之一原则”。

当机场的客流出行需求超过其运力，运营就会出现瓶颈。如表 4-3 中第 1 行和第 2 行所示，第 15 年机场出现明显的拥挤现象，自此航站楼的服务质量下降，新增客流也会导致更严重的排队现象，延长等待时间，引发航班延误。从表中可以看出，拥挤可能造成每位乘客在机场滞留 15 分钟。假设邻近的机场具备足够的运力，那么没有该项目的情况下，不会因为机场拥挤而付出更多成本。[8]

另外，从 A 城的财务评估报告中能看出，当地政府并没有考虑该城机场项目可能给 B 城带来的财务影响。

任一私营的项目发起者都会使用同样的方法。在经济评估中，着眼于整个经济的净资源使用，无论是哪个部分的福利变化，所有福利变化都需要包括在内。机场 B 在没有项目的情况下产生的任何生产者总盈余（净收入加税收）都需要从项目收益中减去。经估算，每位分流到 B 城机场的 A 城乘客，平均每年可为 B 城创造 2 欧元的净盈利（包含税款），该项的货币价值见表 4-3 的第 29 行。[9]

对项目经济收益的估算考虑了初级市场的所有货币化影响，这一点在项目的财务评估里已经提及。前文估算的机场收入不包括税款，但因为税款构成乘客所付费用的一部分，又从项目方转移至国家，其理应纳入项目经济收益。同理，机场的经营成本和资本支出成本亦没有包括税费，政府从此项目获得的税费收入应从资源成本中减去，计入政府收益中。[10] 可以看出，虽然表中显示该项目财务收益为负，运营机场仍能产生巨大的净经济收益，即 3.735 亿欧元。

为了完整地评估项目的经济收益，还应该把没有直接参与机场交通生产和消费的那部分群体纳入分析中来，考量该部分群体的收益变化。新乘客和分流乘客两类客流的外部效应的属性不尽相同。新乘客指的是机场建成前并不选择飞行方式出行，而在 A 城机场建成后开始选择从该机场出发的乘客。如果乘客全额支付飞行的所有外部成本，或者当外部成本被内化，就不用调整项目的经济分析了。这种情况下，对每一位航空飞行的乘客来说，未内化的外部环境成本包括为温室气体排放支付的 20 欧元，为产生的噪声应支付的 3 欧元和空气污染的 2 欧元。[11] 这样，经由 A 城机场的所有来往行程的票价都可能包含一部分环境税，且这部分税费比社会碳成本要低 20 欧元/吨。还有一种情况是票价中不含环境税，但包含一些符合市场机制的服务运营费用。这 20 欧元的平均成本反映了票价的外部性，即由乘客接受市场机制之外的由飞行服务带来的成本。随着温室气体浓度变高，新增的排放成本也在提高，温室气体排放带来的边际成本平均每年预计增长 3%。此外，社会其他部门还要承担 30 欧分的事故风险成本。[12] 相应的外部成本情况见表 4-3 中第 36 ~ 第 40 行。

值得注意的是，不应该把外部成本归因于发生了分流，因为项目实施前，分流的那部分飞行需求依然存在。对分流客流来说，其环境外部性主要体现为分流过程中第三方承担的相应外部成本，包括乘客去往 B 城机场而产生的道路交通外部成本。规划专家对这部分外部成本做了预估，平均到每位乘客的成本是温室气体排放 1 欧元、噪声 1 欧元、空气污染 1.5 欧元和安全成本 1 欧元。[13] A 城机场建成后，这些成本将不存在，所以可以看作是项目收益，如表 4-3 中第 31 ~ 第 35 行所示。

表 4-3 中第 41 行是项目的净外部影响，加入私人资金流之后可以估算项目整体的净现金流情况，如第 42 行所示，A 城绿地机场项目的经济净现值是 3.622 亿欧元，项目经济收益率（ERR）是 11.6%。当地政府认可这一收益率，认为项目因此而可行，然而负的财务收益率却向我们提出了一个严峻的问题，应该如何为项目融资？

4.2 私营部门参与投资（1）：不可进行资本投资的情况

表 4-3 所列项目评估结果说明，对于 A 城政府来说，新机场项目能创造可观的经济收益，具有潜在可行性，但从财务收益来看，该项目也可能带来高额的财务损失。

项目的经济分析显示，大部分收益来自分流的乘客，即表4-3中第20行所列6.928亿欧元。另外，项目收益还包括表中第25行，即由净出行需求（即除去受抑制出行需求）带来的收入，约为5340万欧元，说明以A城居民的飞行消费水平，相比于使用B城机场作为枢纽，在A城建设机场价值更高，可以考虑拨用部分上述提到的消费者盈余来建设机场，筹集这部分资金的一个方式是收取航空附加费用。

表4-3中列出的新机场项目人均收益（或者乘客收益）是每人8欧元，包括6欧元的航空收益和2欧元的非航空收益。表4-2预估了机场项目建成后，A城居民因此产生的个人出行行为成本。表4-2中估算了能节省多少私营广义成本，乘客对机场A附近的估价平均高达48欧元。这是附加航空费的上限。如果按照48欧元的价格收取附加航空费用，从A城机场出发则失去了成本优势，换言之，选择从A城机场还是B城机场出发对于乘客来说是一样的。规划专家们在考察了其他机场的相关情况后，建议收取20欧元的航空附加费，A城政府认为可以把这项费用提高到22欧元，这样加上非航空乘客收益2欧元，人均乘客收益可以达到24欧元，是收取航空附加费之前8欧元的3倍。

图4-1体现了上述定价政策的效果。假设收取航空附加费之前，乘客从A城机场出行的行为成本是g_0，从其他机场出行的行为成为是g_1($g_1=g_0+48$欧元）。当航空费用调高16欧元到22欧元，乘客从A城机场出行的行为成

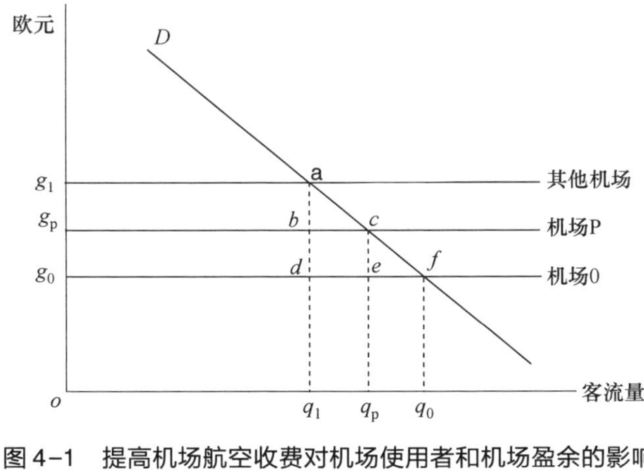

图4-1　提高机场航空收费对机场使用者和机场盈余的影响

本升高到 g_p，可推算此时机场净运营收入（即运营收入减去运营成本）的增量区间是 $g_p ceg_0$。这样一来，盈利也就从乘客一方转移到了机场一方，即由消费者盈利转变成为了生产者盈利。票价升高后，出行量从 q_0 下降至 q_p，以此估算，出行需求将比调高航空费用之前有所降低。

表 4-4 体现了调高航空收费之后项目收益的变化。票价升高后，出行量将小幅下降，如表中第 2 行所示，到项目第 15 年，客流量将降低约 6 万人/年。运营收入增加后，项目净现值从-3.946 亿欧元变为-2.125 亿欧元，如表4-3、表4-4 中第9 行所示。表4-3 和表4-4 中第10 行的数字说明，收益增加后，税收也将增加，假设 A 城政府是机场项目的运营者，该项目还是会给政府的账务带来9280 万欧元的损失，这部分将构成从纳税人到机场用户的资金转移，远低于不提高航空收费时的 3.048 亿欧元。

表4-3 中第20 行表示分流乘客的福利损失，第 25 行表示新增乘客的福利损失。当航空费用提高之后，项目的经济价值从 3.735 亿欧元降到了3.649 亿欧元，如表4-3 和表4-4 中第30 行所示，经济收益率由 11.8% 降到了 11.6%，机场费用调高后，一部分出行需求受到抑制，为此还存在少量的收益损失，即图 4-1 中三角形 *cfe* 的面积所表示的部分。同时，因为票价升高，净出行需求就会降低，负的外部效应也就相应减少，所以一旦考虑外部影响，提高航空费用和航班票价实际上就提高了项目的经济价值（见表 4-3 中第 42 行），也就相当于收取了外部税，增加了社会效益。然而该项目最终还是存在亏损，所以广义上看，调整票价的净影响就是减少了从纳税人向机场用户所转移的收益。

提价之后，私营部门依然不会投资这个项目。尽管航空费用可进一步提高，但当地政府从政治的角度考虑，也会认为项目不可行。因为尽管项目的税后现值是9280 万欧元，作为运营方，政府要承担高额的财务损失，具体可见表 4-3 中第 11 行。

如要将项目私有化，就需要从公共部门转移一部分收益到私营。假设对于私营部门来说，理想的投资收益率不能低于 8%，按照现值的口径来估算，政府还需要补贴 2.589 亿欧元才能达成这个收益率水平。政府补贴的形式灵

表 4-4 绿地机场提高航空收费之后的财务收益和经济收益

			现值/年份	1	2	3	4	5	10	15	20	25	29
	财务收益												
(1)	机场乘客运力	千人		0	0	0	0	1200	1200	1200	1200	1200	1200
	乘客接待数量												
(2)	项目实施后	千人		0	0	0	0	785	946	1139	1373	1596	1596
(3)	项目实施前	千人		0	0	0	0	0	0	0	0	0	0
	运营现金流(税后)												
(4)	项目实施后	百万欧元	142.1	0.0	0.0	0.0	0.0	6.8	9.2	12.2	15.9	19.8	19.8
(5)	项目实施前	百万欧元	0.0	0.0	0.0	0.0	0.0	0.0	0.0	0.0	0.0	0.0	0.0
(6)=(4)-(5)	净利润	百万欧元	142.1	0.0	0.0	0.0	0.0	6.8	9.2	12.2	15.9	19.8	19.8
(7)	资本投资	百万欧元	354.6	100.0	100.0	100.0	100.0						
(8)	补贴	百万欧元	0.0	0.0	0.0	0.0	0.0						
(9)=(6)-(7)+(8)	运营者净现金流	百万欧元	-212.5	-100.0	-100.0	-100.0	-100.0	6.8	9.2	12.2	15.9	19.8	19.8
	运营者财务收益率		N/A										
(10)	政府财务流	百万欧元	119.7	15	15	15	15	4	5	6	7	8	8
(11)=(9)+(10)	运营者与政府财务流	百万欧元	-92.8	-85	-85	-85	-85	11	14	18	23	27	27
	私营部门和政府财务收益率		N/A										
	经济收益												

表 4-4(续)

			现值/年份	1	2	3	4	5	10	15	20	25	29
	分流的乘客												
(12)	项目实施后	千人		600	623	646	671	0	0	0	0	0	109
(13)	项目实施前	千人		600	623	646	671	697	839	1011	1219	1469	1705
	出行受抑制的乘客												
(14)	项目实施后	千人		76	79	82	85	0	0	0	0	58	216
(15)	项目实施前	千人		76	79	82	85	88	106	128	154	186	216
	分流成本												
(16)=(12)×时间成本	项目实施后的时间成本	百万欧元	70.0	17.6	18.7	19.8	20.9	0.0	0.0	0.0	0.0	0.0	5.6
(17)=(13)×时间成本	项目实施前的时间成本	百万欧元	548.8	17.6	18.7	19.8	20.9	22.2	29.5	39.2	52.2	69.5	87.3
(18)=((12)-(13))×其他成本	分流乘客运营与安全成本	百万欧元	214.0	0.0	0.0	0.0	0.0	12.5	15.1	18.2	21.9	26.4	28.7
(19)	运营者专用收益	百万欧元	190.2	0.0	0.0	0.0	0.0	11.1	13.4	16.2	19.5	23.5	25.5
(20)=-(16)+(17)+(18)-(19)	使用人净利润	百万欧元	502.6	0.0	0.0	0.0	0.0	23.6	31.2	41.3	54.7	72.4	84.9
	抑制出行的成本												

表 4-4(续)

			现值/年份	1	2	3	4	5	10	15	20	25	29
(21)=0.5×(14)×时间成本	项目实施后的时间成本	百万欧元	9.4	1.1	1.2	1.3	1.3	0.0	0.0	0.0	0.0	1.4	5.5
(22)=0.5×(15)×时间成本	项目实施前的时间成本	百万欧元	34.7	1.1	1.2	1.3	1.3	1.4	1.9	2.5	3.3	4.4	5.5
(23)=0.5×((14)-(15))×其他成本	受抑制乘客的运营与安全成本	百万欧元	11.7	0.0	0.0	0.0	0.0	0.8	1.0	1.2	1.4	1.1	0.0
(24)	运营者专用收益	百万欧元	20.8	0.0	0.0	0.0	0.0	1.4	1.7	2.0	2.5	2.0	0.0
(25)=-(21)+(22)+(23)-(24)	使用人净利润	百万欧元	16.2	0.0	0.0	0.0	0.0	0.8	1.1	1.6	2.2	2.1	0.0
	拥堵成本												
(26)	项目实施后	百万欧元	36.1	0.0	0.0	0.0	0.0	0.0	0.0	0.0	7.5	9.6	10.4
(27)	项目实施前	百万欧元	0.0	0.0	0.0	0.0	0.0	0.0	0.0	0.0	0.0	0.0	0.0
(28)=-(26)+(27)	净利润	百万欧元	-36.1	0.0	0.0	0.0	0.0	0.0	0.0	0.0	-7.5	-9.6	-10.4
(29)	B 机场毛生产者盈余	百万欧元	25.0	0.0	0.0	0.0	1.4	1.4	1.7	2.1	2.5	3.0	0.0

表 4-4(续)

			现值/年份	1	2	3	4	5	10	15	20	25	29
(30)=(11)+(20)+(25)+(28)-(29)	现金流(外部性)	百万欧元	364.9	-85.0	-85.0	-85.0	-86.4	33.9	44.7	58.7	69.5	89.3	101.9
	经济收益率(没有外部性时)		11.6%										
	外部性												
	道路交通因素导致的分流												
(31)=((13)-(12))×温室气体成本	温室气体	百万欧元	19.7	0.0	0.0	0.0	0.0	0.8	1.1	1.6	2.2	3.1	3.8
(32)=((13)-(12))×噪声成本	噪声	百万欧元	11.9	0.0	0.0	0.0	0.0	0.7	0.8	1.0	1.2	1.5	1.6
(33)=((13)-(12))×空气污染成本	空气污染	百万欧元	17.8	0.0	0.0	0.0	0.0	1.0	1.3	1.5	1.8	2.2	2.4
(34)=((13)-(12))×安全成本	安全成本	百万欧元	11.9	0.0	0.0	0.0	0.0	0.7	0.8	1.0	1.2	1.5	1.6
(35)=(31)+(32)+(33)+(34)	总计	百万欧元	61.3	0.0	0.0	0.0	0.0	3.2	4.1	5.1	6.5	8.2	9.3
	来自飞行新乘客												

表 4-4(续)

			现值/年份	1	2	3	4	5	10	15	20	25	29
(36)=((15)−(14))×温室气体成本	温室气体	百万欧元	40.8	0.0	0.0	0.0	0.0	2.0	2.9	4.0	5.6	5.3	0.0
(37)=((15)−(14))×噪声成本	噪声	百万欧元	3.9	0.0	0.0	0.0	0.0	0.3	0.3	0.4	0.5	0.4	0.0
(38)=((15)−(14))×空气污染成本	空气污染	百万欧元	2.6	0.0	0.0	0.0	0.0	0.2	0.2	0.3	0.3	0.3	0.0
(39)=((15)−(14))×安全成本	安全成本	百万欧元	0.4	0.0	0.0	0.0	0.0	0.0	0.0	0.0	0.0	0.0	0.0
(40)=(36)+(37)+(38)+(39)	总计	百万欧元	47.8	0.0	0.0	0.0	0.0	2.5	3.4	4.7	6.4	6.0	0.0
(41)=(35)−(40)	净外部效应	百万欧元	13.6	0.0	0.0	0.0	0.0	0.7	0.6	0.4	0.1	2.2	9.3
(42)=(30)+(41)	项目净现金流	百万欧元	378.4	−85.0	−85.0	−85.0	−86.4	34.6	45.3	59.1	69.6	91.5	111.3
	项目经济收益率		11.8%										

活多样，可以是投资成本73%的现金补助，也可以是补助金、退税和运营资金补贴。当然，既然只是收益在公共部门和私营部门之间发生转移，项目经济收益本质上不会改变。

如果想让该项目对私营部门有外包价值，那么私营部门和公共部门在建设和运营项目的效率上必须有较大差别。否则私营部门的财务收益很大程度上体现为政府的补贴。一般来说，这种情况下，私营部门不会参与投资。相反，任何私营部门会通过管理合同来运营机场，从而最大限度地减少或消除私营部门的任何前期资本投资，以最大限度地减少纳税人的转移。

其实，这种情形十分常见。小型机场按照行业标准收取航空费用，往往不能盈利，只能以非货币化的经济收益来满足经营需要，且只能由政府来开发和运营。当然如果当地居民的收入足够高，人们花钱购买时间的意愿足够强，机场就可以收取较高的航空费用，如果非航空类收益也呈上升趋势，投资就能获得可观的财务收益，这也是私营部门投资小型机场的根本原因。

4.3 航站楼扩建

A城机场开始运营后，当地经济增速超过预期，客流量快速增长，将比预期更早达到运营饱和。按照最初预计的3.8%年客流增速，在项目第16年，也就是机场运营12年后，航站楼运力将达设计峰值，即120万人/年，此后如果客流量继续增长，将出现运营拥堵，但仍能满足客流需求。到第24年，客流受延显著。第27年将出现乘客分流。以此推算，第25年（也就是机场开放后第21年）额外的航站楼容量预计投入使用。

据估计，客流的年平均增速将由3.8%提高到5.2%。到项目第10年，乘客接待量将达110万人/年。在可预见的未来，客流平均每年增长5%，几年内机场运力就将达到设计峰值。客流配给需求会比预计更早出现，到项目第18年，乘客受延情况严重，第20年将出现明显的分流。

运营者期望到项目第18年，机场能更新运力水平，并开始准备建设新的航站楼，新项目开始时间不能晚于现有项目运营的第14年。新项目能为航站楼增加每年120万人次的运力，把机场的乘客运力提升至每年240万人次。项目的建设周期为机场项目的第14～第17年，总投资为1亿欧元，在4年的建设期内等额投资。不难发现，同样是承载120万乘客，绿地机场项目的投资高达4亿欧元，在该项目阶段所开发的设施，包括跑道、停机坪、机场塔楼、乘客通道等，足以满足新增客流的需求。由于扩建阶段的投资明显少于建设阶段，所以前者的投资收益率要远大于后者，该收益率既能反映项目的规模，也反映项目的经济效益。

对该项目财务和经济可行性的结果预测见表4-5。在项目第26年，也就是开放扩建设施后的第9年，机场客流将达设计峰值240万人次，此后的新增客流将导致运营拥堵。第32年将出现运力配给不足和客流受抑的问题。到项目第34年，也就是开放扩建设施17年后，将出现乘客分流情况。

航站楼扩建项目能产生财务收益，和绿地机场项目不同，扩建项目带来的新增营业利润现值高于投资成本财务。对于运营者来说，项目净现值为3770万欧元（见表4-5中第10行），财务收益率为7.1%。对于政府来说，新增税收的现值为5320万欧元（见表4-5中第15行），两者构成的总财务价值为9090万欧元（见表4-5中第16行），总财务收益率为9.6%。

我们可以沿用绿地机场项目的方法来计算航站楼扩建项目的经济收益。在扩建项目实施前收益情况的基础上，结合A城机场当前的运力情况重新进行估算，并纳入对机场固有客流乘客盈余的考量（见表4-5中第34行）。不管是否实施航站楼扩建项目，这部分客流都会使用A城机场，即从总客流中减掉受抑制客流和分流客流后的客流量。很明显，这部分受控客流在绿地机场的阶段不存在。为了便于和绿地机场项目进行比较，我们也估算了运营者调拨而来的分流和受抑制客流，由此确定了两个项目共同的人均乘客收益基数8欧元。绿地机场项目的人均乘客收益是24欧元。初始运力扩建场景下，项目发起人已做出了盈余分配。因为24欧元的人均乘客收益同样适用于扩建项目实施前的情况，所以固有客流的盈余分配为0欧元。

表4-5　航站楼运力扩建项目财务收益和经济收益

			现值/年份	14	15	16	17	18	25	30	35	42
	财务收益											
	机场乘客运力											
(1)	项目实施后	千人		1200	1200	1200	1200	2400	2400	2400	2400	2400
(2)	项目实施前	千人		1200	1200	1200	1200	1200	1200	1200	1200	1200
	乘客接待数量											
(3)	项目实施后	千人		1374	1443	1515	1591	1671	2351	3000	3192	3192
(4)	项目实施前	千人		1374	1443	1515	1591	1596	1596	1596	1596	1596
	运营现金流											
(5)	项目实施后	百万欧元	430. 0	16. 6	17. 8	19. 0	20. 2	17. 4	28. 3	39. 1	42. 7	42. 7
(6)	项目实施前	百万欧元	303. 7	16. 6	17. 8	19. 0	20. 2	20. 6	20. 6	20. 6	20. 6	20. 6
(7)=(5)−(6)	净利润	百万欧元	126. 3	0. 0	0. 0	0. 0	0. 0	−3. 2	7. 7	18. 5	22. 1	22. 1
(8)	资本投资	百万欧元	88. 6	25. 0	25. 0	25. 0	25. 0					
(9)	补贴	百万欧元	0. 0	0. 0	0. 0	0. 0	0. 0					
(10)=(7)−(8)+(9)	运营者净现金流	百万欧元	37. 7	−25. 0	−25. 0	−25. 0	−25. 0	−3. 2	7. 7	18. 5	22. 1	22. 1
(11)	运营者财务收益率		7. 1%									
(12)=(5)−(8)+(9)	项目实施后项目私有价值政府财务流	百万欧元	341. 4	−8. 4	−7. 2	−6. 0	−4. 8	17. 4	28. 3	39. 1	42. 7	42. 7

表 4-5(续)

			现值/年份	14	15	16	17	18	25	30	35	42
(13)	项目实施后	百万欧元	179.1	10.4	10.7	11.0	11.3	8.5	11.4	14.1	14.9	14.9
(14)	项目实施前	百万欧元	125.9	10.4	10.7	11.0	11.3	7.5	7.5	7.5	7.5	7.5
(15)=(13)-(14)	纯收入	百万欧元	53.2	0.0	0.0	0.0	0.0	1.0	3.9	6.6	7.3	7.3
(16)=(10)+(15)	运营者与政府财务流	百万欧元	90.9	-25.0	-25.0	-25.0	-25.0	-2.2	11.6	25.1	29.4	29.4
	私营部门和政府财务收益率		9.6%									
	经济收益											
	分流的乘客											
(17)	项目实施后	千人		0.0	0.0	0.0	0.0	0.0	0.0	0.0	206.9	1590.6
(18)	项目实施前	千人		0.0	0.0	0.0	0.0	0.0	490.6	1067.1	1802.9	3186.6
	出行受抑制的乘客											
(19)	项目实施后	千人		0.0	0.0	0.0	0.0	0.0	0.0	0.0	430.3	605.4
(20)	项目实施前	千人		0.0	0.0	0.0	0.0	74.6	264.1	337.1	430.3	605.4
	分流成本											
(21)=(17)×时间成本	项目实施后时间成本	百万欧元	92.9	0.0	0.0	0.0	0.0	0.0	0.0	0.0	9.2	81.4
(22)=(18)×时间成本	项目实施前时间成本	百万欧元	470.3	0.0	0.0	0.0	0.0	0.0	17.9	43.1	80.4	163.2
(23)=((17)-(18))×其他成本	分流乘客的运营与安全成本	百万欧元	157.6	0.0	0.0	0.0	0.0	0.0	8.8	19.2	28.7	28.7

表 4-5(续)

			现值/年份	14	15	16	17	18	25	30	35	42
(24)	运营者与政府专用项	百万欧元	140. 1	0. 0	0. 0	0. 0	0. 0	0. 0	7. 8	17. 1	25. 5	25. 5
(25)=-(21)+(22)+(23)-(24)	净利润	百万欧元	237. 3	0. 0	0. 0	0. 0	0. 0	0. 0	18. 9	45. 2	74. 3	84. 9
	乘客受抑制成本											
(26)=0. 5×(19)×时间成本	项目实施后时间成本	百万欧元	34. 6	0. 0	0. 0	0. 0	0. 0	0. 0	0. 0	0. 0	9. 6	15. 5
(27)=0. 5×(20)×时间成本	项目实施前时间成本	百万欧元	73. 1	0. 0	0. 0	0. 0	0. 0	1. 2	4. 8	6. 8	9. 6	15. 5
(28)=0. 5×((19)-(20))×其他成本	受抑制乘客的运营与安全成本	百万欧元	18. 8	0. 0	0. 0	0. 0	0. 0	0. 7	2. 4	3. 0	0. 0	0. 0
(29)	运营者专用	百万欧元	33. 3	0. 0	0. 0	0. 0	0. 0	1. 2	4. 2	5. 4	0. 0	0. 0
(30)=-(26)+(27)+(28)-(29)	净利润	百万欧元	38. 5	0. 0	0. 0	0. 0	0. 0	0. 7	3. 0	4. 4	0. 0	0. 0
	拥堵成本											
(31)	项目实施后	百万欧元	124. 2	5. 2	5. 5	5. 9	6. 3	0. 0	0. 0	15. 4	18. 1	20. 8
(32)	项目实施前	百万欧元	111. 8	5. 2	5. 5	5. 9	6. 3	6. 5	7. 4	8. 2	9. 1	10. 4
(33)=-(31)+(32)	净利润	百万欧元	-12. 3	0. 0	0. 0	0. 0	0. 0	6. 5	7. 4	-7. 2	-9. 1	-10. 4

表 4-5（续）

			现值/年份	14	15	16	17	18	25	30	35	42
(34)	从固有客流拨转的盈余	百万欧元	0.0	0.0	0.0	0.0	0.0	0.0	0.0	0.0	0.0	0.0
(35)	B 机场毛生产者盈余	百万欧元	17.5	0.0	0.0	0.0	0.0	0.0	1.0	2.1	3.2	3.2
(36)=(11)+(25)+(30)+(33)-(34)-(35)	现金流（外部性）	百万欧元	479.9	-25.0	-25.0	-25.0	-25.0	4.9	39.9	65.4	91.5	100.8
	经济收益率（没有外部性时）		19.6%									
	外部性											
	道路交通因素导致的分流											
(37)=((18)-(17))×温室气体成本	温室气体	百万欧元	470.6	0.0	0.0	0.0	0.0	0.0	20.5	51.8	89.8	110.5
(38)=((18)-(17))×噪声成本	噪声	百万欧元	26.3	0.0	0.0	0.0	0.0	0.0	1.5	3.2	4.8	4.8
(39)=((18)-(17))×空气污染成本	空气污染	百万欧元	17.5	0.0	0.0	0.0	0.0	0.0	1.0	2.1	3.2	3.2
(40)=((18)-(17))×安全成本	安全成本	百万欧元	2.6	0.0	0.0	0.0	0.0	0.0	0.1	0.3	0.5	0.5
(41)=(37)+(38)+(39)+(40)	总成本	百万欧元	517.0	0.0	0.0	0.0	0.0	0.0	23.1	57.5	98.3	118.9

表 4-5(续)

			现值/年份	14	15	16	17	18	25	30	35	42
	来自飞行新乘客											
(42)=((20)-(19))×温室气体成本	温室气体	百万欧元	88.9	0.0	0.0	0.0	0.0	2.5	11.1	16.4	0.0	0.0
(43)=((20)-(19))×噪声成本	噪声	百万欧元	6.3	0.0	0.0	0.0	0.0	0.2	0.8	1.0	0.0	0.0
(44)=((20)-(19))×空气污染成本	空气污染	百万欧元	4.2	0.0	0.0	0.0	0.0	0.1	0.5	0.7	0.0	0.0
(45)=((20)-(19))×安全成本	安全成本	百万欧元	0.6	0.0	0.0	0.0	0.0	0.0	0.1	0.1	0.0	0.0
(46)=(42)+(43)+(44)+(45)	总成本	百万欧元	100.0	0.0	0.0	0.0	0.0	2.9	12.5	18.2	0.0	0.0
(47)=(41)-(46)	净外部效应	百万欧元	417.0	0.0	0.0	0.0	0.0	-2.9	10.7	39.3	98.3	118.9
(48)=(36)+(47)	项目净现金流	百万欧元	896.9	-25.0	-25.0	-25.0	-25.0	2.0	50.6	104.7	189.8	219.7
	项目经济收益率		22.2%									

分流成本依然是影响本项目经济收益的关键因素（见表4-5中第22行）。本书分析中，分流乘客指那些不得不改变旅行计划的乘客，在绿地机场项目里指的是驱车前往最近的B城机场乘飞机出行的乘客。在3.1节中我们还讨论过其他可能的替代方式，比如有的乘客会因此改变交通方式，当然在本项目中，乘客选择一种交通方式代替飞行，仅限于短途飞行的情况。

同样，也可以把乘客分流到航班少的时段，特别是当航站楼达到运力峰值，很难满足所有乘客的最佳时段需求时，可以增加一些非最佳时段的航班。为此，乘客需求分析应能揭示出乘客面临分流时，是更希望选择新的时段出行，还是希望从另一个机场出发，或是选择其他的交通方式。乘客调查可以帮助我们理解其出行行为。而从经济利润来看，因分流而产生的额外交通成本可以视为分流乘客愿意为其选择的分流方式而付出的最大成本，这一成本不会高于分流至B城机场的成本，否则他们就都会选择B城机场出发。

如果乘客选择在其他时段从该机场出发，机场将因此产生运营收入和成本。从财务分析的角度看来，此种情况下机场扩建之后产生的运营现金流和未扩建时的现金流价值之差要小于乘客分流到其他机场或采用其他出行方式时的两者之差，也就是说，时间分流收窄了项目的财务收益。而经济收益的变化与财务收益不同，其受影响程度取决于枢纽机场的生产者盈余情况（见表4-5中第35行）。[14]

如果不考虑外部性因素，绿地机场扩建项目的收益率为19.6%，远高于绿地机场项目，说明高效利用空侧机场能带来更高成本收益率，因为新客流产生的负外部影响（见表4-5中第46行）远低于分流客流陆上交通产生的附加外部成本（见表4-5中第41行）。同时，由于碳成本在升高（据估计碳价格每年将增长3%），该项目也能带来不错的环境利润，但并不是机场项目都能如此。是否具有环境收益取决于分流乘客选择的替代交通方式。比如，如果替代交通工具是比公路交通工具更加环保的火车，扩建项目的环境收益将相对减少，项目的整体环保评估表现也将受到影响。在此说明这一点，是为了强调建设机场的环境影响净值并非一定为负。并且，4.1节中我们假定环境税低于社会碳成本或者市场机制仅适用于一部分客流，因为如果环境税即能反映碳社会成本的水平，或者如果市场机制用于所有机场客流，将不需要对项目的外部环境成本进行评估。

如果存在环境正收益，那么有必要内化外部航空成本，即便只能进行部分内化。对于某种出行方式来说，能收获最佳经济效益的方法就是让该种交通方式的使用人承担全部外部成本。如果乘客完全承担外部成本，表4-5中第42～第44行列出的净出行需求未内化的环境成本将为零，那么投资机场的经济收益将得到改善。

4.4 私营部门参与投资（2）：可进行资本投资的情况

如上文所述，航站楼扩建项目与绿地机场项目不同的一点是，扩建项目是盈利性项目。扩建项目的开展，包括高强度空侧基建安装工程，不仅扩大了经济规模，也提高了经济效率。此外，当机场运营后产生财务收益，可以将项目出售给私营投资者，无须政府补助，也无须担心从公共领域到私人领域等问题。

机场在扩建项目实施前的净现值是3.037亿欧元，如表4-5中第6行所示。为方便参照，现值估算忽略了扩建项目可能发生的重组支出。扩建能带来利润，私营部门会对项目给予支持。但运力扩大后，项目是否依然可能出售给私人投资者则是个问题。私营部门的项目运营者如果对5%的真实投资收益率满意，就会愿意向政府支付3.414亿欧元购买机场项目（见表4-5中第12行），并且在4年间投入1亿欧元用于航站楼扩建，从总投资4.414亿欧元中获得每年5%的收益。当然，如果私人投资者要求更高的收益率（风险调整后），对于他们来说，机场的价值则会降低。比如，如果7.1%的项目收益率也是私营部门对项目运营和项目投资的收益率要求，那么照此折算现金流价值（见表4-5中第12行），机场价值则变为3.274亿欧元。

私营部门可以直接购买机场参与项目投资，这种情况下需要结合经济规定对购买行为加以约束，判断是否因为市场竞争不足而存在有违市场定价规则的情况。在给定的时间范围内，给予机场全部或部分的特许经营权也能够让私营部门参与进来。[15]

对于公共部门来说，能否让私营部门参与进来取决于政府预算情况，也取决于投资者能否以高效项目执行抵偿私营部门相对于公共部门的高资本成本，而起决定作用的因素是预期财务收益是否足以偿付公共部门私有化模型所定义的竞争性、约束性和合同条款框架带来的各类风险。

政府出售机场能获得 3.414 亿欧元的收入（见表 4-5 中第 12 行），同时还有税收收入 1.791 亿欧元（见表 4-5 中第 13 行），税收比未扩建时的 1.259 亿欧元高出 5320 万欧元（见表 4-5 中第 15 行）。如果私人运营者能够在项目生命周期内做到效益创收，并且如果政府决定降低机场收费，把收益的一部分分配给消费者一方，税收将减少，但与此同时，增加的出行需求又能增加税收。成本降低后，政府税收会随之降低，社会的净福利收益随之增加，一个表现就是当地商业机构生产率得以提高，表中消费者盈余增加也能说明这一点。如果机场继续由公共部门来运营，对政府来说项目价值将达 9090 万欧元（见表 4-5 中第 16 行），即运营者持有的价值 3770 万欧元，加上 5320 万欧元的税费净收益。

4.5　刺激“过度投资”的因素

表 4-5 航站楼扩建项目投资收益数据显示，如不考虑外部性因素，该项目财务收益和经济收益有巨大差异，说明项目收益仍有进一步提升空间，表 4-5 中第 25 行分流乘客的非货币消费者盈余一值可以用来衡量这种可能性。但净出行量，即新客流的乘客盈余不可作为衡量标准，因为足以拨付出分流乘客所有非货币消费者盈余的收费水平，也足以抑制新客流的产生。此外，还有一部分潜在消费者盈余来自固有客流，即未扩建前客流。增加这部分客流收入的一个途径是提高收费，但是在经济制度的约束下，这一方法不可行。[16] 并且由于约束机制支持定期修改收费标准，部分经济收益还会转移给乘客一方。

增加消费者盈余的另一个途径是“过度投资”，又称“过度建设”。按照监管规定的收益率水平增加投资就能提高利润，这种过度投资的刺激机制被称为“阿弗奇-约翰逊效应”（Averch-Johnson Effect），[17] 本节将阐释该效应。

首先假设政府和私营部门认可表 4-5 中列出的收益率水平，以 7.1% 的投资收益率达成项目合作。此后私营运营者提出多种扩建方案，建议为航站楼项目增资，理由是绿地机场项目阶段对客流量的预估过于保守。运营者也可能用独特的方案设计吸引公众的眼球，从而敦促政府支持增加投资。他们还可能说服政府树立更高远的发展目标，提供更高质量的机场服务。

我们可以进一步假设如此一番游说的结果是机场航站楼项目规模翻倍，增加年均 240 万人次的乘客运力，项目实施前的运力是 120 万人次/年。二次扩建完成后，机场的整体承载能力将提高到 360 万人次/年，首次扩建后是 240 万人次/年。由于客流密度较低，二次扩建后投资成本将翻倍，从 1 亿欧元增加到 2 亿欧元，平均每位乘客的运营成本将比一次扩建后提高 20%。

表 4-6 中的数据体现了过度投资对项目收益率的影响。可以看出财务收益率从 7.1% 降到了 3.5%，原因是过度扩建产生的消极影响，如建设预付款和航站楼运营成本的增加，要大于扩建的积极影响，积极影响如项目后期新增乘客带来的增量收入。

如不考虑外部性因素，经济收益率将从 19.6% 降到 14.4%，原因是扩建后，由于受抑制客流和分流客流减少，项目存在收入上升的远期效应，但此收入增量并不会高于近期增加的投资和运营成本。二次扩建项目与首次小规模扩建项目相比，能产生更多收益，两者在表中的价值分别为 4.799 亿欧元和 5.62 亿欧元（见表 4-6 和表 4-7 中第 36 行）。然而由于新增收益不足以填补新增投入，投资收益率呈下降趋势。而如果考虑外部性因素，项目价值则是上升的。假设客户分流导致净出行需求，即新客流减少，当附加成本，尤其是新客流产生的附加环境成本，低于因分流而减少的环境收益时（见表 4-6 中第 46 行和第 41 行），外部性因素即创造了新的项目价值。

表4-6 扩建航站楼项目的财务收益和经济收益（运力提升但不提价）

			现值/年份	14	15	16	17	18	25	30	35	42
	财务收益											
	机场乘客运力											
(1)	项目实施后	千人		1200	1200	1200	1200	3600	3600	3600	3600	3600
(2)	项目实施前	千人		1200	1200	1200	1200	1200	1200	1200	1200	1200
	乘客接待数量											
(3)	项目实施后	千人		1374	1443	1515	1591	1671	2351	3000	3829	4788
(4)	项目实施前	千人		1374	1443	1515	1591	1596	1596	1596	1596	1596
	运营现金流(税后)											
(5)	项目实施后	百万欧元	433.7	16.6	17.8	19.0	20.2	14.0	24.3	34.6	48.2	64.8
(6)	项目实施前	百万欧元	303.7	16.6	17.8	19.0	20.2	20.6	20.6	20.6	20.6	20.6
(7)=(5)-(6)	净利润	百万欧元	130.0	0.0	0.0	0.0	0.0	-6.6	3.7	14.0	27.6	44.2
(8)	资本投资	百万欧元	177.3	50.0	50.0	50.0	50.0					
(9)	补贴	百万欧元	0.0	0.0	0.0	0.0	0.0					
(10)=(7)-(8)+(9)	运营者净现金流	百万欧元	-47.3	-50.0	-50.0	-50.0	-50.0	-6.6	3.7	14.0	27.6	44.2
(11)	运营者财务收益率		3.5%									
(12)=(5)-(8)+(9)	项目实施后机场私有价值	百万欧元	256.4	-33.4	-32.2	-31.0	-29.8	14.0	24.3	34.6	48.2	64.8
	政府财务流											

表 4-6(续)

			现值/年份	14	15	16	17	18	25	30	35	42
(13)	项目实施后	百万欧元	212.6	14.2	14.4	14.7	15.1	9.0	12.0	14.8	18.3	22.2
(14)	项目实施前	百万欧元	139.2	14.2	14.4	14.7	15.1	7.5	7.5	7.5	7.5	7.5
(15)=(13)-(14)	纯收入	百万欧元	73.5	0.0	0.0	0.0	0.0	1.5	4.5	7.2	10.7	14.6
(16)=(10)+(15)	运营者与政府财务流	百万欧元	26.2	-50.0	-50.0	-50.0	-50.0	-5.1	8.2	21.3	38.4	58.8
	私营部门和政府财务收益率		5.7%									
	经济收益											
	分流的乘客											
(17)	项目实施后	千人		0.0	0.0	0.0	0.0	0.0	0.0	0.0	0.0	0.0
(18)	项目实施前	千人		0.0	0.0	0.0	0.0	0.0	490.6	1067.1	1802.9	3186.6
	出行受抑制的乘客											
(19)	项目实施后	千人		0.0	0.0	0.0	0.0	0.0	0.0	0.0	0.0	600.0
(20)	项目实施前	千人		0.0	0.0	0.0	0.0	74.6	264.1	337.1	430.3	605.4
	分流成本											
(21)=(17)×时间成本	项目实施后时间成本	百万欧元	0.0	0.0	0.0	0.0	0.0	0.0	0.0	0.0	0.0	0.0
(22)=(18)×时间成本	项目实施前时间成本	百万欧元	470.3	0.0	0.0	0.0	0.0	0.0	17.9	43.1	80.4	163.2
(23)=((17)-(18))×其他成本	分流乘客的运营与安全成本	百万欧元	191.9	0.0	0.0	0.0	0.0	0.0	8.8	19.2	32.5	57.4

表 4-6(续)

			现值/年份	14	15	16	17	18	25	30	35	42
(24)	运营者与政府专用项	百万欧元	170.6	0.0	0.0	0.0	0.0	0.0	7.8	17.1	28.8	51.0
(25)=-(21)+(22)+(23)-(24)	净利润	百万欧元	299.7	0.0	0.0	0.0	0.0	0.0	18.9	45.2	84.0	169.5
	乘客受抑制成本											
(26)=0.5×(19)×时间成本	项目实施后时间成本	百万欧元	6.6	0.0	0.0	0.0	0.0	0.0	0.0	0.0	0.0	15.4
(27)=0.5×(20)×时间成本	项目实施前时间成本	百万欧元	73.1	0.0	0.0	0.0	0.0	1.2	4.8	6.8	9.6	15.5
(28)=0.5×((19)-(20))×其他成本	受抑制乘客的运营与安全成本	百万欧元	29.7	0.0	0.0	0.0	0.0	0.7	2.4	3.0	3.9	0.0
(29)	运营者专用	百万欧元	52.8	0.0	0.0	0.0	0.0	1.2	4.2	5.4	6.9	0.1
(30)=-(26)+(27)+(28)-(29)	净利润	百万欧元	66.5	0.0	0.0	0.0	0.0	0.7	3.0	4.4	6.6	0.1
	拥堵成本											
(31)	项目实施后	百万欧元	89.7	5.2	5.5	5.9	6.3	0.0	0.0	0.0	21.8	31.3
(32)	项目实施前	百万欧元	111.8	5.2	5.5	5.9	6.3	6.5	7.4	8.2	9.1	10.4
(33)=-(31)+(32)	净利润	百万欧元	22.1	0.0	0.0	0.0	0.0	6.5	7.4	8.2	-12.7	-20.8

表 4-6(续)

			现值/年份	14	15	16	17	18	25	30	35	42
(34)	从固有客流拨转的盈余	百万欧元	0.0	0.0	0.0	0.0	0.0	0.0	0.0	0.0	0.0	0.0
(35)	B 机场毛生产者盈余	百万欧元	21.3	0.0	0.0	0.0	0.0	0.0	1.0	2.1	3.6	6.4
(36)=(11)+(25)+(30)+(33)-(34)-(35)	现金流(外部性)	百万欧元	562.0	-50.0	-50.0	-50.0	-50.0	2.1	36.6	77.0	112.6	201.2
	经济收益率(没有外部性时)		14.4%									
	外部效应											
	道路交通因素导致的分流											
(37)=((18)-(17))×温室气体成本	温室气体	百万欧元	593.2	0.0	0.0	0.0	0.0	0.0	20.5	51.8	101.5	220.6
(38)=((18)-(17))×噪声成本	噪声	百万欧元	32.0	0.0	0.0	0.0	0.0	0.0	1.5	3.2	5.4	9.6
(39)=((18)-(17))×空气污染成本	空气污染	百万欧元	21.3	0.0	0.0	0.0	0.0	0.0	1.0	2.1	3.6	6.4
(40)=((18)-(17))×安全成本	安全成本	百万欧元	3.2	0.0	0.0	0.0	0.0	0.0	0.1	0.3	0.5	1.0
(41)=(37)+(38)+(39)+(40)	总成本	百万欧元	649.7	0.0	0.0	0.0	0.0	0.0	23.1	57.5	111.0	237.4

表 4-6(续)

			现值/年份	14	15	16	17	18	25	30	35	42
	来自飞行新乘客											
(42)=((20)-(19))×温室气体成本	温室气体	百万欧元	160.8	0.0	0.0	0.0	0.0	2.5	11.1	16.4	24.2	0.4
(43)=((20)-(19))×噪声成本	噪声	百万欧元	9.9	0.0	0.0	0.0	0.0	0.2	0.8	1.0	1.3	0.0
(44)=((20)-(19))×空气污染成本	空气污染	百万欧元	6.6	0.0	0.0	0.0	0.0	0.1	0.5	0.7	0.9	0.0
(45)=((20)-(19))×安全成本	安全成本	百万欧元	1.0	0.0	0.0	0.0	0.0	0.0	0.1	0.1	0.1	0.0
(46)=(42)+(43)+(44)+(45)	总成本	百万欧元	178.3	0.0	0.0	0.0	0.0	2.9	12.5	18.2	26.5	0.4
(47)=(41)-(46)	净外部效应	百万欧元	471.3	0.0	0.0	0.0	0.0	-2.9	10.7	39.3	84.5	237.0
(48)=(36)+(47)	项目净现金流	百万欧元	1033.3	-50.0	-50.0	-50.0	-50.0	-0.9	47.3	116.3	197.2	438.3
	项目的经济收益率		17.0%									

由于税费与投资成本和运营成本直接相关，过度投资后，两者大幅提升，税收也将随之提高，这能说明两个问题：第一，项目发起人常常以项目能够增加税费收入来证明其社会价值，然而税收的高低并不足以代表社会收益的多与少。如果收入发生错配即使创造了高税收，也并非是创造了更多社会价值。第二，财务利益可能驱动政府允许进行过度投资。

除了表4-6中的数据，我们还可以通过上文的例子来说明过度投资的后果，政府为私营部门设定的目标投资收益率是7.1%，通过与新增120万人次/年的小规模扩建项目类比，要让新增了240万人次年运力的二次扩建项目能够达标，来自每位乘客的人均收入应至少增加16.3%。由于机场运营者对于航空费用有更直接的掌控权，大部分的收入增量将来源于此，此估算对于机场客流方面非航空费用的调整也有一定的参考意义。

表4-7估算了项目收费上涨16.3%之后的收益情况。财务收益率从3.5%上升到7.1%，有了显著提升。经济收益在除去外部性因素后略有下降，从14.4%下降到14.3%。提高收费的作用主要有三点：首先，收益从乘客转移到了私人运营者和政府，具体来说，收益向政府转移的部分来自税收；乘客方面，乘客盈余拨款由1.706亿欧元增加到2.123亿欧元（见表4-6和表4-7中第24行），主要来自固有的，或者现有客流因为提价而不得不多支付的那部分航空费用（见表4-7中第34行）；从收益接受一方的角度来看，赋予私营运营者的福利现值由-4730万欧元增加到7150万欧元（见表4-6和表4-7中第10行），政府方面税收由2590万欧元增加到1.633亿欧元，也收获了更多的福利现值。

第二，小规模航站楼固然可以产生转乘需求，但相比之下，提价却能改变当地人的资源使用习惯，提升社会福利。扩大投资和提价会抑制一部分需求，但净出行需求相应增加，即表4-7中第20行与第19行之差，当然，拥堵成本也会因此而小幅下降（见表4-7中第31行），收益发生小规模流失，包括乘客承担的无谓损失（见图4-1中面积*cef*）和客流受抑制导致的生产者盈余损失。这些损失使得项目经济价值小幅下降，如不考虑外部性因素，项目经济价值将由5.62亿欧元降到5.568亿欧元（见表4-6和表4-7中第36行），与扩大投资但不提价的情况相比，经济收益率有小幅提升。

表4-7 扩建航站楼项目的财务收益和经济收益（运力提升且提价）

			现值/年份	14	15	16	17	18	25	30	35	42
	财务收益											
	机场乘客运力											
(1)	项目实施后	千人		1200	1200	1200	1200	3600	3600	3600	3600	3600
(2)	项目实施前	千人		1200	1200	1200	1200	1200	1200	1200	1200	1200
	乘客接待数量											
(3)	项目实施后	千人		1356	1423	1494	1569	1648	2318	2959	3776	4788
(4)	项目实施前	千人		1374	1443	1515	1591	1596	1596	1596	1596	1596
	运营现金流(税后)											
(5)	项目实施后	百万欧元	552.5	20.9	22.3	23.7	25.2	19.3	31.7	44.0	60.2	80.7
(6)	项目实施前	百万欧元	303.7	16.6	17.8	19.0	20.2	20.6	20.6	20.6	20.6	20.6
(7)=(5)-(6)	净利润	百万欧元	248.8	4.3	4.5	4.7	5.0	-1.3	11.1	23.4	39.6	60.1
(8)	资本投资	百万欧元	177.3	50.0	50.0	50.0	50.0					
(9)	补贴	百万欧元	0.0	0.0	0.0	0.0	0.0					
(10)=(7)-(8)+(9)	运营者净现金流	百万欧元	71.5	-45.7	-45.5	-45.3	-45.0	-1.3	11.1	23.4	39.6	60.1
(11)	运营者财务收益率		7.1%									
(12)=(5)-(8)+(9)	项目实施后项目私有价值政府财务流	百万欧元	375.2	-29.1	-27.7	-26.3	-24.8	19.3	31.7	44.0	60.2	80.7

表 4-7(续)

			现值/年份	14	15	16	17	18	25	30	35	42
	政府财务流											
(13)	项目实施后	百万欧元	232.2	14.9	15.2	15.5	15.9	9.9	13.2	16.3	20.2	25.0
(14)	项目实施前	百万欧元	139.2	14.2	14.4	14.7	15.1	7.5	7.5	7.5	7.5	7.5
(15)=(13)-(14)	纯收入	百万欧元	93.0	0.7	0.7	0.8	0.8	2.3	5.7	8.8	12.7	17.4
(16)=(10)-(15)	运营者与政府财务流	百万欧元	164.5	-45.0	-44.8	-44.5	-44.2	1.1	16.8	32.2	52.3	77.6
	私营部门和政府财务收益率		9.5%									
	经济收益											
	分流的乘客											
(17)	项目实施后	千人		0.0	0.0	0.0	0.0	0.0	0.0	0.0	0.0	0.0
(18)	项目实施前	千人		0.0	0.0	0.0	0.0	0.0	490.6	1067.1	1802.9	3186.6
	出行受抑制的乘客											
(19)	项目实施后	千人		18.9	19.9	20.9	21.9	23.0	32.4	41.3	52.7	600.0
(20)	项目实施前	千人		0.0	0.0	0.0	0.0	74.6	264.1	337.1	430.3	605.4
	分流成本											
(21)=(17)×时间成本	项目实施后的时间成本	百万欧元	0.0	0.0	0.0	0.0	0.0	0.0	0.0	0.0	0.0	0.0
(22)=(18)×时间成本	项目实施前的时间成本	百万欧元	470.3	0.0	0.0	0.0	0.0	0.0	17.9	43.1	80.4	163.2

表 4-7(续)

			现值/年份	14	15	16	17	18	25	30	35	42
(23)=((17)-(18))×其他成本	分流乘客的运营与安全成本	百万欧元	191.9	0.0	0.0	0.0	0.0	0.0	8.8	19.2	32.5	57.4
(24)	运营者与政府专用项	百万欧元	212.3	0.0	0.0	0.0	0.0	0.0	9.8	21.3	35.9	63.5
(25)=-(21)+(22)+(23)-(24)	净利润	百万欧元	257.9	0.0	0.0	0.0	0.0	0.0	17.0	41.0	76.9	157.1
	乘客受抑制成本											
(26)=0.5×(19)×时间成本	项目实施后的时间成本	百万欧元	15.5	0.3	0.3	0.3	0.3	0.4	0.6	0.8	1.2	15.4
(27)=0.5×(20)×时间成本	项目实施前的时间成本	百万欧元	73.1	0.0	0.0	0.0	0.0	1.2	4.8	6.8	9.6	15.5
(28)=0.5×((19)-(20))×其他成本	受抑制乘客的运营与安全成本	百万欧元	25.5	-0.2	-0.2	-0.2	-0.2	0.5	2.1	2.7	3.4	0.0
(29)	运营者专用	百万欧元	56.4	-0.4	-0.4	-0.4	-0.4	1.0	4.6	5.9	7.5	0.1
(30)=-(26)+(27)+(28)-(29)	净利润	百万欧元	57.6	-0.1	-0.1	-0.1	-0.1	0.3	1.7	2.7	4.3	0.1
	拥堵成本											
(31)	项目实施后	百万欧元	81.6	5.1	5.4	5.8	6.2	0.0	0.0	0.0	21.5	31.3

表 4-7(续)

			现值/年份	14	15	16	17	18	25	30	35	42
(32)	项目实施前	百万欧元	111.8	5.2	5.5	5.9	6.3	6.5	7.4	8.2	9.1	10.4
(33)=-(31)+(32)	净利润	百万欧元	30.2	0.1	0.1	0.1	0.1	6.5	7.4	8.2	-12.4	-20.8
(34)	从固有客流拨转的盈余	百万欧元	93.1	5.4	5.7	5.9	6.2	6.3	6.3	6.3	6.3	6.3
(35)	B 机场毛生产者盈余	百万欧元	21.3	0.0	0.0	0.0	0.0	0.0	1.0	2.1	3.6	6.4
(36)=(11)+(25)+(30)+(33)-(34)-(35)	现金流(外部性)	百万欧元	556.8	-50.4	-50.4	-50.5	-50.5	1.5	35.7	75.8	111.2	201.2
	经济收益率(没有外部性时)		14.3%									
	外部性											
	道路交通因素导致的分流											
(37)=((18)-(17))×温室气体成本	温室气体	百万欧元	593.2	0.0	0.0	0.0	0.0	0.0	20.5	51.8	101.5	220.6
(38)=((18)-(17))×噪声成本	噪声	百万欧元	32.0	0.0	0.0	0.0	0.0	0.0	1.5	3.2	5.4	9.6
(39)=((18)-(17))×空气污染成本	空气污染	百万欧元	21.3	0.0	0.0	0.0	0.0	0.0	1.0	2.1	3.6	6.4

表 4-7(续)

			现值/年份	14	15	16	17	18	25	30	35	42
(40)=((18)-(17))×安全成本	安全成本	百万欧元	3.2	0.0	0.0	0.0	0.0	0.0	0.1	0.3	0.5	1.0
(41)=(37)+(38)+(39)+(40)	总成本	百万欧元	649.7	0.0	0.0	0.0	0.0	0.0	23.1	57.5	111.0	237.4
	来自飞行新乘客											
(42)=((20)-(19))×温室气体成本	温室气体	百万欧元	139.8	-0.6	-0.6	-0.7	-0.7	1.8	9.7	14.4	21.2	0.4
(43)=((20)-(19))×噪声成本	噪声	百万欧元	8.5	-0.1	-0.1	-0.1	-0.1	0.2	0.7	0.9	1.1	0.0
(44)=((20)-(19))×空气污染成本	空气污染	百万欧元	5.7	0.0	0.0	0.0	0.0	0.1	0.5	0.6	0.8	0.0
(45)=((20)-(19))×安全成本	安全成本	百万欧元	0.8	0.0	0.0	0.0	0.0	0.0	0.1	0.1	0.1	0.0
(46)=(42)+(43)+(44)+(45)	总成本	百万欧元	154.8	-0.7	-0.7	-0.8	-0.8	2.0	10.9	15.9	23.2	0.4
(47)=(41)-(46)	净外部效应	百万欧元	494.8	0.7	0.7	0.8	0.8	-2.0	12.2	41.5	87.8	237.0
(48)=(36)+(47)	项目净现金流	百万欧元	1051.7	-49.7	-49.7	-49.7	-49.6	-0.5	47.9	117.3	199.0	438.3
	项目经济收益率		17.2%									

第三，提价后，还会产生一些外部效应。例如，出行需求减少，环境得到改善，项目安全性相对提高，又比如与扩大投资但不提价的情形相比，经济收益率由17%小幅上升至17.2%。

把表4-7与表4-5中首次扩建航站楼和扩大投资后的二次扩建进行对比，过度投资的作用显而易见，总结如下。项目发起人关心的投资现值在扩大投资后，由原来的3770万欧元增加到7150万欧元（见表4-5和表4-7中第10行），单位货币的投资收益保持在常量范围。政府关心的税收收入从5320万欧元增长到9300万欧元（见表4-5和表4-7中第15行），如此看来，无论是项目的私人运营者还是政府，都有足够的动力来扩大投资。然而，乘客一方的收益盈余却受到了影响，原本无论扩建与否都要从A城机场出发的固有乘客也要多承担与9310万欧元（见表4-7中第34行）现值等值的出行成本才能正常使用机场。而随着机场运力的上升，临近项目终期时，分流乘客将趋近于零，对于这部分乘客来说，扩大投资意味着社会福利得到改善，将增加2060万欧元（由表4-7中第25行2.579亿欧元减去表4-5中第25行2.373亿欧元得来），这部分收益并非是涨价就能简单解释，要从分流乘客的角度来分析。随着项目临近尾期，分流客流减少，A城机场将会释放出更多出行需求，然而抬高的票价抵消了一部分收益。由客户分流减少带来的外部盈利超过了由承载更多乘客带来的外部成本，所以净外部成本有所降低。总的来说，尽管过度投资能创造更多价值（见表4-7中第48行），却是由超比例的资源投入交换而来，经济收益率由22.2%下降到17.2%，足以说明单位货币的收益发生了损失，低效的资本配置又会导致宏观经济生产率低下等问题。

鉴于本项目风险低，并且推介方可以说服政府调整税收，把收益率维持在7.1%的水平，推介方可以使用债务杠杆让收益率进一步增加。如果资金的债务成本低于7.1%，节余的1亿欧元可进行债务融资，这样一来，投资收益和债务成本之差便是推介者可以额外获得的股权收益。

以上讨论从侧面说明了不管是实行经济收益率管制，还是价格上限管制，都不足以实现增加社会整体福利这一目标。与此同时还需要对资本投资项目进行监管，确保机场新增运力与出行需求的增长相适应。这其中的一个问题是，实行监管的政府出于税收考虑可能允许过度投资。所以，为了避免承受政治压力，政府有必要保持投资项目审核机构的独立性。

值得指出的是，非货币化的乘客盈余和机场运营者的定价能力最终决定了是否可能扩大投资，这里说的定价能力是指在政府监管下的非完全竞争环境中，运营者所具有的某种定价竞争力。当机场的重要获客区域都配备快速通道功能时，运营者更容易具有这种定价优势。而如果机场之间的竞争接近于完全竞争，扩大投资的可能性就会消失殆尽，原因是竞争提高了行业的整体运营效率，那么选择扩大投资的机场，其盈利性会相对较差，最终只能在激烈的商业竞争中出局。

4.6 扩建机场跑道

机场跑道承运能力的强弱直接影响着机场所提供飞行服务的质量和成本，这主要体现在以下两个方面：第一，跑道宽度和长度决定了进出机场的飞机尺寸，也决定了飞机能否以最大设计起飞重量实施飞行。因为大型飞机的运营成本相对较低，建设大型跑道，航空公司就能以相对较低的价格提供服务，保持票价稳定，同时还能实现利润增长，具体情况与当时的竞争环境有关。为了携带更多汽油，长途航班的飞机需要更大的起飞重量，所以建设长跑道之后，航空公司就能增加长途航班服务。第二，机场跑道载力能够决定从机场进出的最大航班吞吐量（通常用每小时吞吐量来表示），进而影响航空公司时刻表的质量，即机场在 1 小时内能提供的航班目的地分布范围和航班出发频率。此外，除了跑道的数量和规模影响运力之外，滑行道、导航设备、周围区域的地形和建筑物是否受到阻挡等都是影响因素。运营两条以上跑道的机场，其运力还受到跑道独立性的影响。

仅跑道一个因素对于机场的乘客运力影响甚小，因为跑道对航班出发频率产生的影响可能被飞机规模因素所抵消。理论上说，只有同时满足最大航班吞吐量和最大设计起飞重量两个条件，跑道运力才会对机场的乘客吞吐量构成约束。但是机场跑道通常不在极值条件下运行，而且投资决定往往还取决于机场运营者是否允许使用大型飞机或提高航班出发频率。

4.6 节主要对跑道扩建项目进行评估。4.7 节探讨新增机场跑道的情况。为了便于呈现最终结果，让读者能专注于本节探讨的交通问题，分析中不涉及税收。读者可参考前文对机场航站楼扩建的分析，了解经济评估中的税收问题。本部分对经济成本的分析与绿地机场项目以及航站楼扩建项目中的分析有所不同，除了房屋隔声费这一项标准的扩建成本之外，所有航空公司外部成本都被内化。

本项目扩建任务是加宽且加长机场唯一的跑道。根据客流数量模型，该机场平均每天接待约 2000 位长途乘客，由于目前跑道无法承运国际民航组织 D 型民用机，[18] 长途乘客需要飞往 1 小时飞行距离以内的枢纽机场，换乘洲际大客机抵达目的地。目前有三家适用的枢纽机场。

某航空公司向该机场提供的客流研究报告中称，在每天的 2000 位长途乘客中，有 50% 之多的乘客乘坐最热门跨洲航班。另外 1000 名乘客也都需要经由枢纽机场换乘长途客机。为此，要满足乘客的长途旅行需要，就有必要扩建机场，做好在未来运营 D 型客机的准备。机场管理层在了解潜在长途客流需求之后，决定对跑道扩建投资项目进行评估，判断项目的财务价值。

如果 A 城机场的长途乘客可以乘坐本机场的直航航班，那么每人每次洲际飞行将节省 3 小时在途时间。按照时间价值每人每小时 15 欧元来计算，一次单程旅行的人均行为成本将从 720 欧元降低到 675 欧元。跑道建成后，预计每天将有 1000 位长途乘客由换乘转为直航，由此产生的需求收入弹性是 -1.2，同时人均行为成本下降，将新增 7.5% 的客流。

这些新增的净出行需求构成了该机场财务收入的主要来源，远途乘客贡献的收入中，来自新启动跨洲航班的部分和来自飞往枢纽机场的部分往往此消彼长。[19] 从扩建的成本来看，机场需要资金来改建跑道，拓宽现有滑行道的某些部分（无须为所有滑道配置平行道），以及优化航站楼行李领回区域。

这些现场基本建设成本约为9000万欧元。此外，跑道加长后，机场附近居民区噪声将超标，需要为有关房屋安装双层玻璃，这又将增加2000万欧元的成本，使得项目总成本达到1.1亿欧元。

表4-8预估了项目的经济收益和财务收益情况，侧重于跑道扩建后改为直航出行的那部分长途客流，也就是平均每天1000人次（36.5万人次/年）长途客流带来的收益。表4-8中第1和第2行项目实施前后机场乘客人次变化量即由该项目产生的净长途客流量。由于扩建前后的单位成本和收入（即乘客收益）不变，这一客流差也就构成了跑道扩建前后机场运营现金流之差（见表4-8中第5行）。可以看出，扩建后机场的财务收益呈显著负值，项目净现值仅为-8940万欧元。

衡量一个项目的经济价值，除了估算运营现金流，还可以评估乘客和航空公司的非货币收益。假如时间价值为人均每小时15欧元，分流乘客能获得价值3540万欧元现值的利润（见表4-8中第9行），项目的净客流，即新客流则能获得130万欧元的消费者盈余（见表4-8中第10行）。

以上乘客盈余收益的计算假定该航空公司的直航与转机航班票价相同。实际上，航空公司运营远途直航航班能省去乘客飞往枢纽机场的大量成本。经机场和航空公司两方确认，预计能节省50欧元/人，直航或转机均适用，共计节省4.666亿欧元[①]（见表4-8中第14行）。这说明跑道扩建项目能产生大量没有计入机场航空收入的收益。我们已经假设所有外部性因素都得到了内化，否则将收获更高的项目经济收益，因为扩建后的项目收益增量主要来自省去的转机成本，而航空公司外部性因素和其自身产出直接相关。

评估结果表明，机场不存在扩建跑道的内在动力，而航空公司却有着强烈兴趣。显然，为了达成目的，航空公司愿意贡献一部分收益（50欧元/人）给机场，而机场也可以说服航空公司，把D型客机着陆费用提高12.8欧元/人来达到监管要求的投资收益率水平7.1%，这样一来，航空公司节余的人均运营成本由50欧元降至37.2欧元。

---

① 原文如此，与表4-8中第14行的4.656亿欧元不一致。——译者注

表4-8　跑道扩建项目财务收益和经济收益（不提价）

			现值/年份	1	2	3	4	10	15	20	25	28
	财务收益											
	乘客数量											
（1）	项目实施后	千人		365.0	383.3	402.4	452.7	606.7	774.3	988.2	1261.2	1460.0
（2）	项目实施前	千人		365.0	383.3	402.4	422.5	566.2	722.7	922.3	1177.2	1362.7
	运营现金流											
（3）	项目实施后	百万欧元	155.3	5.5	5.7	6.0	6.8	9.1	11.6	14.8	18.9	21.9
（4）	项目实施前	百万欧元	146.0	5.5	5.7	6.0	6.3	8.5	10.8	13.8	17.7	20.4
（5）=（3）-（4）	净利润	百万欧元	9.3	0.0	0.0	0.0	0.5	0.6	0.8	1.0	1.3	1.5
（6）	资本投资	百万欧元	81.0	20.0	35.0	35.0						
（7）	内部化的外部成本	百万欧元	17.7	0.0	10.0	10.0						
（8）=（5）-（6）-（7）	运营者财务流	百万欧元	-89.4	-20.0	-45.0	-45.0	0.5	0.6	0.8	1.0	1.3	1.5
	运营者财务收益率		N/A									
	经济收益											
	时间收益											
（9）=（4）×时间成本	分配给分流的乘客	百万欧元	35.4	0.0	0.0	0.0	1.3	2.0	2.9	4.0	5.7	7.0
（10）=0.5×（（3）-（4））×时间成本	分配给新乘客	百万欧元	1.3	0.0	0.0	0.0	0.0	0.1	0.1	0.1	0.2	0.2

表 4-8(续)

			现值/年份	1	2	3	4	10	15	20	25	28
	降低票价											
(11)	分配给分流的乘客	百万欧元	0.0	0.0	0.0	0.0	0.0	0.0	0.0	0.0	0.0	0.0
(12)	分配给新乘客	百万欧元	0.0	0.0	0.0	0.0	0.0	0.0	0.0	0.0	0.0	0.0
(13)=(9)+(10)+(11)+(12)	乘客总收益	百万欧元	36.7	0.0	0.0	0.0	1.4	2.1	3.0	4.2	5.9	7.2
(14)	航空公司利润收益	百万欧元	465.6	0.0	0.0	0.0	22.6	30.3	38.7	49.4	63.1	73.0
(15)=(8)+(13)+(14)	现金流	百万欧元	412.8	-20.0	-45.0	-45.0	24.5	33.0	42.5	54.6	70.2	81.7
	项目经济收益率		23.5%									

表4-9显示了项目收益的具体含义，尽管D型客机着陆费用提高后，航空公司净收益有所降低，但其还是收获了可观的经济收益，总利润收入为3.464亿欧元（见表4-9中第14行）。提高着陆费用不影响乘客收益，也不改变资源的使用方式，仅涉及一小部分从航空公司向机场转移的收益。所以，在D型客机着陆费用提价23.5%，即增加4.128亿欧元之后，该项目对于机场的财务价值是2980万欧元（见表4-9中第8行），投资收益率为7.1%，经济价值和经济收益率保持不变。

严格意义上说，上述情况更适用于垄断状态下的航空市场。然而，航空产业竞争激烈，也要考虑其他航空公司的市场行为。由于长途直航的市场空间小，不太可能有两家以上航空公司运营同一条航线，我们可以认为其他公司无法抢占该市场。转机的情况则不同，在枢纽机场运营这些航班的航空公司可能降低票价来彼此竞争，以减少乘客的流失。向A城机场提出扩建跑道方案的公司也不得不降低机票价格来争取乘客。但是直航对长途乘客来说，具有时间成本低的优势，运营远途直航航班的航空公司会成为乘客的热门选择。我们可以在表4-10中看到该项目的最终分析结果。跑道扩建后，航空公司节省下来的50欧元单位成本中，有20欧元被转移给了乘客，相当于往返机票的均价降低了40欧元，客流量因此而上升。更多客流的产生，使机场可通过提高航班收费来减少航空公司的所需费用，即从12.8欧元/人减少为12欧元/人，此时仍能继续保持其7.1%的投资收益率不变。如表4-10中第14行所示，如此一来，航空公司最终可获得的净收益是1.726亿欧元。如果民航业没有激烈的竞争，收益将会是3.644亿欧元。当然消费者是竞争的受益者，降价效应产生了新客流，项目总体收益率将从23.5%增长到23.8%。

在一定的政治经济条件下，提出跑道扩建方案的航空公司会设法提高航空收费，把该项目的经济效应推广至使用机场的所有乘客和航空公司。他们也会以此来宣传自己的方案，称扩建跑道能让当地经济受益，能让A城与外界联系更紧密。如果政治说客认为这一方案合理，支持该航空公司，当地政府也会认为项目将受到欢迎。此外，机场运营方，不满足于把监管资产基值

表 4-9　跑道扩建项目财务收益和经济收益（调整航空收费、航空产业竞争有限的情况）

			现值/年份	1	2	3	4	10	15	20	25	28
	财务收益											
	乘客数量											
（1）	项目实施后	千人		365.0	383.3	402.4	452.7	606.7	774.3	988.2	1261.2	1460.0
（2）	项目实施前	千人		365.0	383.3	402.4	422.5	566.2	722.7	922.3	1177.2	1362.7
	运营现金流											
（3）	项目实施后	百万欧元	274.5	5.5	5.7	6.0	12.6	16.9	21.5	27.5	35.1	40.6
（4）	项目实施前	百万欧元	146.0	5.5	5.7	6.0	6.3	8.5	10.8	13.8	17.7	20.4
（5）=（3）−（4）	净利润	百万欧元	128.5	0.0	0.0	0.0	6.2	8.4	10.7	13.6	17.4	20.1
（6）	资本投资	百万欧元	81.0	20.0	35.0	35.0						
（7）	内部化的外部成本	百万欧元	17.7	0.0	10.0	10.0						
（8）=（5）−（6）−（7）	运营者财务流	百万欧元	29.8	−20.0	−45.0	−45.0	6.2	8.4	10.7	13.6	17.4	20.1
	运营者财务收益率		7.1%									
	经济收益											
	时间收益											
（9）=（4）×时间成本	分配给分流乘客	百万欧元	35.4	0.0	0.0	0.0	1.3	2.0	2.9	4.0	5.7	7.0
（10）=0.5×（（3）−（4））×时间成本	分配给新乘客	百万欧元	1.3	0.0	0.0	0.0	0.0	0.1	0.1	0.1	0.2	0.2

表 4-9(续)

			现值/年份	1	2	3	4	10	15	20	25	28
	降低票价											
(11)	分配给分流的乘客	百万欧元	0.0	0.0	0.0	0.0	0.0	0.0	0.0	0.0	0.0	0.0
(12)	分配给新乘客	百万欧元	0.0	0.0	0.0	0.0	0.0	0.0	0.0	0.0	0.0	0.0
(13)=(9)+(10)+(11)+(12)	乘客总收益	百万欧元	36.7	0.0	0.0	0.0	1.4	2.1	3.0	4.2	5.9	7.2
(14)	航空公司利润收益	百万欧元	346.4	0.0	0.0	0.0	16.8	22.6	28.8	36.8	46.9	54.3
(15)=(8)+(13)+(14)	现金流	百万欧元	412.8	-20.0	-45.0	-45.0	24.5	33.0	42.5	54.6	70.2	81.7
	项目经济收益率		23.5%									

表4-10 跑道扩建项目的收益（调整航空收费、航空产业存在市场竞争的情况）

			现值/年份	1	2	3	4	10	15	20	25	28
	财务收益											
	乘客数量											
(1)	项目实施后	千人		365.0	383.3	402.4	466.1	624.7	797.2	1017.5	1298.6	1503.3
(2)	项目实施前	千人		365.0	383.3	402.4	422.5	566.2	722.7	922.3	1177.2	1362.7
	运营现金流											
(3)	项目实施后	百万欧元	274.5	5.5	5.7	6.0	12.6	16.9	21.5	27.5	35.1	40.6
(4)	项目实施前	百万欧元	146.0	5.5	5.7	6.0	6.3	8.5	10.8	13.8	17.7	20.4
(5)=(3)-(4)	净利润	百万欧元	128.5	0.0	0.0	0.0	6.2	8.4	10.7	13.6	17.4	20.1
(6)	资本投资	百万欧元	81.0	20.0	35.0	35.0						
(7)	内部化的外部成本	百万欧元	17.7	0.0	10.0	10.0						
(8)=(5)-(6)-(7)	运营者财务流	百万欧元	29.8	-20.0	-45.0	-45.0	6.2	8.4	10.7	13.6	17.4	20.1
	运营者财务收益率		7.1%									
	经济收益											
	时间收益											
(9)=(4)×时间成本	分配给分流乘客	百万欧元	35.4	0.0	0.0	0.0	1.3	2.0	2.9	4.0	5.7	7.0
(10)=0.5×((3)-(4))×时间成本	分配给新乘客	百万欧元	1.8	0.0	0.0	0.0	0.1	0.1	0.1	0.2	0.3	0.4

表 4-10(续)

			现值/年份	1	2	3	4	10	15	20	25	28
	降低票价											
(11)	分配给分流的乘客	百万欧元	173.8	0.0	0.0	0.0	8.5	11.3	14.5	18.4	23.5	27.3
(12)	分配给新乘客	百万欧元	9.0	0.0	0.0	0.0	0.4	0.6	0.7	1.0	1.2	1.4
(13)=(9)+(10)+(11)+(12)	乘客总收益	百万欧元	220.1	0.0	0.0	0.0	10.3	14.0	18.2	23.6	30.7	36.0
(14)	航空公司利润收益	百万欧元	172.6	0.0	0.0	0.0	8.4	11.2	14.4	18.3	23.4	27.1
(15)=(8)+(13)+(14)	现金流	百万欧元	422.4	-20.0	-45.0	-45.0	24.9	33.7	43.2	55.6	71.5	83.2
	项目经济收益率		23.8%									

提高9000万欧元，可能借势推广更大规模的跑道扩建项目，如运营E型客机，或增加一条全长度的平行滑道。由于D型客机足以满足客流需求，航空公司并不希望为了E型机而花费高额成本，但又依然希望能和机场一起享受政策优势，所以为了扩大项目效应，航空公司极有可能接受运营E型客机的方案。最终可能导致投资成本高于预期，机场运营者增加监管资产基值（“阿弗奇-约翰逊效应”，见4.5节），获得更高利润，而航空公司需要承担比预期更高的成本，但并不是项目的全部边际成本，因为将由机场使用者来平摊这部分费用。实际上，不管是机场，还是航空公司，都从使用机场的乘客那里获得了消费者盈余，包括那些没有在机场扩建后乘坐远途航班的乘客。从社会整体的角度来考虑，扩建跑道会导致资源错配，而非有效利用资源，项目经济收益降低就是这一负面影响的信号，只有通过有效监管才能防止出现这一情况，包括对投资方案的独立监管。

4.7 新增机场跑道

前一节内容主要关于引进投资，让A城机场能够承运更大型、具有更大起飞重量的飞机。本节讨论旨在提升机场航班吞吐量的投资项目。通常，我们认为一个机场的航班吞吐力等于其在高峰时刻的最大吞吐量，而不是日均吞吐量。为了提高吞吐能力，具体投资方案可以是改善现有跑道运力，也可以是新增一条跑道。为了改善现有跑道的运力，我们需要加长现有平行滑道，增加新的平行滑道或新的快速出口滑道，或者升级导航辅助系统。本节以下部分将分析新增一条跑道的情况，有关内容依然适用于前文提到的投资项目。

假设某机场仅有一条跑道，每小时的最大运力为50次吞吐，包括25次起飞和25次降落。周一到周五，每天有2次运力高峰时刻，一次在上午，一次在傍晚。如果机场满负荷运行，那么每年有260.7天都是如此。按照客流年增长4%来计算，3年内即可达到每小时50次吞吐的最大运力。此时，机场的运营者便会考虑投资第二条跑道，具体分析见表4-11。

表 4-11　新增跑道的经济收益

			现值/年份	1	2	3	10	20	25	27
	实施项目后									
(1)	需求峰值	千人		2403	2503	2607	3431	5078	6179	6683
(2)	旅客平均运载系数	人/架		100	100	100	107	118	124	127
(3)至(2)	飞机运营成本变化	%		0%	0%	0%	–4%	–9%	–12%	–13%
(4)至(2)	峰值运力	千人		2607	2607	5214	5590	6175	6490	6621
(5)至(4)	未分流乘客	千人		2403	2503	2607	3431	5078	6179	6621
(6)=(1)–(5)	分流乘客	千人		0	0	0	0	0	0	62
(7)=(6)x 平均小时数	分流小时	千小时		0	0	0	0	0	0	147
	内部影响									
(8)=(7)×VoT	分流成本	百万欧元	1.0	0	0	0	0	0	0	4
(9)至(3)	飞机成本节余	百万欧元	156.1	0	0	0	6	23	38	45
(10)=–(8)+(9)	内部收益	百万欧元	155.1	0	0	0	6	23	38	41
	外部影响									
(11)至(3)	温室气体节余	百万欧元	111.6	0.0	0.0	0.0	3.3	16.9	31.7	39.7
(12)至(3)	空气污染节余	百万欧元	6.2	0.0	0.0	0.0	0.2	0.9	1.5	1.8
(13)=(11)+(12)	外部利润	百万欧元	117.9	0.0	0.0	0.0	3.6	17.8	33.2	41.5
(14)=(10)+(13)	净利润	百万欧元	272.9	0.0	0.0	0.0	9.8	41.2	71.0	82.4

表 4-11(续)

			现值/年份	1	2	3	10	20	25	27
	项目实施前									
(15)	需求峰值	千人		2403	2503	2607	3431	5078	6179	6683
(16)	旅客平均运载系数	人/架				100	115	140	155	161
(17)至(16)	飞机运营成本变化	%		0%	0%	0%	-7%	-20%	-27%	-30%
(18)至(16)	峰值运力	千人		2607	2607	2607	2995	3651	4031	4193
(19)至(18)	未分流乘客	千人		2403	2503	2607	2995	3651	4031	4193
(20)=(15)-(19)	分流乘客	千人		0	0	0	436	1428	2148	2489
(21)=(20)x 平均小时数	分流小时	千小时		0	0	0	737	2940	4884	5888
	内部影响									
(22)=(21)×VoT	分流成本	百万欧元	424.6	0	0	0	13	64	118	148
(23)至(17)	飞机成本节余	百万欧元	247.6	0.0	0.0	0.0	11.1	36.5	55.0	63.8
(24)=-(22)+(23)	内部利润	百万欧元	-177.1	0	0	0	-2	-28	-63	-84
	外部影响									
(25)至(17)	温室气体节余	百万欧元	174.7	0.0	0.0	0.0	6.0	26.4	46.1	56.7
(26)至(17)	空气污染节余	百万欧元	9.9	0.0	0.0	0.0	0.4	1.5	2.2	2.6
(27)=(25)+(26)	外部利润	百万欧元	184.6	0.0	0.0	0.0	6.4	27.9	48.3	59.2
(28)=(24)+(27)	净利润	百万欧元	7.5	0.0	0.0	0.0	4.4	0.1	-14.5	-24.8

表 4-11（续）

			现值/年份	1	2	3	10	20	25	27
	项目净资金流量									
	净利润									
(29)=(10)-(24)	内部净利润	百万欧元	332.1	0.0	0.0	0.0	8.3	51.1	100.6	125.0
(30)=(13)-(27)	外部净利润	百万欧元	-66.7	0.0	0.0	0.0	-2.9	-10.0	-15.1	-17.8
(31)	投资成本	百万欧元	93.0	50	50					
(32)=(14)-(28)-(31) =(29)+(30)-(31)	净现金流	百万欧元	172.4	-50.0	-50.0	0.0	5.4	41.1	85.5	107.2
	项目经济收益率		11.0%							

目前，按照平均每次航班有100位乘客计算，航空公司的运营有两个峰值。一年之中，峰值的总乘客数量是240万（见表4-11中第1和第15行）。如果新建一条跑道，每小时的最大吞吐量翻倍为100次，那时，航空公司就可以通过增加飞机吞吐量而不是更换机型来提高运力。长期看来，由于大型客机的运营成本较低，且跑道的使用既涉及出发机场，也涉及降落机场。当客流量较大时，航空公司更倾向于通过提升机型大小来满足运力需求。机场管理者如对新跑道项目进行估算，飞机尺寸每年需增长1%，到了项目生命周期末期，如项目第27年，平均每架飞机的运力应达到127人（见表4-11中第2行）。[20]

机场管理者估算出飞机的单位运营成本与飞机尺寸之间存在-0.5的弹性比例，这能反映大型飞机平均到每个座位的运营成本更低，这也意味着到了项目第27年，当平均每架飞机的运力达到127人时，航空公司平均到每位乘客的成本将降低13%（见表4-11中第3行）。由使用更大型号飞机而省下的运营成本现值为1.561亿欧元（见表4-11中第9行），如果这部分省下的成本能够转移到乘客，那么必然会产生更多客流。然而，由于上述分析讨论的是拥堵高峰时刻的情况，如果机场不以高峰时段降落费用来转移这部分省下的成本，最有可能的情况是航空公司利用其定价优势将这部分成本进行拨转。

在这个例子中，航空公司承担的飞机降落费用包括了噪声成本，但并没有包括温室气体排放和空气污染的外部成本。由于大型客机平均到每位乘客的油耗更少，相同人数的乘客，使用大型客机可以降低温室气体排放，产生外部环境效应。航班上每100位乘客所产生温室气体的排放成本是20欧元，这一外部边际成本与飞机尺寸的成本弹性比为-0.5。每吨温室气体排放量的边际成本按照每年3%的速度增长。假设随着时间的推移，飞机型号不断变大，温室气体排放边际成本也在不断提高，在两者的共同作用下，排放成本相比于当前型号的飞机将下降，如表4-11中第11行所示，可以节省1.116亿欧元现值的温室气体排放成本。此外，约为每人2欧元的空气污染成本也将在同样的成本弹性作用下下降，且其边际成本在未来并不上升，这进一步说明使用大型客机更加节省排放成本，共计节省约620万欧元（见表4-11

中第 12 行）。

假设机场不新建跑道，航空公司依然会选择提升机型来满足高峰时刻的乘客需求。从机场管理者的角度来看，如果不新增跑道，航空公司提升机型的速度将翻倍，从每年 1% 提高到 2% 。到了项目第 27 年，每架飞机的平均载客量可以从 100 人增加到 161 人（见表 4-11 中第 16 行）。如果新增一条跑道，载客量将增加到 127 人（见表 4-11 中第 2 行）。不新建跑道而加大机型的结果主要体现两方面，首先，飞机的边际运营成本将节省 30% ，而不是新建跑道后的 13% ，成本节余将达 2. 476 亿欧元（见表 4-11 中第 23 行）。第二，可以节省更多外部成本。如表 4-11 中第 25 行温室气体排放节余 1. 747 亿欧元，26 行空气污染节余 990 万欧元。

机型调整之后，暂时无法乘坐理想航班的乘客需要被分流到其他时间，这种分流属于频率延误，因为（有一部分且不断增多的）乘客无法乘坐某个时段的航班，只能选择其他非理想的出发和到达时间。[21] 我们可以这样设想，频度延误起初只有 1 小时，航空公司通常会为乘客安排比理想航班提前或延后 1 小时的航班作为第二最佳选择。如果高峰时段的出行需求越来越多，频度延误也就越来越多，据机场经理人预估，延误航班以每年 2% 的速度增加，其增速大约相当于客流的 50% 。

同样，高峰时刻运力欠佳意味着直航航班不足，通过枢纽机场到达目的地的乘客占比增加。据估计，这部分分流乘客因为转机，在途时间增加了 2 小时，还有一部分分流乘客改变了计划的旅行时间，他们和转机乘客的占比取决于每个机场的市场情况。这里假设每种情况各占 50% ，可以得出每位分流乘客的平均延误时长是 1. 5 小时。客流越拥挤，平均延误时间就越长，新增和不新增机场跑道两种情况下的延误时长估算见表 4-11 中第 7 和第 21 行。

不难看出，开展机场跑道新增项目后，乘客数量并不发生变化，因为航站楼运力大小不对该项目构成约束，而跑道运力大小仅限制机场对飞机的承运能力，不一定影响乘客运力。只有当跑道以最大起飞频率和最大可承运机型来运行时，才对乘客运力构成影响。然而当这两大条件满足时，机场运营者却并不一定选择新建跑道的方案来提高运力，他们会倾向于选择能够增加社会福利的方案，比如提高飞机出发频率或是调整飞机尺寸。所以我们可以假定分流乘客仍从该机场出发，他们有的会选择其他时间的航班，有的选择从枢纽机场转机。

新跑道建成之后，分流乘客和运营成本都发生了变化，说明净成本有变化，换言之该项目能产生新的出行需求。实际上，我们还可以纳入对净出行需求和受抑制客流的分析。与前面几个涉及航站楼和跑道的例子不同，新增一个跑道并不一定能产生新需求，[22] 因为不管是否实施新增跑道项目，都会产生新客流需求。项目实施前，有两个彼此反向作用的情形共同影响着出行需求，一个是不断增加的频率延误和净出行成本造成的乘客分流，另一是飞机型号快速升级，机票价格越来越划算，刺激了出行需求。最终，该项目能否产生净出行需求取决于上述两种情况下飞机尺寸如何变化，结果还和每个项目的具体情况紧密相关。鉴于项目实施前存在的由频率延误而造成的受抑制客流，可能被项目实施后机型加大所带来的新增客流所抵消，简洁起见，我们暂不考虑出行需求的问题。

要判断项目在经济上是否可行，需要把投资成本（见表4-11中第31行）和净收入（即飞机运营成本减去分流成本）汇总后进行比较，包括比较分析当年与第1年的情况，即项目实施前（见表4-11中第14行）和实施后（见表4-11中第28行）的成本与收入情况。另一种等效的综合分析法是比较三类现金流，第一类是表中第31行的项目投资成本，第二类是加大飞机型号后运营成本和外部成本降低所产生的收益（23行-9行+27行-13行），第三类是项目实施之后产生的收益，即新跑道建成后，飞机起飞频率提高而为乘客省下的分流成本。第三种现金流汇总分析法把收益分为内部收益（第29行）和外部收益（第30行），并把它们与投资成本（第31行）进行比较。

运用以上三种汇总分析法都能得出同样的结果，即表4-11中第32行项目现金流净现值1.724亿欧元和经济收益率11%。假设资本的机会成本是5%，那么任何预算方案下，项目都是可行的。此外，项目是否可行取决于内部收益（见表4-11中第29行），具体体现为乘客避免了频率延误而获得的收益。[23] 然而，如表4-11中第30行所示，环境影响降低了项目收益，因为同样是降低频率延误，新建跑道情况下使用小型客机，相比于不新建跑道情况下改用大型客机，会带来更多环境污染。

当然，这里还有一个问题值得讨论，那就是我们如何定义项目实施前和实施后两种情形，是否影响上述结果，尤其是我们如何判断这两种情形下的航空公司行为。项目是否可行取决于两大因素，一是机场所能承运飞机的平均大小，这将决定如何通过调整不同型号飞机的占比来控制成本，二是频率延误减少后的分流成本，这两个方面都取决于航空公司对于航班的时间安排。项目评估师会对这些因素，包括航空公司行为提前做出假定，因为它们将对可行性分析结果起到重要影响。

表4-12说明了这一点，该表评估了同一个项目的收益情况。假定项目实施前飞机尺寸增长更快，每年增长2.5%，而表4-11中这一速度为2%。到了项目第27年，该情形下每个航班的平均乘客数量是181（见表4-12中第16行）。表4-11中平均乘客数量是161，表中数据说明项目实施后净收益没有发生变化（第14行）。然而，改变上述假定之后，项目实施前的收益表现有了提升，体现在三个方面：第一，高峰时刻运力增长加快，意味着分流乘客减少（第19行），平均频率延误同时减少（第22行）；第二，使用更大型的客机，进一步节省了运营成本（第23行）；第三，环境影响得到改善（第27行）。此情况下，项目净现值陡然下降，转变为负值，同时收益率也变为负值。

影响此评估结果的关键问题是航空公司在没有更多航班吞吐能力的情况下会实行什么措施来应对客流需求。假设他们在项目实施前不加快调整飞机型号，显然是不现实的设想，这样会得出高于实际情况的投资收益率。

修正后的估算结果呈现了一种高成本经济的情形。当产出低于现有运力的最低功率范围时，几乎没有理由再去扩大运力。而这还不能反映该情形的全部本质，因为产出并不同质，新建第二条跑道可以减少频率延误，提升服务质量。从更广泛的意义上看，改善跑道吞吐力的投资是否可行，取决于频度延误和调整机型控制成本之间的抵消作用，这就使得时间价值和飞机技术成为了问题的核心。时间价值越高，跑道吞吐力投资在经济上就越可行。所以不论客流情况如何，当地经济越富裕，增加跑道吞吐力的提议就越具有说服力。

表 4-12 新建跑道的经济收益（项目实施前、机型增长更迅速的情况下）

			现值/年份	1	2	3	10	20	25	27
	项目实施后									
(1)	需求峰值	千人		2403	2503	2607	3431	5078	6179	6683
(2)	旅客平均运载系数	人/架		100	100	100	107	118	124	127
(3)至(2)	飞机运营成本变化	%		0%	0%	0%	-4%	-9%	-12%	-13%
(4)至(2)	峰值运力	千人		2607	2607	5214	5590	6175	6490	6621
(5)至(4)	未分流乘客	千人		2403	2503	2607	3431	5078	6179	6621
(6)=(1)-(5)	分流乘客	千人		0	0	0	0	0	0	62
(7)=(6)×平均小时数	分流小时	千小时		0	0	0	0	0	0	147
	内部影响									
(8)=(7)×VoT	分流成本	百万欧元	1.0	0	0	0	0	0	0	4
(9)至(3)	飞机成本节余	百万欧元	156.1	0	0	0	6	23	38	45
(10)=-(8)+(9)	内部利润	百万欧元	155.1	0	0	0	6	23	38	41
	外部影响									
(11)至(3)	温室气体节余	百万欧元	111.6	0.0	0.0	0.0	3.3	16.9	31.7	39.7
(12)至(3)	空气污染节余	百万欧元	6.2	0.0	0.0	0.0	0.2	0.9	1.5	1.8
(13)=(11)+(12)	外部利润	百万欧元	117.9	0.0	0.0	0.0	3.6	17.8	33.2	41.5
(14)=(10)+(13)	净利润	百万欧元	272.9	0.0	0.0	0.0	9.8	41.2	71.0	82.4

表 4-12（续）

			现值/年份	1	2	3	10	20	25	27
	项目实施前									
(15)	需求峰值	千人		2403	2503	2607	3431	5078	6179	6683
(16)	旅客平均运载系数	人/架				100	119	152	172	181
(17)至(16)	飞机运营成本变化	%		0%	0%	0%	-9%	-26%	-36%	-40%
(18)至(16)	峰值运力	千人		2607	2607	2607	3099	3967	4488	4716
(19)至(18)	未分流乘客	千人		2403	2503	2607	3099	3967	4488	4716
(20)=(15)-(19)	分流乘客	千人		0	0	0	332	1111	1690	1967
(21)=(20)×平均小时数	分流小时	千小时		0	0	0	560	2289	3843	4653
	内部影响									
(22)=(21)×VoT	分流成本	百万欧元	330.5	0	0	0	10	50	93	117
(23)至(17)	飞机成本节余	百万欧元	347.6	0.0	0.0	0.0	14.6	51.7	81.0	95.3
(24)=-(22)+(23)	内部利润	百万欧元	17.1	0	0	0	5	2	-12	-21
	外部影响									
(25)至(17)	温室气体节余	百万欧元	247.1	0.0	0.0	0.0	7.9	37.4	67.8	84.7
(26)至(17)	空气污染节余	百万欧元	13.9	0.0	0.0	0.0	0.6	2.1	3.2	3.8
(27)=(25)+(26)	外部利润	百万欧元	261.0	0.0	0.0	0.0	8.4	39.4	71.0	88.5
(28)=(24)+(27)	净利润	百万欧元	278.1	0.0	0.0	0.0	13.0	41.2	59.3	67.1

表 4-12(续)

			现值/年份	1	2	3	10	20	25	27
	项目净资金流量									
	净利润									
(29)=(10)-(24)	内部净利润	百万欧元	137.9	0.0	0.0	0.0	1.6	21.7	49.6	62.4
(30)=(13)-(27)	外部净利润	百万欧元	-143.1	0.0	0.0	0.0	-4.9	-21.6	-37.9	-47.1
(31)	投资成本	百万欧元	93.0	50	50					
(32)=(14)-(28)-(31)=(29)+(30)-(31)	净现金流	百万欧元	-98.2	-50.0	-50.0	0.0	-3.3	0.1	11.7	15.3
	项目经济收益率		N/A							

图 4-2 说明了以上观点，该图包含了图 3-2 的内容并将其运用于分析投资新建跑道的情况。曲线 C 代表运营者提供给定数量的飞机座位服务所花费的成本，它和变量 AS 即飞机尺寸成反比关系。变量 FD 代表频率延误成本，即因为在理想的出发时间没有合适航班而导致的成本。收入增加，时间价值也随之增加，这使得频率延误曲线由 FD′移动到 FD″，同时起飞频率均衡水平值由 f'变化为 f''，起飞频率水平 f'低于单个跑道的最大运力，从 f''的水平看来需要增加一条跑道。因此，收入上涨、时间价值提高的情况下，即使运营小型客机会带来更多运营成本，都有必要新建一条跑道。另外，机场乘客总数并不会改变，如果机场新建第三条跑道，必然带来更多新的收入。

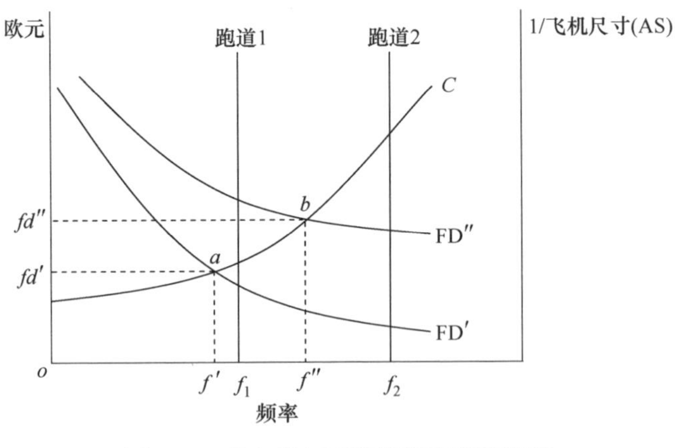

图 4-2　收入增加对投资新跑道的影响

图 4-2 也能说明科技在项目评估中所起的作用。一方面，尽管从中短期来看，科技因素的影响力有限，可视为一个固定值，体现为图中曲线 C 向上的形态。但长期看来，技术可能提高飞机成本效率，让曲线 C 的方向转而向下。在其他条件都一样的情况下，不管当地是什么样的收入水平和客流情况，科技都是有利于新建跑道项目的影响因素。另一方面，不管科技水平如何，燃料成本增加或是温室气体排放量上升，曲线 C 的方向都能保持向上不变。受限于当地的收入和客流量情况，机场只能尽可能少地建设新跑道。由于提高燃料利用率是飞机技术的发展趋势，从长远的角度来看，当地居民收入水平的提高和科技的发展是新建跑道的有利条件，而能源成本和温室气体排放

量的提高则是不利因素。

4.8 私营部门参与投资（3）：监管和竞争的不同情况

上述对新增跑道投资项目的分析未涉及生产者盈余的变化，或机场运营者利润的变化。尽管分析理应包括二者，由于我们假定该项目不会导致乘客数量发生变化，所以生产者盈余的变化很大程度上能反映机场的收费模式。在这种机场收费模式下，无论飞机大小，来自乘客的收入都是不变的，那么无论有无实施该项目，机场的运营收入都是一样的。

成本方面，机场运营成本的变化因个例的具体情况而异。如果新增跑道，机场的单位运营成本略有增加，而如果选择扩建跑道，承运大型客机后，航站楼、停机坪和滑道的运营成本也会有所上升，两种情况运营成本的变化趋同。

为此，由于新建跑道并不一定影响客流量，机场可能没有足够动力来投资该项目。另外，如果机场所在的市场存在竞争，且政府暂无经济监管机制，交通领域密集经济盛行的现状极有可能令机场的私人运营者选择利用现有基础设施来创造和满足需求，而无限期搁置新建跑道项目。

当然，如果存在收益率监管，且机场享有独立决策权，那么结果就会不同，有两个原因：第一，最大化地利用资产会产生超额利润，但这部分利润是短暂现象，因为监管机构会下调监管收益率价格上限，取消这部分非常规收益；第二，跑道是昂贵资本资产，和航站楼相比，跑道与客流的关联较弱。既然机场受监管资产的投资收益率是固定值，根据“阿弗奇-约翰逊效应”，不管客流情况如何，机场都理应扩大包括跑道在内的空侧基础设施投资。由此可见，收益率监管某种程度上促成了私营部门对跑道新建项目的投资，即便当下机场的生产功能要求提高客流密度，增加运力强度。

4.9 机场搬迁

4.9.1 背景介绍

机场搬迁指将整个机场由原先位置迁移到其他地址，常常涉及从市中心地段迁出，并开展扩建。把机场搬到远离市区的位置，将影响未来的地面交通模式，新旧机场不同的出入条件，影响着乘客进入或离开机场时的地上交通方式。由于机场占地面积较大，搬迁还将极大影响当地的土地使用模式，这从土地价格的变化可见一斑，例如，很可能带来土地大规模再开发和不同地点之间外部运输成本的再分配。

虽然机场搬迁并非一定伴随扩建，但两者往往同时进行，常常被视为存在密切关联，其实不管是搬迁还是扩建，都可视为单独的项目。项目分析师需要判断目前的地址是否适合进行扩建，如果不适合，那么搬迁就是合理的选择。而如果适合扩建，搬迁的假设对前文中的变量仍具有参考意义。[24] 但是分析师们应该重视的一点是，如果运力扩大的好处与机场迁移的好处被混为一谈，那么实际上糟糕的搬迁选择很有可能会被视为不错的选择。

回顾4.3节的航站楼扩建项目，假设现在是项目第22年。第10年时，A城机场的决策制定者面临着快速增长的乘客需求，开始考虑机场的扩建，当时的扩建计划是到第18年，将机场运力提升到每年可接待240万人次乘客（项目实施后），而当时的实际运力是每年120万人次（项目实施前）。具体见表4-5，该项目可带来22.2%的经济收益。

4.5节提到了另一系列的项目计划，政府说客成功地发起了一个二次扩建项目，在项目第18年将运力提高到每年360万人次（项目实施后）。表4-7中的数据能够说明，与不进行扩建保持每年120万人次运力相比，二次扩建可以带来17.2%的经济收益，而这样的收益率要低于表4-5中的22.2%，即每年240万人次的运力。

表4-5中的项目运力可达240万乘客，A城的决策者最终决定实施该项目。正如计划的那样，航站楼扩建在项目第17年完成，新增运力在第18年投入运营。

前文提到，假设今年是该项目第22年，客流将在第26年达到预期峰值，机场会在2030—2035年之间不再能够承受运营拥堵的情况，换言之，航站楼必须在这之前达到全新的运力水平。

与此同时，规划师们对提升跑道运力进行了探索性分析。与航空公司交流之后，结合4.6节表4-10的数据，规划师们发现有必要在未来扩建现有跑道和新建第二条跑道。而为了更远的未来考虑，他们还认为有必要储备土地资源。现有机场面积的局限可能会引起搬迁问题，而如果为修建第二条跑道而征用现址附近的土地，则成本太高，且政治上也不可行。

对长期客流需求的预期仍然是每年增长5%，所以在项目第22年时，在航站楼运力240万人次/年的基础上，需要让运力在第30年翻倍，达到480万人次/年。规划者预计航站楼扩建成本为2亿欧元。

扩建航站楼，将其运力提高到480万人次/年需要更多土地。展望不动产市场在未来的情况，我们会发现土地价格一直大幅上涨。毕竟机场客流的快速增长是当地经济健康发展的结果，而这也意味着土地价格会上升，包括机场周边土地的价格。

部分房产开发商近期与当地市政部门和机场管理部门接洽后，了解到机场所在位置可能是开发民用和商用房屋的优选之地。当地的一些规划者也建议，目前机场所在地的部分土地与某在建环路的最优路线重叠。机场的存在不一定会对这一最优路线产生影响，因为环路可以建造在地下，当然这将大幅增加公路项目的建设成本。所以只有让环路从目前机场所在地穿过才是合理的，而实现的前提就是机场搬迁。如果机场不搬迁，环路就要改变路线，车辆和行人就要花费更多出行时间。

机场规划者还指出，如果A城继续以现有速度发展的话，土地价格会继续上涨，未来扩建机场也会更加受限和昂贵。他们发现最终可能还是需要迁移机场，只是什么时候迁移的问题。

规划者决定对机场搬迁进行一个初步的经济评估，他们认为，与其现在扩建航站楼，同时为未来的搬迁预定土地，不如做出更经济的选择——现在就搬迁，同时开展更庞大的扩建项目。

4.9.2 评估框架

对机场搬迁项目的估算运用了机场运力扩建项目的例证结果，包括表4-3和表4-5中的数据。这能让推演过程更简短、精炼，还能把搬迁决策纳入到对运力提升的分析中来，从侧面说明了混淆两者的潜在问题。

回顾表4-3和表4-4，二者比较了在A城建设绿地机场（项目实施后）和继续使用B城机场（项目实施前）两种情形。表4-5中的评估数据，把A城机场运力提高到240万人次运力的扩建项目，即"项目实施后"情形，和维持每年120万人次运力的"项目实施前"情形进行了比较，"实施前"情形会产生乘客分流和出行受抑制情况。

假设当前是项目第22年，搬迁需比较两个不同的扩建项目。第一个可称为"A城机场扩建"项目，需要把A城机场运力由每年240万人次提升到500万人次的情况和不扩建以维持240万人次运力的"实施前"情况进行比较。同样，"实施后"情况下，客流有如下选择：（1）分流至B城机场出行；（2）选择A城机场非高峰、非最优时段的航班出行；（3）取消出行。第二个项目可以称为"A城新址机场扩建"项目，"实施后"情况需要关闭A城机场，重新在距离市中心15分钟车程的位置新建一个运力可达每年500万人次的新机场。相比之下，"实施前"情况则保留原址A机场，将最大运力维持在240万人次/年的水平。显然，两个项目的"实施前"情形完全一样。

搬迁评估遵循以下"三步骤"逻辑（步骤依次罗列）：

（1）"A城机场原址扩建"项目："扩建项目"对比"无扩建项目"。

（2）"A城机场新址扩建"项目："新机场扩建项目"对比"无新机场扩建项目"。

（3）搬迁价值："新址扩建"对比"原址扩建"。

使用这种拓展方法来评估和展示项目收益情况是为了避免混淆搬迁价值和扩建价值。所以，“A 城机场新址扩建”项目的一大价值就是能够证明搬迁的可行性。尽管评估中的大部分收益可能都来自扩建，而不是搬迁。在现有地址扩建不可行，除非出于特定原因。搬迁的经济收益应该与扩建分开评估。尽管机场搬迁项目和运力提高项目在现实中常常同时发生，但如前文所述，二者并不是都是同时开展的。[25]

本评估分析比较了在当前搬迁和 20 年后搬迁，也就是在项目第 22 年和第 42 年搬迁的两种情况。图 4-3 总结了实施评估的时间安排。第一个需要考虑的问题就是目前是否搬迁。不管最终采纳哪个项目方案——扩建现有机场亦或是搬迁，新项目都将在第 31 年投入运营，历经 25 年的经济周期后，在第 55 年迎来项目尾声。这时机场又能获得新的大型投资。第二个问题是，是在下一轮扩建实施搬迁，还是保留原址的基础上扩建，这两个方案都需要在第 22 年实现 500 万人次/年的运力，到第 31 年将新运力投入运营。接下来要考虑的是选择搬迁，还是到项目第 40 年在原址将运力提升到 1000 万人次/年，到项目第 51 年投入运营。这一方案的经济周期是 25 年，即到第 75 年结束。

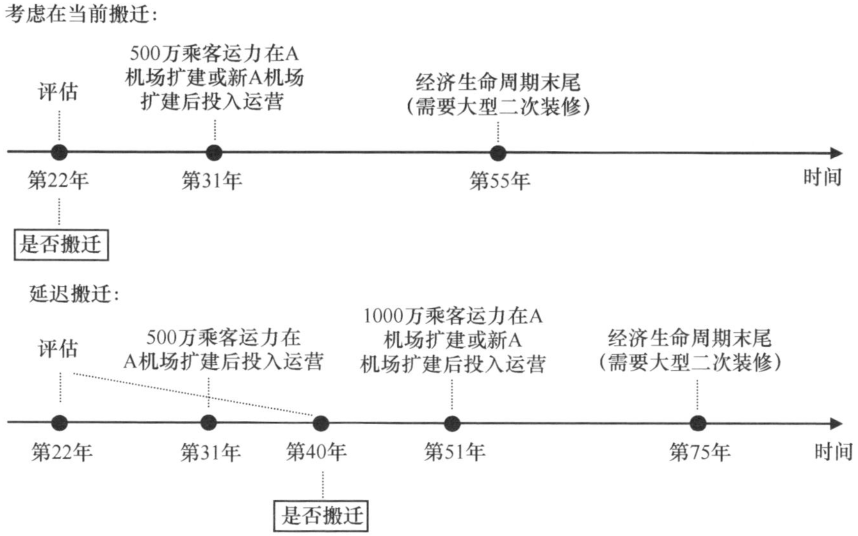

图 4-3 评估 A 城机场（i）立刻搬迁方案和（ii）延迟搬迁方案的时间节点

梳理以上时间线，旨在引导读者关注机场迁离地的土地价值对评估结果的影响，该土地价值是项目合理性和可行性的决定因素。评估土地的当前价值相对来说问题较少。如果是在未来要进行搬迁的情况下，有观点认为要承担原址土地价值，可能会给读者造成困惑。

简而言之，假设“A 城机场原址扩建”和“A 城机场新址扩建”两个方案下的总客流和客流细分部分，如固有客流、分流客流和新生客流都完全一致（实则存在误差）。乘客进出 A 城机场和新机场的费用成本不同，所以前面提到的两种情形下总客流及其细分部分都略有不同。由于进出两种机场的用时差仅为 15 分钟，与乘客的整体出行成本相比，可以认为这一分析中的误差值很小。[26] 由于大大简化了分析和呈现过程，即使有误差，也“误有所值”。它让不同方案的比较变得更简单，也让我们更能看清项目的价值所在。

4.9.3 评估结果

表 4-13 总结了“A 城机场原址扩建”和“A 城机场新址扩建”不同经济价值的估算情况。表中，a 列估算了现在搬迁这一情况的项目经济价值。b 列和 c 列是从现在算起约 20 年后，即下一轮机场扩建时再搬迁的情况，估算了项目在未来第 40 年时的经济价值（b 列），如以第 22 年的价值（c 列）为基点，19 年的折现率为 5%。b 列和 c 列的估值不包括第 31 年到第 50 年的机场运营价值，也就是不包含机场运力从 240 万人次/年提高到 500 万人次/年的项目价值。最后，d 列是 c 列相比于 a 列的百分比差异率。

机场运力从 240 万人次/年提高到 500 万人次/年，需要 2 亿欧元的资本投资（见表 4-13 中第 1 行），是运力从 120 万人次/年提高到 240 万人次/年所需约 1 亿欧元投资的两倍（见表 4-5 中第 8 行）。依此类推，运力提高到 500 万人次/年所产生的经济价值也是提高到 240 万人次/年的两倍，即 8.969 亿欧元（见表 4-5 中第 48 行）的两倍，约 1.8 亿欧元（见表 4-13 中第 2 行）。推迟 20 年再搬迁，也就是第 51 年而不是第 31 年开始使用新址，此间运力提高幅度（从 500 万人次/年扩大到 1 亿人次/年）大约是当即搬迁运力

表 4-13　估算机场搬迁的经济价值（单位为百万欧元或百分比）

		考虑在当前搬迁（今天：项目第 22 年 1 月 1 日）	20 年后搬迁		不同的现值
		机场运力扩建的当前阶段：年运力从 240 万人次提升到 500 万人次	机场运力扩建的下一个阶段：年运力从 500 万人次提升到 1000 万人次		
		当前价值（项目第 22 年）	项目第 40 年价值	当前价值（项目第 22 年）	
		（a）	（b）	$(c)=(b)/(1+0.05)^{19}$	$(d)=((c)/(a))-1$
	在现址扩建的价值（扩建 A 城机场）				
		项目第 30 年 260 万人次运力新航站楼投入运营	项目第 50 年 500 万人次运力新航站楼投入运营		
（1）	用于扩建现址的资本投资	200	400	158	-21%
（2）	项目价值	1794	3588	1420	-21%
	在新址扩建的价值（扩建 A 城新机场）				
		新机场在项目第 31 年落成投入运营	新机场在项目第 51 年落成投入运营		
	机场运力调整				
（3）	绿地机场 120 万人次运力	400			

表 4-13（续）

		考虑在当前搬迁（今天：项目第 22 年 1 月 1 日）	20 年后搬迁		不同的现值
		机场运力扩建的当前阶段：年运力从 240 万人次提升到 500 万人次	机场运力扩建的下一个阶段：年运力从 500 万人次提升到 1000 万人次		
		当前价值（项目第 22 年）	项目第 40 年价值	当前价值（项目第 22 年）	
		（a）	（b）	（c）=（b）/（1+0.05）[19]	（d）=（（c）/（a））−1
（4）	新增 120 万人次运力	100			
（5）	从 260 万人次提升到 500 万人次所需运力	200			
（6）	从 500 万人次提升到 1000 万人次所需运力		400	158	
（7）=（3）+（4）+（5）+（6）	总计	700	1100	435	−38%
（8a）=（3）+（4）×0.2 （8b）=（7a）×0.2	现址扩建省下的二次装修成本	100	140	55	−45%
（9）=−（1）+（7）−（8）	净新增运力	400	560	222	−45%

表 4-13(续)

		考虑在当前搬迁(今天:项目第 22 年 1 月 1 日)	20 年后搬迁		不同的现值
		机场运力扩建的当前阶段:年运力从 240 万人次提升到 500 万人次	机场运力扩建的下一个阶段:年运力从 500 万人次提升到 1000 万人次		
		当前价值(项目第 22 年)	项目第 40 年价值	当前价值(项目第 22 年)	
		(a)	(b)	$(c)=(b)/(1+0.05)^{19}$	(d)=((c)/(a))-1
	搬迁后个人道路交通成本				
	非机场使用者				
(10)	为非使用者节省的成本	202	374	148	-27%
(11)	城市成本节余	60	90	36	-41%
	机场使用者和工作人员陆上往返机场距离增加				
(12)	附加运营费用和时间成本	638	2157	853	34%
(13)	附加资本支出	100	150	59	-41%
(14)=(12)+(13)	小计	738	2307	913	24%
(15)=-(10)-(11)+(14)	搬迁后净新增成本	476	1842	729	53%

表 4-13(续)

			考虑在当前搬迁(今天：项目第 22 年 1 月 1 日)	20 年后搬迁		不同的现值
			机场运力扩建的当前阶段：年运力从 240 万人次提升到 500 万人次	机场运力扩建的下一个阶段：年运力从 500 万人次提升到 1000 万人次		
			当前价值(项目第 22 年)	项目第 40 年价值	当前价值(项目第 22 年)	
			(a)	(b)	(c)=(b)/(1+0.05)^{19}	(d)=((c)/(a))-1
	外部环境成本调整					
(16)	乘客数量	温室气体	22	101	40	81%
(17)		空气污染	-63	-160	-63	0%
(18)		噪声	-91	-229	-91	0%
(19)		小计	-132	-289	-114	-13%
(20)	有关的	温室气体	22	101	40	81%
(21)		空气污染	9	23	9	0%
(22)		噪声	6	15	6	0%
(23)		小计	37	139	55	48%
(24)	非使用者	温室气体	-7	-25	-10	41%

表 4-13(续)

			考虑在当前搬迁(今天：项目第 22 年 1 月 1 日)	20 年后搬迁		不同的现值
			机场运力扩建的当前阶段：年运力从 240 万人次提升到 500 万人次	机场运力扩建的下一个阶段：年运力从 500 万人次提升到 1000 万人次		
			当前价值(项目第 22 年)	项目第 40 年价值	当前价值(项目第 22 年)	
			(a)	(b)	(c)=(b)/(1+0.05)^{19}	(d)=((c)/(a))-1
(25)		空气污染	0	0	0	
(26)		噪声	0	0	0	
(27)		小计	-7	-25	-10	41%
(28)=(19)+(23)+(27)	环境成本净调整		-197	-325	-129	-35%
(29)	机场现址的土地价值		300	758	300	0%
(30)=(2)-(9)-(15)-(28)+(29)	在 A 城机场现址扩建的价值		1415	2268	898	-37%
(31)=(30)-(2)	机场搬迁的价值		-379	-1319	-522	38%

提高幅度（240 万人次/年扩大到 500 万人次/年）的两倍。不管是在现址把运力提高到 500 万人次/年，还是 20 年后提高到 1000 万人次/年，都能产生巨大的经济价值，分别为 18 亿欧元和 36 亿欧元。

接下来评估搬迁项目的情况，也可以分为在当前进行搬迁和 20 年后再开始搬迁两种情况。参照原址机场的累计支出情况，可以估算出搬迁所需的资本支出，这可分为三个阶段来考虑：第一个阶段是为建设运力为 120 万人次/年的 A 城绿地机场而支出的 4 亿欧元（见表 4-13 中第 3 行和表 4-3 中第 7 行）；第二个阶段是第一次扩建，即从 120 万人次/年提高到 240 万人次/年所需的 1 亿欧元（见表 4-13 中第 4 行和表 4-5 中第 8 行）；第三个阶段是第二次扩建，即 260 万人次/年的运力提高至 500 万人次/年（见表 4-13 中第 1 行）所需的 2 亿欧元（见表 4-13 中第 5 行）。以此计算，搬迁和运力扩建的总投资成本是 7 亿欧元（单元格 7a），和在绿地机场原址进行扩建的 2 亿欧元（单元格 1a）成本形成鲜明对比。

完整起见，需要说明上文提到的扩建与搬迁和扩建同时进行两种情况下的资本支出规模（即使根据通货膨胀进行了调整）不一定会和原来的资本支出一样，也并非与原来的资本支出有某种比例关系。因为实际建设过程中，有很多原因会使成本偏离预算。可能因为建造技术不同，或者场地的可达性不同。特殊的地形也可能会增加或降低成本。收入的变化也可能使建造成本发生变化。处于经济周期的不同阶段会对成本产生影响等。此处我们采用参照已有投资项目支出情况的方法，进行粗略计算，强调搬迁项目需要还原原址的设施，在本项目中这需要 5 亿欧元（7 亿欧元-2 亿欧元）。我们接下来会了解到，还原设施是机场搬迁经济造价的决定性因素。

对表 4-13 中第 2 行估算结果做一点补充说明，迁移机场时，继续维持原本的 240 万人次/年运力的设施和装修，能避免重新装修带来的不必要成本，同时节省占总额 20% 的资本支出。如果推迟搬迁，能节省下更多装修成本（1.4 亿欧元，而不是 1 亿欧元），因为推迟使得运力价值更高。以此估算，当前搬迁的净附加资本支出是 4 亿欧元，而 20 年后搬迁的成本是 5.6 亿欧元。

后一轮的调整涉及因搬迁而带来的私人道路交通成本。首先，前面提到过机场搬迁后A城就能修建一条更便捷的环形道路，到达相同的目的地（机场除外），为行人节省3分钟的行程时间，其时间价值为12欧元/小时，且实际价值每年增长2%。这条道路还能为行人减少0.5欧元的车辆运营成本。该环形路的初始设计是每天承载3万行人，运力每年新增2%，这也顺应了该城道路交通广泛增长的趋势。在搬迁项目的生命周期里，节省的时间价值成本和运营成本共计2.02亿欧元（单元格10a），如果推迟搬迁，这一收益可达3.74亿欧元（单元格10b），这也反映出未来道路交通需求量更高。

该环形路越短，投资成本就越低。如果机场不搬迁，环形路就有必要修得更长一些，投资成本也会相应增加。如果现在搬迁，可节约6000万欧元资本支出，如果推迟搬迁，则可节约9000万欧元（见表4-13中第11行），当然环形路的实际修建成本可能因为人口密度增加而增加。简洁起见，本分析假定道路使用者最终将直接或者间接地为公路基础设施付费，将以上这些成本视作私人成本。

对于机场使用者来说，搬迁意味着前往机场和返回市区要多花费15分钟路程时间。另外，机场使用者，包括接送机人员和机场工作人员，都涉及往返机场这两部分陆地行程。机场使用者的时间价值为每小时12欧元，实际价值每年增长2%。此外，每次出行所用地上交通工具的运营成本也有所增长，每年增加2欧元。同时，往返机场的交通运输也随着机场接待乘客数量的增加而增长，平均每年增加5%，这一比率要高于市内道路交通2%的增长速度。往返机场的时间增加后，成本相应增加6.38亿欧元（单元格12a），如果20年后搬迁，则要增加22亿欧元（单元格12a）。

另外，用于改善机场入口道路水平以适应繁忙的陆运交通而支出的资本成本为1亿欧元。如果推迟搬迁则这一成本的实际价值为1.5亿欧元（见表4-13中第13行）。同样，简洁起见，假设增加的这部分资本支出只构成人们使用道路基础设施的私人成本，并且此处假定所有往返机场的人员都使用道路交通，不考虑增加其他陆上交通工具，例如，利用电车、轻轨等来改善机场入口交通运力。

如果当前搬迁，机场使用者（乘客和接送机人员）和工作人员往返机场的成本将增加7.38亿欧元。如果推迟搬迁，成本是23亿欧元（见表4-13中第14行）。机场搬迁给个人所承担的道路交通成本变为上述机场使用者往返机场新增成本减去为非使用者节省的开支（见表4-13中第15行）。

下一个调整主要针对环境成本，包括温室气体的新增排放量和与机场搬迁有关的新增空气污染物和噪声。我们可以把由此产生的排放按照污染源分为三类。第一类是飞机排放物，这和乘客利益有关。前文为了分析的简洁，假定了在原址扩建和在新址扩建的两种情况，其客流构成比例，即固有客流、分流客流和新生客流的占比是一样的。相比于在原址扩建，搬迁不会造成飞机污染排放量的增加。然而，虽然温室气体排放成本和排放发生的位置没有关系，但定量的噪声和空气污染造成的成本却因为污染发生位置的不同而存在差异。排放发生位置越接近居住地带，居住地带的人口数量越多，排放的成本就越高。所以搬迁后，飞机的运营将远离A城市区，将降低飞机的噪声污染和空气污染的成本，也就能相应减少乘客的成本。

第二类新增污染来自搬迁后人们（包括航班乘客、接送机者和机场工作人员）往返新机场所增加的陆上行程，即来自道路交通工具所增加的温室气体排放、空气污染和噪声污染。在搬迁的情况下，后两类污染的排放地和市内居民距离更远，所以哪怕是相同的排放量，和不搬迁情况下产生的社会成本也有所不同。

第三类新增污染涉及非机场使用者，例如，目前的项目里前文提到的环形路行人。搬迁后，环形路路线变短，相应的温室气体排放量也会减少。而此类型的噪声和空气污染，会受到两个反向的因素影响：一个是环形路程变短，从而降低了该类污染，和对温室气体排放的影响一样；另一个是搬迁后环形路将更深入市内地段，更接近居民区，所以必定会增加污染量。此处简洁起见，我们可以认为两方面影响相互抵消，即该类污染源的净社会成本为零。

表4-13对污染源（排放者）进行了分类，列出了每个源头的排放量，汇总了它们对上述三类新增污染的影响程度。“乘客”一栏（第16~第19行）下方的条目包括与飞机相关的（第一类）和与乘客往返机场相关的（第二类）排放。“相关”范畴（第20~第23行）下包括了接送机人员和机场

工作人员产生的排放，包括他们往返机场产生的第二类排放。最后是“非机场使用者”一栏（第24～第27行），该栏主要包括第三类，即环形路行人的污染排放。

附录A4.1详细评估了污染排放对乘客的影响，估算结果根据乘客类型分为三部分，即固有乘客、分流乘客和由项目带来的新增乘客三部分。该附录说明了对于这三类乘客来说，机场搬迁对三类污染物产生的渐增效应完全一样，估算数据见表4-13中第16～第27行。表中所列数字代表所花成本，所以正数是成本，负数表示节余或盈利。前文中我们假设“A城机场扩建”和“A城新址机场扩建”两个情形下的总客流和客流细分部分，包括固有客流、分流客流和新生客流都完全一致，所以表4-13中第16～第27行不仅是对新机场扩建项目价格估算的必要调整，也显示出原址扩建和新址扩建两个项目价值的净差。搬迁后，温室气体排放成本会随着机场使用者往返机场的里程增长而增加，如在当前搬迁这一成本增量是2200万欧元（单元格16a），推迟搬迁的成本增量则是1.01亿欧元，或者折现到项目第22年的4000万欧元（第16行）。推迟搬迁时的成本增量更高，反映了那时客流量更大，温室气体排放社会成本的复合增长率更高，达3%/年。

如果当前搬迁，空气污染的净成本节余6300万欧元（单元格17a），如果20年后搬迁则节余1.6亿欧元（单元格17b），折合为第22年，即当前这一年的现值为6300万欧元（单元格17c），和当前搬迁的节余成本（单元格17a）正好相等，这是因为机场客流的增长率和社会折现率正好都是5%，为此d栏的差异率为零。温室气体排放成本则不同，因为温室气体排放的社会成本每年的复合增长率为3%，其现值也随之增长（单元格16d）。为此，空气污染成本并不能为决策机场的搬迁时间提供参考。但是与气候变化相关的成本，则随着时间的推移，会在搬迁决策中起到越来越重要的作用。

噪声成本的估算情况和空气污染相似。尽管噪声排放量不因搬迁而改变，且搬迁后往返机场造成的噪声有所增加，搬迁后的噪声成本仍有节余（第18行）。因为在全部排放的噪声污染中，更大一部分的排放远离居民区。

总体上看，机场搬迁有助于降低飞机乘客带来的外部环境成本（见表4-

13 中第 19 行）。虽然往返远离市区的机场会造成温室气体排放增加，但是给人体造成空气和噪声污染的成本会降低。

第二类污染排放来自客流，包括接送机者和机场工作人员。搬迁项目会使客流往返机场的里程增加，那么所涉及的三类污染排放成本都将随之增加（第 20 ~ 第 23 行）。

本项目所指的第三类排放者是非机场使用者，即因搬迁而缩短了环形路里程的道路行人。和温室气体排放相关的成本节余（第 24 行）大约是因客流往返机场里程变长而增加的那部分排放成本（第 20 行）的 1/4 ~ 1/3 不等，当我们把温室气体排放相关的成本节余和来自飞机乘客的排放成本增量（第 16 行）进行比较时，能得到同样的结果。原因有两个，第一是环形路缩短的长度不及与机场相连道路所增加的部分，第二是非机场客流每年增长 2%，而机场客流年增长率是 5%。鉴于航空客流增长速度高于道路客流，同样是搬迁引发的陆上交通客流成本变化，与本项目直接相关的地面客流产生的成本与收益，将随着时间推移变得愈来愈重要（具体取决于起始阶段）。接下来的分析能进一步说明上述效应在评估机场搬迁的时间决策时起到的重要作用。

表 4-13 中第 28 行是因搬迁而对环境成本做出的净调整。尽管往返机场的路程变长了，搬迁后环境成本仍能产生大量节余，其中大部分来自空气和噪声污染的成本节余。这部分收益的表现可能是在噪声和空气污染水平降低的地区，不动产价值上升，最有可能反映为原址附近的房价变化。另外，不应该把房产上涨视为该项目在环境收益之外的获益，和项目的环境外部性成本等值的那部分房价变动，只不过是让这部分环境成本和收益在房产市场上实现了资本化。

机场搬迁的另一个益处是机场原址的经济价值。根据机场附近土地的房产价格，A 城机场现址的土地价值在当前，也就是项目第 22 年，为 3 亿欧元（单元格 29a）。这是项目的一项收益，其估价衡量了机场土地对于其未来使用者的价值，以此为起点，原则上其价值按照折现率不断增长，其长期增长率可能与整体经济增长率一致。以此推算，到了项目第 40 年，机场所占土地的经济价值将达 7. 58 亿欧元（单元格 29b），后文仍会运用这一分析思路。

以上总结了有必要对项目评估做出的所有调整。新址扩建的项目价值等于原址扩建的价值（第2行）加上以上所有调整。从表4-13中第1行向下浏览，我们可发现，第一项调整减去了搬迁所需的那部分资本支出（第9行），其下一行是搬迁后陆上交通的成本增量。我们先把客流的个人成本加到总成本中（第15行），然后再从成本里面减去对来自乘客和其他陆上交通有关环境成本的调整，这种情况下，搬迁让环境外部性总成本产生了节余（第28行）。最后，我们加上机场原址的经济价值（第29行），得出如果在当前这一年，即项目第22年，宣布搬迁安排，机场能产生14.15亿欧元的社会价值（单元格30a）。

另外，机场搬迁的目的并不仅仅是为了实现其经济价值，尽管以7亿欧元资本支出（单元格7a）实现14亿欧元的净社会价值（单元格30a）体现了非常不错的经济效益，但选择搬迁的原因绝不是为了实现更高的社会价值。实际上在原址扩建的方案具有更高的经济价值，是18亿欧元（第2行）。在对比了在新址扩建和在原址扩建的价值之后，做出了在当前这一年搬迁的选择。如表4-13中第31行所示，对比结果显示，搬迁的同时进行扩建的方案尽管能实现社会价值，但还是不及在原址扩建的方案。搬迁会导致社会价值的损失，预计为3.79亿欧元（单元格31a）。

如果20年后再搬迁，则会造成更大的损失，主要原因是往返机场的成本上升。在表4-13多行（第9、15、28、29行）成本调整的数据中，不管是绝对价值（单元格15c，与9c、28c、29c对比），还是相对价值（单元格15d，与9d、28d、29d对比），往返机场的成本（第15行）最高。上文提到，当机场客流增长的速度高于道路行人客流，与机场客流有关的那部分陆上客流增长的速度要超过道路行人客流整体的增长速度，所以搬迁造成的道路交通成本和收益将随着时间的推移越来越重要。本项目中，这部分成本和收益对于项目评估结果起着决定性作用。搬迁后，道路交通个人成本增量（见表4-13中第15行）要高于搬迁造成的价值损失（第31行），说明这部分成本足以决定搬迁项目能否带来社会价值。

评估搬迁方案的一个关键变量是机场原址的经济价值，而搬迁通常是把机场搬迁到远离卫星城的地方。因为如今需要搬迁的机场，其选址决策大都源自 20 世纪上半叶。当时是民航业快速发展的时期，人们倾向于为机场选择临近市区的地址。同时也是从那时起，大多数城市开始了由内向外的扩张，在市区附近形成卫星城。当然，机场原址的土地价值仍然要视项目的具体情况来定，所以至少需要经过一次土地价值调查，才能做出搬迁决定。

在目前分析的项目中，假定 A 城现有机场的土地价值随着城市经济的发展而不断上升，根据其当前价值，也就是项目第 22 年的价值，可以准确折算出未来价格的上涨情况。所以到了第 40 年（单元格 29b），该土地的市场价值在折现后（单元格 29c）相当于当前这一年的估价（单元格 29a）。日益拥堵的客流会增加当前地址的相对价值。当前的土地价格能够反映增值预期，而分析师可能会认为当前价格并不能反映该土地的真实价值，所以很难在当下仅凭对未来土地价值的预期做出任何决定。对于未来再搬迁的方案，需要决策人在未来考虑当前对土地价值的预期，一旦土地价值在未来高于这一预期时，便可决定执行。

此外，迁移机场的决策还取决于土地的当前价值，这一点足以说明立即搬迁的必要性。而在现实中，只有当现址具有某种局限性，阻碍了机场运力的提高，或者当该土地价格过于昂贵时，才认为搬迁势在必行。反过来，这也反映了根据现有土地价值能够说明搬迁的必要性，因为现有机场的昂贵地价足以证明在当前搬迁是正确的选择。

附录 A4.1　机场搬迁项目中机场使用者带来的净环境成本

在 4.9.2 节中，我们对比了在现有地址扩建（“A 城机场原址扩建”）和搬迁并扩建（“A 城机场新址扩建”）两个项目方案，对机场搬迁项目做出了评估。本附录比较了上述两个方案的环境外部性的不同。项目的环境外部成本或收益是由搬迁的净环境外部性成本构成的（比较“A 城机场原址扩建”和“A 城机场新址扩建”），并非新机场的外部性总成本（“新机场项目”）。简洁起见，假设 A 城绿地机场和新址机场在航空公司客流和机场运营方式上完全相同，将本附录得出的净环境外部成本与“原址机场项目”情况下的相应成本相加，就能得出“新址机场项目”对于机场使用者来说的净环境外部成本。评估还需要把不是机场使用人的相关方纳入考量范围。

表 A4-1 计算了三类客流的环境成本。首先是固有客流。前文我们提到即使没有扩建项目，这类客流也：（i）依然会从 A 城机场出发，即没有被分流到 B 城机场的乘客；（ii）没有因为机场运力不足而被分流到其他时段航班的那部分固有客流。固有客流产生的污染，有无项目的情况没有区别。表 A4-1 的第 1、2 两行就是关于固有客流飞行产生的污染，有项目和无项目的情况一样，所以它们因为项目的原因而新增的污染是零（第 3 行）。假设由于机场距离市中心较近，乘客往返机场产生的污染和平时一样，去程和返程都不会增加成本。而即使乘客往返机场产生的污染和平时不一样（虽然实际情况并非如此），固有客流在项目实施前后两种情况下都从 A 城机场出行，所以因项目产生的环境净影响依然是零。

表 A4-1 机场搬迁项目评估中不同情况下的环境成本（欧元）

		温室气体	空气污染	噪声
	对每位固有乘客来说			
	“A 城机场扩建”			
(1)	项目实施后(从 A 城机场出发)	20	2	3
(2)	项目实施前(从 A 城机场出发)	20	2	3
(3)=(1)-(2)	新增成本	0	0	0
	“A 城新机场扩建”			
	项目实施后			
(4)=(12)/8	新增往返成本	0. 125	0. 1875	0. 125
(5)	从 A 城机场出发	20	0. 5	1
(6)=(4)+(5)	总计	20. 125	0. 6875	1. 125
(7)	项目实施前(从 A 城机场出发)	20	2	3
(8)=(6)-(7)	新增成本	0. 125	-1. 3125	-1. 875
(9)=(8)-(3)	新机场和搬迁前新增成本比较	0. 125	-1. 3125	-1. 875

表 A4-1(续)

		温室气体	空气污染	噪声
	每位“分流乘客”			
	“A 城机场扩建”			
(10)	项目实施后(从 A 城机场出发)	20	2	3
	项目实施前			
(11)	时间分流(从 A 城机场出发)	20	2	3
	方式分流			
(12)	分流到 B 城机场	1	1. 5	1
(13)	然后从 B 城机场出发	20	2	3
	新增成本			
(14)=(10)-(11)	时间分流	0	0	0
(15)=(10)-(12)-(13)	方式分流	-1	-1. 5	-1
	“A 城新机场扩建”			
	项目实施后			
(16)=(4)	新增往返成本	0. 125	0. 1875	0. 125
(17)=(5)	从 A 城机场出发	20	0. 5	1
	项目实施前			
(18)	时间分流(从 A 城机场出发)	20	2	3
	方式分流			
(19)=(12)	分流到 B 城机场	1	1. 5	1
(20)=(13)	然后从 B 城机场出发	20	2	3
	新增成本			
(21)=(16)+(17)-(18)	时间分流	0. 125	-1. 3125	-1. 875
(22)=(16)+(17)-(19)-(20)	方式分流	-0. 875	-2. 8125	-2. 875
	新机场和搬迁前新增成本比较			

表 A4-1(续)

		温室气体	空气污染	噪声
(23)=(21)-(14)	时间分流	0.125	-1.3125	-1.875
(24)=(22)-(15)	方式分流	0.125	-1.3125	-1.875
	每"新乘客"			
(25)=(1)=(10)	"A 城机场扩建"(从 A 城机场出发)	20	2	3
	"A 城新机场扩建"			
(26)=(4)=(16)	新增往返成本	0.125	0.1875	0.125
(27)=(5)=(17)	从 A 城机场出发	20	0.5	1
(28)=(26)+(27)	总计	20.125	0.6875	1.125
(29)=(28)-(25)	新机场和搬迁前新增成本比较	0.125	-1.3125	-1.875

在 A 城新机场进行扩建的情况，与在 A 城机场原址扩建项目实施前的情况比起来，有两点不同：第一，往返新机场将产生更多污染（见表 A4-1 中第 4 行）；[27] 第二，整个行程中在空中飞行的过程所产生的温室气体没有变化，但是搬迁使得空气污染和噪声污染成本降低了（第 5 行），不搬迁的这部分成本见第 7 行。前文提到，空气污染和噪声污染在新旧址的排放量相同，但是新机场这两类污染的成本更高，因为距离居民区更远。搬迁后人们往返新机场的路程时长将增加 15 分钟（0.25 小时），由此产生的环境成本增量是前往 B 城机场转机所需 2 小时成本的 1/8（第 4、第 12 行）。搬迁带来的净影响就是产生了更多温室气体排放和相关成本，同时降低了空气污染和噪声污染的成本（第 8 行）。比较在新址扩建和在原址扩建两个方案，此净影响的结果相同（第 9 行）。

再来看分流的乘客，前文提到分流乘客不论有或没有搬迁项目，都会选择乘飞机出行。但是如果不搬迁，乘客的出行选择分为两种。第一种是在非理想的时间出行，也就是"时间分流"；第二种是选择其他机场出发，这会增加往返于机场的成本，我们把它称为"方式分流"。而搬迁项目使这部分乘客从 A 城新机场出发，无须承担分流成本。

如果选择在现址进行扩建，不管是不发生分流（第 10 行），还是发生时间分流（第 11 行）或方式分流（第 13 行），行程中，在空中飞行的过程涉及的环境成本都相同。当然，分流到 B 城机场的情况会因为往返机场的路程更长而产生一部分外部成本（第 12 行）。由此可以发现，对机场扩建环境成本的评估具有如下规律，乘客发生时间分流并不会提高成本（第 14 行），而方式分流则会提高净环境成本（第 15 行）。

如果选择搬迁同时扩建机场，乘客往返机场的路程更远，成本必然会增加（第 16 行），如表 A4-1 中第 4 行所示。另外，无论是时间分流还是方式分流，乘客从新机场出发产生的空气污染和噪声污染成本（第 17 行）比从绿地机场出发更低（第 20 行）。在不搬迁的情况下，往返 B 城机场的新增成本较多（第 19 行），和时间分流（第 21 行）的情况相比较，方式分流大幅增加了环境成本（第 22 行）。

此外，乘客分流产生的成本结余并不等同于搬迁带来的收益，因为成本结余还包括扩建的收益。而我们可以在比较新旧址扩建两个方案的时候把属于搬迁的那部分收益“剥离”出来。乘客分流对环境的影响如表 A4-1 中第 23、第 24 行所示，其中时间分流和方式分流的结果相同。

通过扩建原址机场而产生的新客流和其他需要往返机场的乘客一样，都会带来外部成本。前文提到 A 城机场距离市中心较近，所以假设有了新机场之后，加上乘客往返机场产生的污染，相比于有新机场之前，该城正常的道路交通污染水平并不会发生变化，即机场的运营不会增加 A 城的污染排放量。所以，新生客流带来的污染排放仅来源于航行过程（第 25 行），而不是道路交通。同样，如果在新址扩建机场，新增乘客的每趟旅行会产生和固有乘客和分流乘客往返机场（第 26 行）和飞行（第 27 行）一样的外部成本。新增乘客在搬迁方案中产生的环境外部成本和其他两类乘客相同。

此外，对于上述每一类乘客，搬迁造成的温室气体排放、空气污染和噪声污染净环境成本和在原址扩建产生的每一项环境成本都是一样的。搬迁后温室气体排放成本要比在原址扩建高出 12.5 欧分/人，原因是往返新机场的里程比原来更远。搬迁将节省空气污染成本 1.31 欧元/人，噪声污染成本 1.88 欧元/人。搬迁后往返机场路程变远，虽然温室气体排放成本因此而提高，但仍然不及在远离高人口密度的地段运营机场而降低的环境外部成本。

注释：

［1］“出行意向”指的是 A 城带动乘客出行的能力，A 城可以是出发地，也可以是目的地。“出行意向”涉及两种出行类型，分别是 A 城居民的出行和 A 城以外的居民以 A 城为目的地的出行。“出行意向”取决于人口数量和 A 城的收入。旅行目的地和枢纽机场的情况需要考虑其他因素，此处不展开阐释。

［2］此处简化估算过程，仅关注死亡成本，不关注微小或严重伤害的成本，估算出的结果为 1 欧元。如果乘坐商用客机的致死率是两百万分之一，那么该国目前的生命统计价值是 200 万欧元，两者相乘即可得出乘坐飞机的风险值是 1 欧元/人。

［3］该阶段我们考虑的安全成本仅限安全价值，又称生命统计价值，由使用者支付意愿决定，会影响乘客是否决定出行。外部事故的边际成本，如由其他社会成员导致的医疗成本并未计算在其中，具体可参照欧盟 2019 和欧洲统一运输成本计算方法 2006。

［4］另外，估算广义成本也需要包括计量频率延误。这需要数据，所以有必要对未来机场的航班时刻安排做出预设。如果假定两个机场的出发频率条件类似，至少对于最受 A 城市民欢迎的目的地来说，频率延误为零，但这仍将影响广义成本和预估新乘客之间的相对差值。在这个例子中，假设在两个机场平均延误 1.5 小时就意味着新乘客和总客流的比例从 19% 降为 17.7% 。实际上，相对广义成本受到很大影响的可能性很小，且基于假设的前提。所以简便起见，可以忽略航站楼运力扩建项目中的频率延误（除非项目另有要求）。如前文所述，频率延误情况对空侧（如航班吞吐力）项目的评估有重要影响，4.8 节和 5.1 节对这一观点给出了阐述。

［5］这符合国际航空运输协会-国际机场理事会“最优”服务标准（国际航空运输协会-国际机场理事会，2019），相当于前国际航空运输协会服务水平标准的 C 等级（国际航空运输协会，2004；de Neufville 和 Odini（2013））。

［6］简洁起见，这里我们认为土地与其他向该项目输入的资本资产或资源属于同类型的资产。然而，分析师应该了解土地在经济分析中会引起的一系列问题，如限制性许可政策、价格控制政策、土地征用政策、人员强制安置等，这些问题会影响到项目发起人的出价和土地机会成本之间的关系。这些问题并非仅限于航空一个领域，此

处不深入探讨。

[7] 在第2章的注释［2］里提到过一个对时间价值增量的假设，对应此处对于劳动成本及生产率增量的假设。简洁起见，假定增加的劳动成本可能因为生产率的提高而被全部抵消。

[8] 本书3.1节注释［3］提到，拥堵造成的延误可能会给空中交通系统在其他地区的使用者造成连带成本。2008年，美国联邦航空局计算出美国主要机场的飞机平均延误宣传乘数为1.57（美国联邦航空局，2010）。把飞机延误作为给乘客带来延误的下限，假设它能反映该机场和空中交通系统其他部分的计划关系，该乘数可以应用于表4-3中第26、第28行的成本估算。此对该项目的评估影响重大，增加2450万欧元成本，净现值将降低到7%以下，至3.417亿欧元，给该项目带来了和我们的直觉相反的预期——我们大都期待新项目能解决拥挤问题。造成这一消极影响的原因是人们普遍会认为其他机场不拥挤，运力足够承载从项目机场分流过去的乘客。先前的预设对得出这一结论起到了关键作用。如果没有该项目，该领域的其他经济活动参与者会根据他们面临的情形而调整自身运力。这一点曾在3.3.4节讨论与实际情况不相符的运力时提到过，称作“生命继续论”假设。

[9] 此处应该假设B城机场的规模报酬保持不变。否则，乘客数量减少可能使得该机场使用者的边际成本变高，带来收益损失，2.7.3节对此有详细分析。

[10] 简便起见，假定投入资产价格的非正常变动都和政府税收有关。

[11] 为附近居民楼安装双层玻璃的2000万欧元成本不涵盖噪声成本。

[12] 机场使用者每人1欧元的成本不涵盖为其他社会成员带来的风险成本。表4-2中列出了此1欧元成本，是机场使用者广义成本的一部分。

[13] 表4-2列出的个人新增3欧元交通成本不包括1欧元的安全成本。

[14] 从其他机场出发的行为成本越高，乘客越有可能仍然选择从A城机场出发，但接受非理想时间段的航班。当其他机场的替代成本过高，这里主要指行为成本，比如因为机场距离A城太远，途中需要5小时，或者需要跨海才能到达，建议开展乘客行为调查，因为原来分流到其他机场的客流里面已经有越来越多的乘客选择在非理想时段从A城机场出发。

[15] 本书不涉及评估其他适用的私人经济领域投资机场的模型，只分析投资评估如何决定基础设施价值。私人经济领域投资机场的经济模型的相关内容，可以参考Winston和de Rus（2008）。

[16] 由于距离 A 城 2 小时车程的地方建有替代机场，严格意义上，此处情况不会形成经济监管垄断。如果把与客户之间的近距离视为一种服务品质，市场则会被看作存在垄断式竞争。然而，在两大条件下，经济监管仍然适用，一是基础设施由私人经济部门运营，二是市场的竞争性很小，原因是沉没成本等进出门槛较高。

[17] 哈维・阿弗奇和利兰・约翰逊 1962 年发表了具有重大历史意义的论文《监管限制下的公司行为》，为公司面临的激励挑战和抽象的劳资生产功能两者建立了模型，在经济学领域影响巨大，在公共事业监管领域也作为知名教科书。人们试图使用价格上限监管来抑制这些公司行为，所有这样的监管都必须长期追求可获得的收益率目标来鼓励私人经济部门的投资。在实践中，阿弗奇-约翰逊效应在价格上限监管的市场中仍然适用。监管和市场激励的话题是复杂的，和机场项目有关的具体措施可以参考阿德勒等（2015），尼迈尔（2009），温斯顿和德鲁斯（2008）。

[18] 翼展的发展推动了国际民航组织对飞机型号代码的设立。每一个新型号的出现都为飞机设计提出了更高要求。一方面，D 型客机是中长途飞机中型号较小的一类，如波音 757 和波音 767，和 D 型客机最接近的机型是 E 型波音 787，据称波音在研制更接近波音 757 和波音 767 的波音 797 号客机。空中客车 D 型机，即 A310，已经停产。当前的一些机场项目，如本书列举的项目，通常以 E 型机作为理想的机型。另一方面，最新一代 C 型客机的变体，如 A321XLR，已经可提供远距离的洲际飞行服务。为 C 型客机提供经停服务的机场，如果要想服务长途客机，只需要延长跑道，而不加宽跑道和滑行道，就能节省资本支出。从 C 型机升级到 D 型机，显示了所分析项目的概念特性，其计算方法既能带来益处，也会产生成本，不随着升级程度的变化而变化。

[19] 此处假设所有乘客的航班费用都一样，且平均到每位乘客的飞机降落费用不会随着飞机型号的改变而改变，而实际上，降落费用的构成模式可能降低大型客机的人均降落成本，从而影响当前项目的财务收益水平。

[20] 在跑道新建后的几年内，航空公司会安排更多航班来确保机位达到饱和，以获得长期投资收益，那时跑道所承载的飞机平均机型大小可能会降低。

[21] 由于高负荷因素导致了理想航班运力不足，这一类型的乘客分流也可以被看作一种随机延误。不管采用何种表述，问题的关键是因为航班运力不够，乘客不得不接受分流。

[22] 我们建议其增加跑道的机场，应该是那些现有跑道仍然能够承运大型客机的机场。

当跑道的运营达到完全饱和时，特别是当高峰期的航班无法再为新乘客提供大型客机服务时，新跑道一定能带来新的客流。

[23] 即便运营成本被转移至乘客一方，乘客依然愿意为节省时间而支付更高运营费用，因为和创造更多运营成本结余（2.476 亿欧元-1.561 亿欧元=9150 万欧元）相比，乘客更重视频率延误可能带来的损失（4.246 亿欧元-100 万欧元=4.236 亿欧元）。

[24] 此处主要考虑经济层面的问题。如何为临近市区的机场提升运力，其实还涉及很多其他方面，具体可以参考尼迈尔 2013 年发表的一篇评论，其中包含德国机场运营的实例。

[25] 我们可以假设一个机场迁址项目不包括对运力进行扩建的部分，而仅从道路交通或道路使用的角度寻求一种扩张效应。其实在实操中，迁址常常与运力扩建同时进行。扩建会加剧机场土地稀缺的问题，并且需要机场运营者下定决心长时间应对这一问题。通常，规划和实施一个机场扩建项目至少需要 5 年时间（尽管每个国家的具体情况不同）。项目建成后，若要实现经济和财务收益，机场需要以提升后的运力持续运营 20～30 年，这意味着如果选择在现址进行机场扩建，运营者就必须决定在当前地址继续运营 20～35 年。而机场的搬迁项目通常需要至少十年时间来规划和实施。所以，如果搬迁也在可行的方案之列，在讨论扩建方案的同时必然会涉及搬迁，毕竟选择在现址扩建就意味着 15～25 年后才能考虑搬迁。

[26] 我们以绿地机场投资项目为例，以项目 0 年的初始情况为参照，采用表 4-2 中估算新客流的方法来说明这一问题。从 A 城机场原址分流到 B 城机场，会抑制 A 城 19%的客流，由此可见新建机场产生的新乘客数量约为固有客流的 19%（第 20 行）。假设往返新机场的陆上行程相比原来增加了 15 分钟，我们还需要考虑以下问题，第一，从 A 城机场原址到达 B 城机场的陆上分流时间仍然是 2 小时 15 分钟，表 4-2 中第 4 行仍然是 2.25 小时。如果新机场建成后乘客不再发生分流，我们仅需要从 2.25 小时中减去 1 小时 45 分钟（1.75 小时），而非 2 小时，表 4-2 中第 12 行变成 1.75。这意味着从 A 城新机场分流到 B 机场，比从原址分流，乘客所花费的相对时间、运营成本和安全成本都降低了，新址方案从这一点看来吸引力大打折扣，新乘客的占比随之从 19% 降到 16.6%，此估算没有超出同类评估的合理误差范围。

[27] 详见 4.1 节，表 4-3 中第 31～第 33 行反映了这些成本。

第5章

空中交通管理

引言

空中交通管理（ATM）基础设施投资主要有两种类型：第一类是通过提高系统容量控制固定时间段内的飞机起降次数。在投资评估方面，此类空中交通管理投资与旨在增加跑道内飞机起降次数的机场投资类似。增大飞机尺寸也能够部分规避空域容量的限制，因此需要同时考虑飞机起降容量和飞机尺寸。5.1 节对此类投资项目进行分析。第二类投资项目的内容是提高飞行程序效率，该类投资与机场投资也有相似之处，后者旨在提升飞机陆侧部分的运营情况。[1] 此类项目将在5.4 节中说明。

空中交通管理是重要的外汇来源，因其具有以下两个特点：第一，在航空产业的各个子部门中，ATM 最符合自然垄断条件，具有较大的定价权；第二，ATM 投资项目可以从在途旅客中获利。对于在途旅客，ATM 服务的消费只占出行广义成本的很小一部分，他们甚至可能不知道是从哪个国家购买的ATM 服务，也不是该国的居民（或选民），这显然有助于发挥市场力量。5.3 节将介绍 ATM 投资项目的创汇能力评估，主要针对项目创办国受到贸易扭曲的情况，即项目创造的外汇收益可能不会完全转化为项目现金流。

5.1 增大起降容量

如第3 章图 3-2 所示，旨在增大飞机起降容量的空中交通管理投资与机场跑道投资基本相同，需要权衡频率延迟和机场运营成本。但就相关空域航段而言有所不同，包括地面、塔台、进近和在途。地面管制本质上是机场空侧运行的一部分，旨在扩大指定天气条件下飞机进入跑道前的容量。对此类空中交通管理的基础设施投资基本被视为对滑行道的投资。塔台管制涉及跑道运行，其投资方法与增大起降容量的跑道投资项目相同。进近空域，包括进场和离场的飞机往返其在途航段，也可被视为增大飞机起降容量的跑道投资。

对于在途空域航段，航空公司相比进场和离场受限较少。航路空域容量不充足时，航空公司可以选择其他起飞时间（与跑道容量限制相似）、地面延误（也与跑道容量限制相似）或其他航线（不同于跑道容量限制）。如果航空公司选择更改航线，新航线往往比首选路线更长，进而增加成本。增加的成本包括航空公司更高的飞机运营成本，乘客更长的旅行时间，以及温室气体未内部化时更高的排放外部性。

航空公司也可能采取增大飞机尺寸的方法，类似于应对跑道容量限制。空域容量不足也可能产生好处，即迫使航空公司运行更大尺寸的飞机，从而降低每个座位的运营成本，以及与每客千米任何非内部化温室气体排放相关的社会成本。除此之外，还应考虑大气污染和噪声对在途空域航段的影响。因此，本章中对环境影响的分析侧重于非内部化的温室气体排放。

总而言之，旨在增大飞机起降容量的空中交通管理投资与飞机跑道投资基本相同。对于在途空域航段，航空公司可以选择更改航线，此情况下有所不同。

机场投资和空中交通管理基础设施投资之间的另一个区别是，后者的成本构成中运营成本占比较高，资本投资成本较低，这是因为空中交通管制员是容量供给成本中的重要成分。由于资本投资成本是预先产生的，而运营成本分散在资产的整个运行周期中，因此在其他条件相同的情况下，投资的经济（以及潜在的财务）收益往往更高。

表 5-1 呈现了一个拟议项目的经济收益估计，该项目将航路航段容量从每小时 20 次提高到 25 次，包括投资信息技术设备和雇用更多的管制员。[2] 在工作日达到此容量上限，每天三次，平均每年 260 多天。按平均每架飞机载客 120 人计算，该航段在高峰时段的容量将从每年 188 万人次增加到 235 万人次（第 4 行和第 19 行）。然而，增长的客流意味着飞机尺寸随着时间的推移而增大，随之增加了该航段的载客量（而不是飞机起降架次）。由于需求的增长速度预计将超过飞机尺寸，规划专家希望确定将运行容量扩大到每小时 25 次是否值得，或者是否最好向航空公司表明该航段的容量在几年内不会增加，鼓励航空公司迅速增大飞机尺寸。

表 5-1　旨在增加飞机起降容量的空中交通管理项目的经济收益

			现值/年份	1	2	3	5	10	15	20	25	27
	项目实施后											
(1)	需求高峰	千人		1935	2016	2100	2271	2763	3362	4091	4977	5383
(2)	旅客平均运载系数	人/架		120	122	124	127	137	148	159	172	177
(3)至(2)	飞机运营成本的变化	%		0%	-1%	-2%	-3%	-7%	-12%	-16%	-21%	-24%
(4)至(2)	容量峰值	千人		1877	1877	2346	2417	2604	2805	3022	3256	3354
(5)至(4)	未转移的客流	千人		1877	1877	2100	2271	2604	2805	3022	3256	3354
(6)=(1)-(5)	转移的客流	千人		58	139	0	0	159	557	1068	1721	2029
(7)=(6)×平均小时数	转移的时间	千小时		18	44	0	0	60	231	488	869	1065
	内部效应											
(8)=(7)×VoT	转移时间成本	百万欧元	65.6	0.0	0.0	0.0	0.0	1.1	4.6	10.7	21.0	26.7
(9)至(6)	转移的运营成本	百万欧元	54.4	0.5	1.2	0.0	0.0	1.3	4.6	8.9	14.3	16.9
(10)至(3)	飞机成本节约	百万欧元	70.5	0.0	0.3	0.8	1.6	4.1	6.6	9.3	12.2	13.5
(11)=-(8)-(9)+(10)	内部效益	百万欧元	-49.5	-0.5	-0.8	0.8	1.6	1.7	-2.6	-10.3	-23.1	-30.2
	外部效应											
(12)	客流转移造成的温室气体排放成本	百万欧元	25.1	0.2	0.5	0.0	0.0	0.6	2.1	4.1	6.6	7.8
(13)	调整飞机尺寸节约的温室气体排放	百万欧元	32.4	0.0	0.0	0.4	0.8	1.9	3.0	4.3	5.6	6.2

表 5-1(续)

			现值/年份	1	2	3	5	10	15	20	25	27
(14)=-(12)+(13)	外部效益	百万欧元	7.3	-0.2	-0.5	0.4	0.8	1.3	0.9	0.2	-1.0	-1.6
(15)=(11)+(12)	净收益	百万欧元	-42.3	-0.7	-1.3	1.1	2.4	3.0	-1.7	-10.1	-24.0	-31.8
	项目实施前											
(16)	需求高峰	千人		1935	2016	2100	2271	2763	3362	4091	4977	5383
(17)	旅客平均运载系数	人/架		120	122	125	130	143	158	175	193	201
(18)至(17)	飞机运营成本的变化	%		0%	-1%	-2%	-4%	-10%	-16%	-23%	-30%	-34%
(19)至(17)	容量峰值	千人		1877	1877	1877	1953	2156	2381	2628	2902	3019
(20)至(19)	未转移的客流	千人		1877	1877	1877	1953	2156	2381	2628	2902	3019
(21)=(16)-(20)	转移的客流	千人		58	139	223	318	607	981	1462	2075	2364
(22)=(21)×平均小时数	转移的时间	千小时		18	44	73	108	228	406	668	1047	1241
	内部效应											
(23)=(22)×VoT	转移时间成本	百万欧元	104.7	0.3	0.7	1.1	1.8	4.1	8.0	14.6	25.3	31.2
(24)至(21)	转移的运营成本	百万欧元	95.3	0.5	1.2	1.9	2.7	5.1	8.2	12.2	17.3	19.7
(25)至(18)	飞机成本节约	百万欧元	77.8	0.0	0.5	0.9	1.9	4.4	7.2	10.3	13.7	15.2
(26)=-(23)-(24)+(25)	内部效益	百万欧元	-122.2	-0.8	-1.4	-2.1	-2.5	-4.7	-9.0	-16.5	-28.8	-35.6
	外部效应											
(27)	客流转移造成的温室气体排放成本	百万欧元	44.0	0.2	0.5	0.9	1.2	2.3	3.8	5.6	8.0	9.1

表5-1（续）

			现值/年份	1	2	3	5	10	15	20	25	27
（28）	调整飞机尺寸节约的温室气体排放	百万欧元	36.0	0.0	0.2	0.4	0.9	2.0	3.3	4.8	6.3	7.0
（29）=－（27）+（28）	外部效益	百万欧元	-8.1	-0.2	-0.3	-0.4	-0.4	-0.3	-0.4	-0.9	-1.6	-2.1
（30）=（26）+（29）	净收益	百万欧元	-130.3	-1.0	-1.7	-2.5	-2.9	-5.0	-9.5	-17.3	-30.5	-37.7
	项目净资金流量											
（31）=－（8）+（23）	降低客流转移的时间成本	百万欧元	39.2	0.3	0.7	1.1	1.8	3.0	3.5	3.9	4.3	4.4
（32）=－（9）+（10）+（24）－（25）	飞机成本净节约	百万欧元	33.5	0.0	-0.1	1.7	2.4	3.4	2.9	2.3	1.5	1.1
（33）=（14）－（29）	温室气体排放节约	百万欧元	15.3	0.0	-0.2	0.8	1.1	1.6	1.4	1.1	0.7	0.5
（34）=（31）+（32）+（33）=（15）－（30）	差额净收益	百万欧元	88.0	0.3	0.4	3.6	5.3	8.0	7.8	7.3	6.4	6.0
（35）	提高空中交通管制员的运营成本	百万欧元	3.8	0.0	0.0	0.3	0.3	0.3	0.3	0.3	0.3	0.3
（36）	投资成本	百万欧元	13.9	7.5	7.5							
（37）=（34）－（35）－（36）	净现金流	百万欧元	70.3	-7.2	-7.1	3.3	5.0	7.7	7.5	7.0	6.1	5.7
	项目经济收益率		32%									

分析员估计，飞机运营成本为每小时3000欧元，假设开展该项目，飞机尺寸将以每年1.5%的速度增大，从而使每个航班的平均载客量同等增长（第2行）。这能够节省每个客座的飞机运营成本，弹性区间为单位运营成本相对于飞机尺寸的-0.5。该分析假定节约的成本不会转移给乘客。容量的增加将推迟客流的分流（第6行），乘客产生的转移成本（按每小时15欧元的时间值计算，每年增长2%）（第8行）以及航空公司的相关额外运营成本（第9行）也将推迟。

投入使用更大型的飞机可以减少每位乘客的温室气体排放。按每航班120名乘客计算，温室气体成本约为每小时1386欧元。[3] 假设排放量与飞机运营成本成比例变化。与第1年相比，使用更大型的飞机每位乘客能够节省的飞机排放成本记录在第13行。该项目还帮助节约了与转移客流相关的温室气体排放成本（第12行）。

分析员认为，如果不实施该项目，航空公司将加快扩大飞机尺寸的速度，每年增长2%，实施该项目后每年增长1.5%。虽然这缓解了容量紧张，但与实施项目（第6行）相比，不实施项目（第21行）将会造成更多的客流量转移，同时提高了成本效率（第25行和第10行）。然而，由于大量的客流转移，不实施项目要承担更高的运营成本（第24行），时间成本（第23行）和温室气体排放成本（第27行）。

项目的净收益取决于，实施项目规划的更直接的航线带来的低转移成本和飞机低运行排放成本被不实施项目而增加飞机尺寸所抵消的程度。总的来说，该项目在所有相关方面都提高了航空运输的性能，为乘客节省了3920万欧元的转移成本（第31行）。项目航线的缩短覆盖了飞机尺寸减小造成的运营成本损失，从而降低了3350万欧元的飞机运营成本（第32行），较低的飞机运营成本也减少了1530万欧元的排放成本（第33行）。

空中导航服务提供商（ANSP）的项目成本包括设备的资本投资，现值为1390万欧元（第36行），以及每年增加的30万欧元运营成本，主要是管制员的时间投入。该项目的净现金流列在第37行，可见其确实产生了7030万欧元净收益，占资本投资收益的32%，非常可观。

但是，请注意，在项目开展接近尾声时，收益将逐渐减少，因为飞机尺寸扩大的累积效应会导致显著不同的运营成本。事实上，这在很大程度上取决于实施或不实施项目情况下的飞机尺寸扩大。如果分析员假定该项目的飞机尺寸将以每年1%的速度增加，而不是之前的1.5%，则该项目的收益将从32%下降到6%。此外，如果分析员假设不实施该项目的飞机尺寸以2.5%的速度增长，那么该项目会产生负收益。与机场跑道投资相同，增加空中交通管理容量的投资实质上是基于对航空公司通过扩大飞机尺寸适应客流增长的能力的假设。该分析不适用于旨在使飞机更高效运行的空中交通管理投资，如5.4 节的项目示例所示。

到目前为止，与跑道投资项目相同，该分析不包括生产者盈余。实际上，分析假设空中导航服务提供商的收益在实施项目和不实施项目时完全相同，因此相互抵消了。这包括两方面假设：一方面，假设在两种情况下，航空公司服务的乘客数量相同。因为无法确定任何新增客流的去向，该假设具有一定的合理性。该假设的前提是转移到其他航线的成本与扩大飞机尺寸带来的低运营成本（如果这些成本最终转移给乘客）达成平衡。另一方面，关于财务分析，客流很可能会被转移到由独立的空中导航服务提供商管理的航段，该情况下，项目发起人会有收益损失。5.2 节涉及私营部门的参与，将讨论相关问题。

第二个假设是，无论是否实施项目，每位乘客的空中导航费用都是相同的。如果空中导航作为机票征税，这一假设很可能是事实，但在实践中通常并非如此。5.2 节也将讨论这一问题。

5.2　私营部门参与投资（4）：定价政策

空中导航服务提供商大多由政府经营，通常是国有企业，当其被私有化时，往往作为被管制的垄断企业经营。如4.5 节的项目所示，任何投资收益率规制都会激励过度投资，定价结构本身也可能激励私营部门的空中导航服务提供商投资。

空中导航服务提供商通常遵循国际民用航空组织（ICAO）关于空中导航费用的规定，根据航线长度和飞机尺寸统一收费。但是，不同空中导航服务提供商对于规定的准确执行情况不同。有些采用公式计算，而有些则按飞行距离和飞机重量范围确定价格。也有其他空中导航服务提供商通过按机票价格或每个航班费用的百分比设置征税表。下面的例子是欧洲航管组织使用公式进行定价

$$\text{CHARGE} = \text{单价} \times \frac{\text{距离}}{100} \times \left(\frac{\text{MTOW}}{50}\right)^{n}$$

其中，单位汇率为常数，以适用货币计量；航线长度以空中导航服务提供商控制的空域航段两个极端之间的大圆距离来衡量，以千米为单位；重量为飞机的最大起飞重量（MTOW）；n 是飞机重量与费用间的比例。空中导航费用随距离和飞机重量的增加而增加，符合国际民航组织的规定。

假设单位汇率是 50 欧元，C 系列飞机的最大起飞重量为 75 吨，$n=1$（不一定是欧洲航管组织使用的系数），则适用于 5.1 节中空中交通管理项目示例中平均航班的费用为

$$\text{CHARGE} = 50 \times \frac{1000}{100} \times \left(\frac{75}{50}\right)^{1} = 750.00\ \text{欧元}$$

无论机上乘客数量多少，航空公司都将支付 750 欧元的费用。但是，设置每位乘客的平均费用对于目前的讨论很有帮助。根据项目示例中的假设，第 1 年平均载客量为 120 人次，每位乘客的空中交通管理费用为 6.25 欧元。

价格公式显示，飞机尺寸的增大使得平均载客量增加，导致飞机整体费用提高，但平均每位乘客的导航费用降低。例如，如果飞机可以在相同的航班载运率下额外搭载 25 名乘客，且最大起飞重量高出 5 吨，那么由此产生的总费用为 800 欧元，平均每位乘客的费用为 5.52 欧元。

表 5-2 使用表 5-1 中的示例来模拟应用此类公式对空中导航服务提供商收益的影响。为简单起见，假设航空技术和适用的 n 指数系数为：随着飞机尺寸的增大，每位乘客的空中导航费用减少了飞机单位运营成本的 50%。[4] 该表显示开展和不开展项目两种情况的收益相对于第 1 年收益的增长情况。两种情况下收益增长的差异将用于衡量净收益增长，由于流量总额不变，净收益增长仅由乘客费用的变化决定。

表 5-2　投资扩大飞机起降容量的空中导航服务提供商的财务收益

			现值/年份	1	2	3	5	10	15	20	25	27
	同一空中导航服务提供商的转移客流											
	项目实施后											
(1)	非转移客流的增量增速	百万欧元	59.7	0.0	0.0	1.4	2.4	4.4	5.5	6.6	7.7	8.1
(2)	转移客流的增量增速	百万欧元	35.5	0.0	0.5	-0.4	-0.4	0.6	3.1	6.3	10.4	12.3
(3)=(1)+(2)	总增量收益	百万欧元	95.2	0.0	0.5	1.0	2.1	5.0	8.6	12.9	18.1	20.5
	项目实施前											
(4)	非转移客流的增量增速	百万欧元	29.5	0.0	0.0	0.0	0.5	1.7	2.9	4.2	5.4	5.9
(5)	转移客流的增量增速	百万欧元	66.2	0.0	0.5	1.0	1.6	3.4	5.8	8.8	12.6	14.4
(6)=(4)+(5)	总增量收益	百万欧元	95.8	0.0	0.5	1.0	2.1	5.1	8.7	12.9	18.0	20.3
	项目净资金流量											
(7)=(3)-(6)	净收益	百万欧元	-0.6	0.0	0.0	0.0	0.0	-0.1	-0.1	0.0	0.0	0.1
(8)	提高空中交通管制员的运营成本	百万欧元	3.8	0.0	0.0	0.3	0.3	0.3	0.3	0.3	0.3	0.3
(9)	投资成本	百万欧元	13.9	7.5	7.5							
(10)=(7)-(8)-(9)	财务流	百万欧元	-18.3	-7.5	-7.5	-0.3	-0.3	-0.4	-0.4	-0.3	-0.3	-0.2
	经济收益率		N/A									
	其他空中导航服务提供商的转移客流											
(11)=(1)-(4)	非转移客流的增速和收益	百万欧元	30.1	0.0	0.0	1.4	2.0	2.7	2.6	2.4	2.3	2.2
(12)=(11)-(8)-(9)	财务流	百万欧元	12.4	-7.5	-7.5	1.1	1.7	2.4	2.3	2.1	2.0	1.9
	经济收益率		11.7%									

与不开展项目的情况相比，开展该项目产生的财务收益是负值。尽管实施项目确实能获得32%的庞大经济收益（见表5-1），但开发者没有投资的动力。请注意，收益的任何增减都将来自于价格的变化，并在空中导航服务提供商与航空公司或乘客之间转移，因此，它不代表福利的净变化，无法参与经济收益计算。[5]

表5-2的下半部分计算假设转移的客流选择了其他空中导航服务提供商管理的航段。很显然，如果现在仍不实施该项目，将导致“客户流失”，因此本项目的财务收益增加，目前为11.7%。就经济评估而言，替代空中导航服务提供商的生产者盈余与本项目发起人的盈余相同，因而可以再次忽略不计。

因此，除非客流转移向其他替代空中导航服务提供商（ANSP），否则即使该项目能够获得较高的经济收益，ANSP也没有投资的动力。这一结果可以主要归因于定价政策。经济效率要求将价格定为边际成本，从长远来看，边际成本可以被视为平均成本。管制飞行为ANSP增加的成本取决于管制时间，从而取决于距离和速度。不同尺寸的喷气式客机以相同的速度飞行，需要ANSP提供相同的工作量和资源量。因此，经济效益要求喷气式飞机无论大小都收取相同的费用。相反，通过采用共同的定价政策，即费用随飞机重量增加而增加，大型飞机的乘客最终可能会比小型飞机乘客支付的空中导航服务费用更少，即使仍存在交叉补贴。

这种扭曲在小型螺旋桨飞机上发生得更为严重。它们速度较慢，飞行一段距离需要的管制员工作负荷更大；相比喷气式飞机，它们占据指定空域航段的时间更长。经济效益要求速度较慢的螺旋桨飞机比喷气式飞机的收费要高。但恰恰相反，它们收取的费用往往更少。

抛开螺旋桨飞机不谈，如果喷气式飞机的价格不是根据重量和距离，而是根据速度和距离有效设定的，那么表5-2示例中不开展项目的情况将导致收益大幅下降，因为空中导航服务提供商将无法对大型飞机上的乘客实行价格歧视。促使项目的财务业绩提升，鼓励空中导航服务提供商投资扩大容量。

如果允许空中导航服务提供商对大型飞机采取价格歧视，国际民航组织可能会为了促进团结，在支付飞机服务费用方面稍加考量。但同时，空中导航服务提供商的获利来源从乘客转为大型飞机，这降低了航空公司扩大容量的动力。即使如上例所示，投资将产生较大的经济收益，也可能抑制投资的积极性。

然而，在实践中，由私营部门运营的空中导航服务提供商的价格上限与投资收益率规制相关，而收益率规制又基于运营商的资产基础而变动。一方面，如4.5节所示，收益率规制激励了容量投资，甚至是过度投资。就空中交通管理而言，飞机起降架次容量的增加通常与资产基础的积累齐头并进。因此，收益率规制将激励目前定价政策所抑制的投资。另一方面，并非所有增加资产基础都是为了扩大容量，还可能是用于增强安全性、提高通信质量、减少管制员或飞行员的工作负荷等。

总而言之，一方面，在收益率规制和经济效益价格下运行的私营空中导航服务提供商有较强的动机做出扩大容量的投资举措。但目前对大型飞机乘客的价格歧视在一定程度上削弱了这种激励，即使扩容是正当合理的需求。收益率管制更倾向于确保投资的稳定。另一方面，投资的目的不一定是扩大容量，也可能是升级技术。

5.3 作为硬通货来源的空中交通管理

5.3.1 简介

本节以空中交通管理项目为例，阐述贸易壁垒和外汇稀缺对项目评估的影响。提供空中交通管理服务可以是硬通货收益的重要来源。大多数航空设备都是进口的，必须用硬通货支付。但空中交通管理是可盈利的行业，外汇流入量往往大于外汇流出量。特别是对小国和低收入国家来说，收益净额可以对国家国际收支产生重要影响。

但是，空中交通管理运营商的商业计划书、损益表或现金流量表，即使在其上单独列出硬通货交易，也可能不能作为该行业的硬通货净收益准确指标。许多国家都受到贸易扭曲的影响。最常见的贸易扭曲有进口关税，也包括补贴，但主要是出口补贴，以及配额等非关税壁垒。因此空中导航服务提供商的商业计划和账户中记录的市场价格是扭曲的，在衡量空中导航服务提供商投资项目产生硬通货的能力时，准确性就会降低。

进行财务评估时，空中导航服务提供商提供空中交通管理服务，或为其他服务商提供数据从而获得的市场价格，及其投入的价格决定了提供商的现金流，并构成了从商业或财务角度进行投资决策的基础。从国内经济的角度来看，情况会有所不同。项目分析员可能会通过确定某一进口设备的关税并相应地降低设备成本来调整价格。这是价格调整的一个重要部分（即成本效益分析中的影子价格），但并不全面。它忽略了不进行国际贸易的投入在硬通货方面也具有机会成本。例如，该项目雇用的信息技术人员和管制员一般是熟练工人，可以参与到当地其他经济活动中，也能产生硬通货。即使用硬通货支付他们的工资，也不一定能体现出在创造外汇能力方面劳动力的机会成本。同样，项目所需的建筑物和其他建筑工程，也不进行国际贸易，他们可能是以扩大当地港口或酒店容量为代价，而这些港口或酒店也能成为硬通货的来源。如果没有贸易扭曲，这些不可贸易行业的市场价格将直接反映出经营该行业在其他领域放弃的价值，包括硬通货方面的机会成本。但存在贸易扭曲时，情况并非如此。

从发达国家、贸易扭曲很轻微的国家或获得硬通货机会充足的国家角度来看，这些考虑显得微不足道。但在比较贫穷的国家，特别是体量相对较小的国家，硬通货稀缺，国际收支存在严重问题，以上考虑很重要。事实上，这种情况下用于评估项目的技术是在20世纪下半叶发展起来的，并由世界银行推广（参见Ward（2019）），当时汇率是可控的，因此这种情况普遍存在。自20世纪70年代，美元与黄金脱钩，形成法定货币制度，由于拥有国际认可货币的国家都有能力印钞，国际收支限制变得不那么严格。但国际收支制约因素依然存在，它们是国际货币基金组织的主要业务活动，贸易扭曲现象也是如此。

在空中交通管理背景下，设想一个发展中小国控制着大量的在途客流和空中交通管理容量。该国目前需要使硬通货外流，以便将来产生更多的硬通货。硬通货的流出将以阻碍其他活动发展为代价，这些活动也会产生或节省硬通货，包括为其他进出口产业（如纺织品制造或食品加工）进口机械、软件和其他设备。同样，空中交通管理项目中的建筑工程也以牺牲其他可贸易部门的建筑发展为代价，例如，海港升级。

5.3.2 节将总结在存在贸易扭曲的情况下，评估衡量外汇的产生和使用所需的必要调整，引入计价标准的概念。本书并未涵盖此处提及的完整基本原理和调整处理方法。读者可进一步参阅 Curry 和 Weiss（2000），Boardman 等（2018），或者参考世界银行的最初作用，见 Squire 和 van der Tak（1975）。5.3.3 节和 5.3.4 节分别使用不同的计价标准对项目进行说明。

5.3.2 贸易扭曲和经济价值

本节以示意图表对价格所需的必要调整进行说明，调整后的价格在项目评估中反映外汇（或硬通货）的机会成本。价格调整包括应用校正因子或转换因子，对已知投入和产出的市场价格进行调整，以得出经济价格，这在成本效益分析术语中称为影子价格。校正因子取决于东道国采取的贸易扭曲措施的类型和程度。由此产生的经济价格能够反映或近似反映定价项目的硬通货实际消耗与获取。共有两种价格调整方法：一是将所有计算价格转换为国际（或边境）价格，评估时采用国际价格标准；二是将所有计算价格转换为国内价格，评估遵循国内价格标准。两种方法计算过程不同，但结果相同，只是评估时量级不同。[6] 需要注意，“价格标准”也可称为“价格体系”。

价格调整首先将所有的商品和服务（无论是投入还是产出）总体分类为可贸易产品和不可贸易产品两类。一切可贸易的产品，包括商品和服务，都是可以跨境销售的产品，即可在国际间出口或进口。这些产品不需要实际进行跨境贸易，只要能够进行贸易就足够了。如果它们售入国内市场，即可视为一种进口替代。不可贸易品是诸如房产和基础设施等的产品，提供的服务仅可在国内消费。

一切可贸易或不可贸易的产出通常都是由可贸易和不可贸易的投入组合

产生的。例如，一辆可贸易产出的汽车的生产，是零件和能源等可贸易投入加上房地产、装配厂和劳动力这些不可贸易投入的组合。同样地，一份不可贸易产出，比如房地产，是由建筑材料和能源等可贸易投入和劳动力、土地和建筑工地周边基础设施提供的服务等不可贸易投入产生的。

下面分别总结了在国际和国内价格标准下，进行评估所需的价格调整。两种价格定值下的产品均有四种可能组合：可贸易投入；可贸易产出；不可贸易投入；不可贸易产出。

在国际（世界）价格标准下，对于可贸易投入和产出的调整相对简单。采用“边境价格”：如果是商品产出，则为进口时的 CIF（成本、保险和运费）价格，或出口时的 FOB（船上交货）价格；如果是服务产出，则为在加上任何国内进口关税和扣除任何国内出口补贴前，该服务进行国际贸易的价格。

不可贸易投入的价格调整需要多次重复以下四个步骤：（1）将该投入（一级投入）分解为用于生产该投入的所有投入（二级投入）；（2）将这些二级投入分为可贸易投入和不可贸易投入；（3）将边境价格应用于二级可贸易投入；（4）对于二级不可贸易投入，重复以上三个步骤，将其分解为三级可贸易投入和不可贸易投入。不断重复以上步骤，直至分析的最终非贸易投入仅为土地和劳动力。其结果是对价格扭曲的全面核算，项目经济中每一个可贸易产品都是以边境价格定价的。

从分析所用时间考虑，这一方法十分烦琐昂贵，因此很少用于单个项目的经济价格评估，而通常在指南或手册中指导众多项目形成经济价格。多数情况下，单个项目评估采用更加简化的方法，以标准换算因子（SCF）形式进行，如下所示

$$\mathrm{SCF}=\frac{M+X}{(M+T_{\mathrm{m}}-S_{\mathrm{m}})+(X-T_{\mathrm{x}}+S_{\mathrm{x}})}$$

其中，M 和 X 分别是经济中的进口和出口总额，以边境价格计算；T_{m} 是进口税（关税）；T_{x} 是出口税；S_{m} 是对进口的补贴；S_{x} 是对出口的补贴。

该公式的结果是对国内经济中税收和补贴扭曲的一种平均衡量，适用于所有不可贸易产品。分析员也可以同时使用全面考虑价格扭曲的方法和简化

的标准换算因子公式，前者应用于一定级别的投入（通常最多为二级），后者用于计算其他级别。

简化方法有一个关键问题，它忽略了配额等非关税壁垒。全面方法则并不存在这一问题，因为它可以将单个项目的价格与边境价格进行比较。据笔者所知，现有文献中没有解决该问题的方法。附录 A5.1 将简要介绍作者提出的一种尝试衡量非关税壁垒的方法。

对于不可贸易的产出，该方法要求基于国内经济的支出模式采用消费换算因子（CCF）（Squire 和 van der Ta（1975））。但实践中往往采用与投入相同的标准换算因子。

直观而言，标准换算因子相当于为生产（放弃）一个单位国内收益而放弃（获得）的外汇。请注意，使用国内价格标准的评估既可以采用外币（通常是硬通货），也可以采用本国货币。[7]

使用国内价格标准进行的调整过程与上文介绍的世界价格体系相反。采用国内价格标准时，可贸易产品的价格换算为其国内等价物。这一方法的逻辑是将不可贸易产品反映的价格扭曲程度同等纳入可贸易产品的计算中。不可贸易产品因而可以以已知国内价格进行估值（在考虑到一切非贸易相关的扭曲后），而可贸易产品以边境价格采用影子汇率（SER）进行计算，可简单表示为标准换算因子的倒数，如下所示

$$\mathrm{SER}=\frac{1}{\mathrm{SCF}}=\frac{(M+T_{\mathrm{m}}-S_{\mathrm{m}})+(X-T_{\mathrm{x}}+S_{\mathrm{x}})}{M+X}$$

影子汇率直观而言是获得一个单位外汇所放弃的收益（Ward 等（1991））。更详细的说明是，它是为获得一个单位的外汇而放弃的以国内价格生产的收益（货币收益或其他收益）。与世界价格标准相同，国内价格标准的评估也可以使用外币或当地货币。[8]

使用世界价格标准（即标准换算汇率）和国内价格标准（即影子汇率）进行项目价值评估，其结果虽数值不同，但得出的结论相同。下面两节会进行说明，5.3.3 节中采用世界价格标准，5.3.4 节中对同一项目使用国内价格标准进行评估。

5.3.3 以世界价格标准评估空中交通管理项目

本节以 5.1 节和 5.2 节中的例子进行说明，以表 5-2 所描述的情况为初始情况。帮助空中导航服务提供商的项目没有考虑到旅客的时间节省和航空公司的成本节约。这是项目中的一个极端情况，即该项目只影响其空域内的在途客流，而项目开展国对项目的评估只关注该国国民的利益和成本。由于在途旅客都不是该国国民，该部分客流产生的收益和成本不计入经济评估，即在途乘客在经济评估中“不占位”。

现对表 5-2 情况做额外修改，即项目开展国受到严重贸易扭曲的影响，包括出口补贴、进口关税和其他非关税壁垒，如配额、许可证、烦琐的行政程序等。对于目前项目的产出和投入，我们假定收益部分无须缴纳任何税款或关税，但对项目的一些投入，主要是进口的空中交通管制设备和软件，需缴纳 25% 的进口关税。而且国内经济受到严重贸易扭曲也意味着该项目可能会通过对二级市场的作用产生更广泛的间接外汇影响。也就是说，该项目可能影响该国经济中外汇的产生和使用，而这些影响可能不会反映在以官方汇率（OER）换算的项目资金流中。

假设没有资本管制，货币完全可兑换，那么官方汇率就与市场汇率或现行的汇率相等。当地货币单位为 LCU（Local Current Unit），欧元对当地货币的市场汇率为 2，因此 1 欧元等值于 2LCU。

接下来是对 5.3.2 节中标准换算因子的估算。项目开展国每年出口值 $X=100$ 亿欧元，进口值 $M=50$ 亿欧元。该国对所有进口产品平均征收 50% 的关税，即进口关税收益 $T_m=50$ 亿欧元，对出口产品补贴 50%，即补贴费用为 $S_x=25$ 亿欧元。该国不对进口产品进行补贴，也不对出口产品征税，因此 S_m 和 T_x 均为 0。则标准换算因子为

$$SCF=\frac{M+X}{(M+T_m-S_m)+(X-T_x+S_x)}=$$

$$\frac{10+5}{(10+5-0)+(5-0+2.5)}=0.6667$$

分析员了解到当地经济同时也采取许多非关税壁垒，但不能确定这些壁

垒在国内价格和边境价格间造成差异的程度。因此，分析员依据附录 A5. 1 中的原理进行二次检查，将实际有效汇率与该国经济中人均国内生产总值（GDP）的预期值进行比较。《经济学人》发布的巨无霸指数（见附录 A5. 1）提供了一个简便方法。

在距分析员办公室最近的麦当劳餐厅里，一个巨无霸汉堡的价格是 10 LCU，以官方汇率计算为 5 欧元。但是《经济学人》提出，该国的收益水平（人均 GDP）表明，当地餐厅的巨无霸价格应该是 3. 5 欧元，或以官方汇率计算的 7 LCU。

根据附录中的逻辑，预期与实际巨无霸价格的比值，即标准换算因子为 7/10 = 0. 7。这个 0. 7 的标准换算因子值非常接近于仅使用关税和补贴的 0. 6667 估计值。此外，分析员了解到在过去三四年中，SCF = 0. 7 的这一比率一直相当稳定，说明实际汇率不太可能因宏观经济冲击进行调整。分析员得出结论，非关税壁垒总体上没有影响国内价格和边境价格之间的价格水平差异。因此，相对于关税和贸易补贴而言，非关税壁垒并不产生显著的额外净租金或转移。因此，分析员决定在 SCF = 0. 6667，即仅使用关税和补贴计算的情况下评估项目价值。

表 5-3 展示了评估结果。a 列和 b 列为使用世界价格标准的计算过程，以外汇欧元（a 列）或 LCU（b 列）表示。c 列和 d 列为使用国内价格标准的计算过程，将在下一节进行讨论。

表 5-3　贸易壁垒国家开展空中交通管理项目的评估结果

		价格标准			
		世界		国内的	
		百万欧元（a）	百万当地货币（b = a×OER）	百万欧元（c）	百万当地货币（d = c×OER）
	同一空中导航服务提供商的转移客流				
（1）	项目实施后的增量收益	95. 2	190. 4	95. 2	190. 4

表 5-3(续)

		价格标准			
		世界		国内的	
		百万欧元(a)	百万当地货币(b=a×OER)	百万欧元(c)	百万当地货币(d=c×OER)
(2)=(1)×SER	影子汇率(SER)下项目实施后的增量收益			142.8	285.6
(3)	项目实施前的增量收益	95.8	191.5	95.8	191.5
(4)=(3)×SER	影子汇率下项目实施前的增量收益			143.6	287.3
	对项目成本的调整				
(5)	增加的运营成本	3.8	7.7	3.8	7.7
(6)=(5)×SCF	以标准换算因子(SCF)计算增加的运营成本	2.6	5.1		
(7)	投资成本	13.9	27.9	13.9	27.9
(8)=(7)/2	可贸易的(产品)	7.0	13.9	7.0	13.9
(9)=(8)/(1+0.25)	到岸价格下的可贸易(产品)	5.6	11.2	5.6	11.2
(10)=(9)×SER	以影子汇率计算的到岸价格下的可贸易(产品)			8.4	16.7
(11)=(7)/2	不可贸易(产品)	7.0	13.9	7.0	13.9
(12)=(11)×SCF	以标准换算因子计算的不可贸易(产品)	4.6	9.3		
(13a)=(9a)+(12a) (13c)=(10c)+(11c)	经济价格下的投资成本	10.2	20.5	15.3	30.7
	项目净资金流量				
(14)=(1)-(3)-(5)-(7)	未经调整的财务流	-18.3	-36.7	-18.3	-36.7

表 5-3（续）

		价格标准			
		世界		国内的	
		百万欧元（a）	百万当地货币（b=a×OER）	百万欧元（c）	百万当地货币（d=c×OER）
（15a）=（1a）-（3a）-（6a）-（13a） （15c）=（2c）-（4c）-（5c）-（13c）	经济价格下的（财务）现金流	-13.3	-26.7	-20.0	-40.0
	其他空中导航服务提供商的转移客流				
（16）	从未转移客流中获得的收益	30.1	60.3	30.1	60.3
（17）=（16）×SER	影子汇率下的未转移客流收益			45.2	90.4
（18）=（16）-（5）-（7）	未经调整的财务流	12.4	24.7	12.4	24.7
（19a）=（16a）-（6a）-（13a） （19c）=（17c）-（5c）-（13c）	经济价格下的（财务）现金流	17.4	34.7	26.0	52.1

如表5-2所示，计算过程有两种假设条件：（1）转移客流计入项目发起提供商（见表5-3中第1～第15行）；（2）转移客流计入其他空中导航服务提供商，需要进一步调整（见第16～第19行）。

采用世界价格标准指以边境价格对全部可贸易投入和产出定价，使用标准换算因子（SCF）处理全部不可贸易投入和产出。如5.3.2节所述，应用标准换算因子使计算更加简便。

项目产出通过开展项目和不开展项目两种情况的收益增量来表示，分别列于表5-3中第1行和第3行，分别对应表5-2中的第3行和第6行。该项目的产出，即空中交通管理，是一项可贸易的服务。事实上，目前的例子假设该项目的所有贸易收益都从在途客流中获得，即收益100%来源于出口。注意，这里的产出指可贸易产品，而不是实际出口。如果在途客流不计入国内航空公司，则该收益不是一项出口，计算方式与外国航空公司完全相同。另外，该项目产出没有税收或补贴，因此无论是以欧元（a列）还是LCU（b列）表示，收益都不需要进一步调整。

项目导致的经营成本增加列在第5行，对应表5-2的第8行。这些经营成本主要包括被视为不可贸易产品的劳动力和财产相关成本。然后使用标准换算因子SCF=0.67对运营成本进行计算，得到经济成本为260万欧元（第6行）。

资本投资成本中，有50%项目是可贸易的（第8行），比如设备和软件，另外的50%是不可贸易的（第11行），如建筑工程、安装等。对于可贸易部分，进口关税为25%，是该国所有进口产品平均税率的50%。除去25%的关税，只剩下设备和软件的边境价格，即到岸价格，相当于560万欧元的投资额（第9行）。投资成本中的不可贸易部分通过标准换算因子进行调整，如第6行的经营成本，得出对不可贸易产品的投资为经济价格下460万欧元（第12行）。将以边境到岸价格的可贸易部分与经标准换算因子调整的不可贸易部分相加，得到按经济价格计算的总资本投资成本为1020万欧元（13a）。

请注意，这一数值与财务价格下1390万欧元的投资成本不同（7a）。这代表1390万欧元的投资成本在考虑可贸易和不可贸易投入的进口关税后，实际上包括了1020万欧元的国内经济成本。这种不可贸易投入或者在建造或制造中以可贸易产品使用，或是在作为可贸易投入的其他用途方面具有机会成本。

为评估项目的经济价值，我们采取与估计财务价值相同的方法，但适当采用调整后价格（影子价格）。因此，经济价格下项目的价值是增量收益的差值（第1行减去第3行），减去调整后的（影子价格）运营成本（第6行）和投资成本（13a，如以当地货币单位计算为13b）。

请注意，该项目经济价值的差异，按经济价格计算为-1330万欧元

(15a)，而按财务价格计算则为-1830 万欧元（14a）。以当地货币表示分别为-26.7[①]LCU（15b）和-36.7[①]LCU（14b）。

分析显示，该项目的财务价值损失为 1830 万欧元，而经济损失为 1330 万欧元。造成这种差异有以下两个原因：第一个原因是可贸易投入计算了关税成本，而第 9 行没有计算关税。这相当于经济评估中从投入成本中去除税收的一种标准调整。如果我们仅通过查看项目的财务商业计划来计算项目经济的收益和损失，这种数值差异相当明显。而造成损失有所差异的第二个原因则不太明显，即为估算不可贸易投入的外汇机会成本做出的调整，这种机会成本包括运营成本（第 5 行，调整后为第 6 行）和投资成本（第 11 行，调整后为第 12 行）。这些投入虽然不可贸易，但却以可贸易产品为代价。

下面我们来总结分析结果反映出的直观信息。以运营成本为例，可以通过两种方式更直观地把握不可贸易投入调整。首先，标准换算因子表示的是经济体中对外贸易的平均扭曲程度。假设该项目的不可贸易投入本身是由代表经济体中平均外汇使用的部分组成的。那么掩藏在不可贸易投入价格中的实际关税金额就由标准换算因子表示。在空中交通管制员的工资这一不太直观的例子中，这些项目可能包括，在国内征税的国外培训（如保护国内培训员），或在补偿方案中包括进口公司汽车但要征税的政策。

其次，在一个自由交易、不受扭曲的市场经济中，价值 380 万欧元的不可贸易投入应该可以在国内市场上兑换成 380 万欧元的可贸易投入。如果以边境价格兑换可贸易投入，这些不可贸易投入可按现行汇率产生 260 万欧元的外汇。因此，消耗 380 万欧元的不可贸易投入是以产生 260 万欧元的外汇为代价的。但是，当贸易扭曲存在时，投入价格中包含关税，包括因可贸易产生的直接关税，和不可贸易的间接关税，因此实际的外汇消费并没有市场价格所显示的那么高。1330 万欧元的损失是在全部投入和产出都不存在扭曲的情况下项目的价值，以世界（边境）价格计算。可以用外汇（a 列）或当地货币（b 列）两种货币单位表示，只需按市场汇率兑换即可。

① 原文错误，-26.7 和-36.7 应分别为-2670 万和-3670 万。——译者注

或者假设存在一个竞争空中导航服务提供商，该项目变得有利可图，见表5-2中第16~第19行。在考虑贸易壁垒的情况下，该项目对国内经济产生的价值高于资金流产生的价值。价值1240万欧元（见表5-3中的第18行和表5-2中的第12行）增长到1740万欧元（第19行）。

5.3.4 以国内价格标准评估空中交通管理项目

为避免重复，本节应与5.3.3节一起按顺序阅读。本节重点比较遵循国内价格标准与遵循世界价格标准两种情况下的计算过程，后者已在上文讨论。本节最后分别总结了两种价格标准的优点。

使用国内价格标准与使用世界价格标准的计算过程相反。对可贸易产品进行价格调整，而不可贸易产品在对非贸易扭曲进行调整后，以市场观测价格计算。该价格调整采用影子汇率，如5.3.2节所示，是标准换算因子的倒数。5.3.3节展示了本例中标准换算因子的计算方法。在此我们取其倒数，即

$$SER = \frac{1}{SCF} = \frac{1}{0.6667} = 1.5$$

项目价值的计算过程见表5-3的c列和d列，两列分别以欧元和当地货币作为外汇单位。该项目的产出，即空中交通管理服务，是一种可贸易产品，因而按照影子汇率进行换算，如表5-3中第2行和第4行。在本例中，100%的运营成本（主要是财产和劳动力）是不可贸易的，因此按国内价格进行计算。这很容易理解，因为进行空中交通管理所必需的投入，如能源，往往是可贸易投入（岛国或未连接到国际电网的国家除外）。

就投资成本而言，影子汇率可适用于50%的可贸易投入（如信息技术和通信设备），如第10行所示。第11行中投资成本的不可贸易部分则以市场观测价格计算。请注意，当把各部分相加以估算经济价格的投资成本时，其基本逻辑与使用世界价格标准的情况相同（即仅加经济价格），即使第13行中的公式在不同价格标准下替换使用不同的行数值。

同样，第15行中15a和15c的项目总现金流公式略有不同，但仅使用经

济价格进行计算的逻辑相同。计算结果表明，使用国内价格标准计算的经济损失为 2000 万欧元（15c），高于使用未经调整财务价格的 1830 万欧元（14c）。二者间相对差值为+9%（=(-20.0/-18.3)-1），与采用世界价格标准时的结果形成鲜明对比。世界价格标准下，计算出的经济损失为 1330 万欧元（15a），低于使用财务价格的 1830 万欧元（14a），财务价格与经济价格之间的差值为-27%(=(-13.3/-18.3)-1)。

可见，不同价格标准下计算产生的财务价值和经济价值之间的差异数值不同，且正负相反（上文估算的+9%和-27%）。相对差异的大小取决于该项目中可贸易投入和不可贸易投入间的平衡。至于相对差异的正负，国内价格损失较高表示国内经济的价格水平高于世界经济，这是由于国内经济中存在关税。

但两种价格标准所得结果一致。使用标准换算因子将以国内价格标准估算的2000 万欧元（15c）损失转换为世界价格，结果为-1330 万欧元，与15a中以世界价格估算的项目价值结果相同。

该方法也适用于第 16 ~ 第 19 行中的项目价值计算。值得回顾的是，表 5-3 中第 16 行的数值与表 5-2 中的第 11 行对应。该情况下项目的（可贸易）增量输出（如管制客流）需要采用影子汇率计算。

随之而来的问题是两种价格标准的选择。进行项目评估时，分析员应该首先确定使用世界价格标准或是国内价格标准。这两种方法都能够便利且有效地衡量项目价值，涵盖外汇的机会成本，只需将其与其他以相同价格标准估值的项目进行比较。

在对不同国家的项目进行比较时，以世界价格表示项目价值比较方便。但这并不代表不同项目的评估结果要用统一的货币单位表示，而是用不同国家在各自边境确定的价格水平和价格结构表示。各个国家的价格水平和结构不需要完全相同，因为到达国家边境的运输成本可能不同。这本身就与国际资源分配有关，至少从绝对成本优势的角度来看是如此。另外，采用世界价格标准时，各国的价格差异可能比使用国内价格标准时要小，因为国内价格标准具有国家独特性。这就是世界银行选择使用世界价格标准的原因，因其便于比较差异较大、距离较远的国家间的项目。

国内价格标准更适用于决策者对某一国家内部不同项目的价值进行比较。如果决策者恰好来自于或位于该国，他们可能会更直观地感知到国内价格水平和结构，该价格可以用当地货币单位或硬通货表示。

5.4 飞行效率

本节讨论的投资项目不是为了扩大容量，而是为了提升现有航班的效率，一般是通过增加直达航班（水平效率）以及保证飞机顺利持续地爬升下降（垂直效率）。效率和容量并非相互独立，直达航线也可以通过最大限度地减少空域使用和管制员投入来增加容量。此外，在繁忙时期，提高单个航班的效率可能会限制其他航班的出行，从而影响整体的系统容量。

为清楚起见，本节提出了一个完全以提高飞行效率为目的的项目，该项目不对飞机容量产生任何影响。以提高飞行效率为目的但对容量也能产生连锁影响的空中交通管理项目也需要纳入 5.1 节中讨论的评估方法。本方法同样适用于旨在提高机场飞机运行的项目，如建设可以缩短滑行距离和时间的新滑行道。

该项目包括安装地面助航设施和信息技术设备，使机场和相关进近空中导航服务提供商能够为航空公司提供连续爬升运行（CCD）和连续下降进近程序（CDA），后者在美国也被称为优化剖面下降程序（OPD）。这两种程序都提高了飞机运行的垂直效率，最大限度地减少了在低于巡航高度的水平航段的需求，节省了该高度下昂贵的燃料消耗。对于项目机场而言，连续爬升离场程序预估可帮助减少 10% 的燃料消耗，连续下降进近程序可在飞机爬升和下降航段分别减少 40% 的燃料消耗。优化后的程序预计将在非高峰时段应用于 15% 的航班，每天 10 次爬升 10 次下降。

假设燃料成本为每吨 600 欧元，其中包括 105 欧元的温室气体排放成本，这些成本会通过机票价格完全内部化。[9] 在项目实施前，假设飞机离场平均消耗 2 吨燃料，进场平均消耗 250 千克燃料。降低运营成本的收益将归于航空公司，如果市场竞争充分，最终将转移给乘客。大量的效率提升程序还将降低噪声影响，并改善机场附近的空气质量。与温室气体排放不同，这些外部性不会内部化。目前噪声的影响估计为平均每起降架次100 欧元，经程序改进后可将影响降低 20%。当地空气质量成本估计为每起降架次 125 欧元，该项目可减少 15% 的成本。减少这些外部性会使机场附近的居民受益。

5.1 节讨论的旨在扩大空中交通管理容量的项目中，分析员必须对航空公司在开展项目，以及更关键的，不开展项目两个情况下的行为做出假设。如果不开展项目，航空公司可能会选择其他航线或更大的飞机尺寸，乘客可能选择替代航线或其他出发时间。分析员对航空公司行为做出的这些必要假设并不是不言自明的，但它们对项目产生的收益具有决定性作用。如果此项目只为了提高飞行效率，就没有必要假设在不实施项目情况下乘客或航空公司的行为，这就是目前的情况。[10]

表 5-4 列出了关键输入变量和结果。收益包括航空公司节省的燃料（第 5 行）和降低的机场附近居民的空气污染和噪声（分别为第 6 行和第 7 行）。成本包括资本投资（第 9 行）。预计没有显著的运营成本差异，安装设备的使用寿命预计为 20 年。这项投资显然是可行的，经济收益率高达 19%。

请注意，空中导航服务提供商（ANSP）的收益没有变化。一方面，离场和进场费用一般根据飞机在管制区域内的进出点之间的大圆距离支付，而不是根据实际行驶距离或管制时间。因此，ANSP 除了需要积累用于管制的资产基础外，没有投资的动力。[11] 此外，如果空中交通管理是通过从机票价格中抽成获利，而航空市场竞争激烈，那么甚至投资实际上可能会减少 ANSP 的收益，因为航空公司是通过降低机票价格将节省的燃料费转移给乘客。另一方面，航空公司的现金收益足以证实投资的合理性。如果监管环境允许，ANSP 可以与航空公司协商，增加空中导航费以投资该项目，从而使航空公司与 ANSP 实现双赢。

表5-4　旨在提高飞行效率的空中交通管理投资项目的经济收益

			现值/年份	1	2	3	4	5	10	15	20	21
(1)	进场	架次		3650	3796	3948	4106	4270	5195	6321	7690	7998
(2)	离场	架次		3650	3796	3948	4106	4270	5195	6321	7690	7998
(4)[①]至(2)	离场过程中节省的燃料费	吨		0	759	790	821	854	1039	1264	1538	1600
	内部收益											
(5)至(3)和(4)	节省的燃料价值	千欧元	11335	0	683	711	739	769	935	1138	1384	1440
	外部收益											
(6)至(1)和(2)	减少空气污染产生的收益	千欧元	2362	0	142	148	154	160	195	237	288	300
(7)至(1)和(2)	降低噪声产生的收益	千欧元	2519	0	152	158	164	171	208	253	308	320
(8)=(5)+(6)+(7)	总收益	千欧元	16216	0	977	1017	1057	1100	1338	1628	1980	2059
(9)	投资成本	千欧元	5714	6000								
(10)=(8)-(9)	净现金流	千欧元	10501	-6000	977	1017	1057	1100	1338	1628	1980	2059
	项目的经济收益率		19%									

①本表原文错误,缺少第(3)行。——译者注

情况与4.6节讨论的跑道扩建项目例子相同。财务分析表明，基础设施运营商没有进行基础设施改进的财务动机（如4.5节所述，除了扩大监管资产基础，运营商还应接受经济监管）。但是，通过确定项目受益人以及收益额，经济分析帮助基础设施运行商和主要经济利益者协商共同分享项目的收益和融资，从而产生投资的动力。需要注意的是，有动力帮助项目发展的受益者不仅包括通过实施项目节省燃料的航空公司，还包括机场附近的居民，他们会受益于噪声降低和空气污染减轻，可以直接通过机场或通过居民代表与居民们取得联系。然而，解决外部性最有效的方法通常是将其内部化，对机票或装卸费征税，这些费用可以反映噪声和空气污染的成本。这就把实施项目的激励问题交还给航空公司和空中导航服务提供商，如果空中导航服务提供商还没有以激励扩大监管资产基础，这也能够加强航空公司对空中导航服务提供商开展该项目的激励。最经济有效的方法是（视次优考虑而定）提议增加进场和离场费。

附录 A5.1 基于生产力调整实际汇率的影子汇率

A5.1.1 影子汇率公式的不足

本章将介绍估算影子汇率（SER）的步骤，讨论了其局限性，并提出了规避的方法。影子汇率考虑到关税和非关税壁垒的综合影响。本章不仅介绍影子汇率，也将介绍标准换算因子（SCF），即影子汇率的反函数（SCF=1/SER）。

计算影子汇率的传统公式只考虑到关税扭曲及其反函数，即对出口和进口的补贴。由于国家一级存在隐藏补贴证据的动机，因此即使容易得知国家一级的关税数据，但出口和进口补贴的数据并不可信。因此，传统的基于关税的影子汇率公式进一步简化为只包括关税，不包括补贴的公式。

传统的影子汇率公式没有考虑非关税壁垒（NTB）和相关因素的影响，如进出口部门的市场力量。非贸易壁垒的主要手段是配额，除此以外还包括法律措施，如卫生条例；程序性阻碍，如海关官僚主义；非法律措施，如腐败。关于腐败的论述参见 Donnelly 和 Manifold（2005），更详细的论述参见 Deardorff 和 Stern（1998）。所有这些措施通常都会人为地提高进口产品的价格，从而鼓励进口替代品的生产和（有时是超常的）盈利能力。

总的来说，在国内经济中，无论是可贸易还是不可贸易行业中的市场权力，都提高了国内价格水平。进口商的利润与进口关税成正比，但在进口关税中，世界价格和国内价格之间的差额将由进口商而不是政府决定，因此不计入关税统计。同样，垄断出口商以垄断价格定价，其效果与对出口征税相同，但不反映在贸易统计数据中。如果出口产品的生产依赖于扭曲的、不可贸易的投入，如受到人为供应限制的土地，那么土地所有者也将获得超常的利润。

关税壁垒、非贸易壁垒和其他不完全竞争的影响相同，都可以改变国内经济中相对于边境和世界的价格水平。国内价格中包含了不反映机会成本的租金因素（假设小型项目有弹性供应）。然而，传统的影子汇率公式只考虑关税和补贴引起的价格差异，而不考虑非关税壁垒和不充分的国内竞争可能引起的差异。因此，影子汇率不提供充分调整价格，以反映国际贸易时产生的机会成本。

作者用来纠正这一不足的方法是计算收入调整后的实际汇率，然后将其与实际价格水平进行比较。在不存在其他扭曲的情况下，两者之间的差异用于衡量贸易壁垒的全面程度。本章将在下一节介绍该方法。

A5.1.2 框架

如果世界市场不存在价格扭曲，所有国家的价格水平将是相同的。这在国际经济学中被称为一价定律（LOP），其中

$$P_i = P_j \times \mathrm{PER}(j:i)$$

其中，P_i 和 P_j 分别是国家 i 和国家 j 的价格水平；PER（$j:i$）是现行（或市场，或观察，或官方）汇率；定义为国家 i 的当地货币单位（LCU）的数量与国家 j 的当地货币单位的价格之比。[12] 这说明各国的产品价格在按名义

汇率换算时是相同的。这一结果也表示实际汇率（RER）总是1，如下所示

$$\mathrm{RER}(j:i)=\mathrm{PER}(j:i)\times\frac{P_j}{P_i}=1$$

RER是在j国用一个单位j国的当地货币单位购买同一篮子商品所需要的i国的当地货币单位。RER最常用于计算经购买力平价（PPP）调整的（通常为人均）收入，如下所示

$$Y_{ij}^{\mathrm{ppp}}=\frac{Y_{ij}^{n}}{\left(\frac{p_i}{p_f}\right)}$$

其中，Y_{ij}^{ppp}，以参考国j的货币表示的以购买力平价计算的国家i的人均收入，等于通过名义汇率（又称PER）代换计算出的名义人均收入Y，除以两国物价水平的比值。方程右边的分母由RER组成，为购买力平价转换因子（PCF）。

假设两国货币的PER=1，我们可以抽象出由特殊货币面值引起的名义差异。当两国的价格水平仅因关税壁垒而不同时，5.3.2节中仅用关税和补贴估计的传统影子汇率将等于名义汇率。[13] 而当两国之间价格水平的差异完全是由非贸易壁垒造成时，传统的影子汇率公式将得出影子汇率=1，与RER不同，即SER≠RER。

在这两种极端情况中，后一种情况的传统影子汇率公式不能为成本效益分析提供正确的价格调整，以计算外汇的机会成本，而实际汇率在两种情况下都能做出正确的调整，因为它既反映了关税壁垒，也反映了非关税壁垒。

解决方案是简单地使用实际汇率或购买力平价转换因子作为影子汇率。然而，无论是关税还是非关税，价格水平都不同于贸易壁垒以外的因素。虽然经常提到的一个因素是运输费用，但国际运输费用在影响整个经济价格水平中所占的比例往往很小。

更重要的因素是收入水平差异，即生产力较高的国家的价格水平会高于生产力较低的国家。这被称为巴拉萨-萨缪尔森效应（HBS），这一效应已被充分验证（Tica和Druzic（2006），Taylor（2010））。在早期公式中，HBS效应是通过解释经济体中可贸易产业和不可贸易产业之间的生产率差异，后

来，这种简单公式进一步演化，具体可见 1996 年罗戈夫（Rogof）的论述。拥有竞争力较强的贸易部门的国家，这些部门成员的工资将会增加。非贸易产品主要是服务业，则不太容易受到竞争的影响，因此生产率较低。在国内经济中，不可贸易产品与可贸易产品争夺劳动力，因此竞争力较弱的不可贸易部门的工资与竞争力较强的可贸易部门的工资同步上涨，从而提高了这个国家的产品的价格水平。

HBS 效应表明，在没有任何贸易壁垒的情况下（无论是关税还是非关税），各国的实际汇率都会因生产率的差异而有所不同。这表示如果基于实际汇率的影子汇率要反映仅由贸易壁垒引起的价格水平差异，就必须考虑 HBS 效应对实际汇率的影响。HBS 效应的简化公式如下

$$\frac{\mathrm{RER}_i}{\mathrm{PER}_{ij}} = P_i = \alpha + \beta Y_i + \mu_i$$

其中，j 通常是美元；μ 是 i 国的估计误差因子。

影子汇率方法提出将 μ_i 视作仅由贸易壁垒造成，包括关税壁垒和非关税壁垒，即

$$\mathrm{SER}_i = \frac{P_i^E + \mu_i}{P_i^E} = \frac{P_i^A}{P_i^E}$$

上面的 E 代表预期的或估计的价格，A 代表实际的或观察到的。换句话说，影子汇率将是（1）国家 i 的估计价格水平加上在国家 i 观察到的误差因素与（2）估计价格水平之间的相对差。简而言之，它是在考虑 HBS 效应后，观察到的价格水平与预期价格水平之间的比率。对于遵循国际价格标准的评估，标准换算因子将是影子汇率的倒数，即考虑 HBS 效应后的预期价格水平与观察到的价格水平之间的比率。

A5.1.3　局限性、其他反对意见和实际应用

本节将简要介绍针对拟议的生产率调整影子汇率可能提出的四个反对意见，并对有价值的反对意见提出了可能的解决方案。四个反对意见是：该方法假设实际汇率始终处于平衡状态；这种方法计算过程较为复杂；边境价格

可能仍然存在扭曲；该方法没有考虑到不同国家的产品质量差异。这些反对意见将依次得到解决。

反对意见之一：该方法的主要缺点是假定实际汇率始终处于平衡状态。在实践中，实际汇率可以通过宏观经济冲击而改变，这意味着μ将包括冲击的影响以及贸易壁垒。问题在于，这种冲击并不总是显而易见的，实际汇率可能同时受到不止一次的冲击。这些冲击会相互加强，或起到反向作用。

除了通过复杂的宏观经济建模，观察实际汇率中的冲击信号可以解决这一问题。Taylor（2010）提出，经验表明，宏观经济冲击的影响约有50%会在1～2年内从实际汇率中消散。实践经验证明，如果实际汇率在2～3年内稳定，可以把它视作近似无冲击的。相反，如果实际汇率在数年内波动，分析员会通过计算过去10年的平均实际汇率来平均这种影响。

反对意见之二：计算过程较为复杂。但在经济评估中使用的许多其他影子价格同样需要复杂的计算。它只是反映了世界经济受到许多扭曲的影响。在试图考虑这些扭曲时，分析人员不可避免地要对复杂性和近似值进行权衡。

为了以最详尽的方式用这种技术计算影子汇率，分析人员需要首先将世界上尽可能多的国家的价格水平与人均收入进行回归。国际比较计划（ICP）计算了世界各国的物价指数水平。[14] 该指数可按同样由国际比较方案提供的市场汇率与人均名义收入进行回归。[15] 更快的替代方法是使用《经济学人》计算发布的根据人均收入调整的巨无霸指数。影子汇率就是在给定该国人均GDP的情况下，巨无霸汉堡在市场汇率下的实际价格与巨无霸汉堡的预估价格之比。

反对意见之三：生产率调整后的影子汇率将世界平均价格作为边境价格，而这种价格本身可能被扭曲。这种批评在成本效益分析里也会出现，这是基于一种错误的概念，即世界或边境价格是一个没有扭曲的价格。影子汇率和标准换算因子调整并不能消除贸易商品价格中存在的所有扭曲，而是涵盖了国内贸易扭曲，掩盖了机会成本。正如公式所示，由于某种原因，传统的影子汇率会忽略边界以外的扭曲。

边境价格指产品在一国边境的价格。它决定了一个国家进行国际贸易时产生或使用外汇的条件。假设我们项目的东道国 A 与 B、C 和 D 国进行贸易。如果 B、C 和 D 国对其出口到 A 国提供补贴，那么补贴价格就构成了 A 国可以进口此类产品的条件。为什么 A 不能从他国提供的补贴中获益呢？原因是，如果 A 国补贴是临时倾销措施，A 国国内生产商的利益会受到损害，A 国会认为该行业最终有望成为主导行业。但除了这个例外，就 A 的评估而言，B、C 和 D 支付的补贴不需要在 A 的评估中进行任何进一步的调整。此情况同样适用于 B、C 和 D 想要适用于与 A 交易的产品的任何其他扭曲。

下面这段话很好地概括了边境价格的性质：

> 全球价格反映了一系列国际市场的状况，其中一些市场明显缺乏竞争力，由小生产商或联合企业主导。这些市场能够运行不是因为其有竞争力的价格，而是因为它们代表了一个国家可以参与世界贸易的条件，因此是使用或生产贸易商品的机会成本。
>
> Curry 和 Weiss（2000），第 104 页。

本书所述的影子汇率的生产率调整实际汇率方法，将边境价格作为产品的平均价格，去除了由各国收入水平差异所解释的价格差异（先验，主要针对非贸易产品）。无论如何计算所有影子汇率和标准换算因子都是平均值。它们是目前方法的可替代方案，该方法用于核算被评估项目整个投入链中每一项商品和服务中的每一项实际或预期外汇流量。世界平均价格是世界平均可供国际贸易提供平均可贸易产品的价格。

反对意见之四：各国产品质量有差异。这一问题同样出现在所有购买力平价估算中。克服这一不足的方法是用价格比较来估计实际汇率，以控制质量差异。我们也可以用更广泛的产品来估计实际汇率，比如《经济学人》的巨无霸指数。

注释：

[1] 机场作为独立投资项目较为罕见，因此本书没有在第 4 章单独讨论。具体可参见本章 5.4 节飞行效率的处理方法。

[2] 简单起见，该分析不包括税收。有关经济评估中税收处理的说明，请参阅第4章机场航站楼案例。

[3] 该分析假设在整个项目生命周期内，温室气体排放的实际成本为每吨35欧元。这是机场跑道案例的另一方案，即假设第1年每吨成本为20欧元，在整个项目生命周期内每年增长3%。

[4] 由于反过来假设飞机单位运营成本相对于飞机尺寸的弹性为-0.5，因此价格公式的参数如下所示：飞机尺寸每增加10%，则飞机单位运营费用下降5%，每位乘客的航空费用下降2.5%。

[5] 产生流量的价格变化导致产生附加在经济收益上的利润变化。然而，由此导致的机票价格的相对变化较小，因此任何产生或阻止流量是可预期的变小。

[6] Little和Mirrlees在1968年和1974年为经合组织正式开发基于世界或国际价格标准的方法，并被世界银行采用（Squire和van der Tack，1973）。Dasgupta等1972年为联合国工业发展组织（UNIDO）开发基于国内价格标准的替代方法。这两种方法尽管评估范畴不同但可以相互验证，并对项目评估得出相同的结论。两种方法的比较参见Little和Mirrlees（1974，第18章）。

[7] 当使用世界价格标准时，非贸易产品可通过标准换算因子进行调整。就可贸易产品而言，不可贸易产品的机会成本有三种方式：出口、进口和进口替代品。例如，假设一个国家的贸易扭曲完全是由于对所有贸易产品征收了25%的从价关税，那么标准换算因子=0.8。同时假设官方汇率（OER）为LCU-EUR=2。因此，在将非贸易产品与贸易品联系起来时，可设想六种情况来解释标准换算因子：

（a）每生产和消费1欧元（2LCU）的非贸易产品，就要生产出口，产生价值0.8欧元（1.6LCU）的外汇。

（b）每生产和消费1欧元（2LCU）的非贸易产品，就要进口价值0.8欧元（1.6LCU）的外汇。

（c）每生产和消费1欧元（2LCU）的非贸易产品，就要生产进口替代品，这将减少价值0.8欧元（1.6LCU）的外汇。

（d）每减少1欧元（2LCU）的非贸易产品就可以产生0.8欧元（1.6LCU）的出口外汇。

（e）每减少1欧元（2LCU）的非贸易产品，就可以在边境进口价值0.8欧元（1.6LCU）的商品。

（f）每减少 1 欧元（2LCU）的非贸易产品，就可以在边境生产价值 0. 8 欧元（1. 6LCU）的进口替代品。

商人也可以考虑比较非贸易产品，因为非贸易产品在其他非贸易产品方面也可以具有机会成本，最终以减少可交易品为代价。

更抽象地说，标准换算因子还可以解释为：若一种国内不可贸易产品（价值 1 欧元）在国际市场上可交易，它在国际市场上的外汇价值。具体案例中，在边境定价为 0. 8 欧元的商品在国内市场以 1 欧元的价格出售，这表明当地消费者由于关税而变得物超所值。

[8] 继续以前文角注中的数字为示例。首先，假设一个国家的贸易扭曲包括对所有贸易产品征收 25% 的从价关税，SER = 1. 25，其次，LCU-EUR = 2。可交易产品的价格可以用影子汇率来表示，有六种不同的方式将其机会成本与可交易产品联系起来，与前一角注中的方式相同。即：

（a）每生产出口产品价值 1 欧元（2LCU）的外汇，就要生产和消费价值 1. 25 欧元（2. 50LCU）的非贸易产品。

（b）每在进口上花费价值 1 欧元（2LCU）的外汇，就要生产和消费相当于 1. 25 欧元（2. 5LCU）的非贸易产品。

（c）每通过生产进口替代品来节省价值 1 欧元（2LCU）的外汇，就要生产和消费价值 1. 25 欧元（2. 5LCU）的非贸易产品。

（d）每减少生产价值 1 欧元（2LCU）硬通货的出口产品，就可以生产和消费价值 1. 25 欧元的非贸易产品。

（e）通过生产和消费进口替代品，边境价值 1 欧元（2LCU），国内价值 1. 25 欧元（2. 5LCU），节省了价值 1 欧元（2LCU）的外汇，就会减少生产和消费价值 1. 25 欧元（2. 5LCU）的非贸易产品。

（f）不进口价值 1. 25 欧元的产品，可以节省价值 1 欧元（2LCU）的外汇，从而可以生产价值 1. 25 欧元的非贸易产品。

人们也可以考虑贸易商品之间的组合，例如，生产出口产品，放弃进口替代品。更抽象地说，影子汇率还可以解释为，边际价值 1 欧元的可贸易商品，如果被定为不可贸易商品，在国内价值将为 1. 25 欧元。

[9] 假设温室气体排放量为每吨燃料排放 3 吨温室气体，在整个项目生命周期内，其实际价格为每吨 35 欧元。在撰写本书时，价格和内部化这两个假设都不成立。它们用

于说明在项目评估中如何处理替代监管环境。关于替代市场和监管背景的相关处理，请参见之前的项目案例。

［10］如果航空市场竞争激烈，节省成本转嫁给乘客，该项目就会有客流量。因此，是否有项目的客流量会有所不同。然而，估计对于此类项目来说，影响极小，忽略产生的客流量几乎不会影响预计收益。

［11］关于空中交通管理的定价政策和投资激励，参见 5.2 节；关于经济性规制下的投资激励可参见 4.5 节。

［12］分析贸易和汇率的文章通常指市场或现行汇率（PER），而分析成本效益分析的文章通常使用观察汇率或官方汇率（OER）。这里的术语都可以互换。

［13］参见 Ward 等 1991 年关于购买力平价、实际汇率、影子汇率和官方汇率关系的讨论，该讨论是在通货膨胀、关税壁垒和结构调整计划存在的背景下，预测项目评估的汇率。

［14］参见 https：//www.worldbank.org/en/programs/icp#5（上次访问时间：2020 年 9 月）。

［15］参见 https：//www.economist.com/node/21569171？page=10（上次访问时间：2020 年 9 月）。

第6章 航空公司

引言

航空公司购买新飞机往往出于扩充或更新机队两个方面的考虑。航空公司通过扩充机队来满足飞机出行需求的增长；此外扩充机队还可以从竞争对手那里夺取市场份额，以帮助航空公司在商业上取得成功。扩充机队可通过购买更多或/和更大的飞机实现。如今，航空市场竞争激烈，具体体现在利润率低、人员流动率高（即人员流入和流出活动）上。这意味着机队扩充项目的目的不应该只是增加客流量，而更应该是基于培养航空公司明确的竞争优势上，以保证航空公司盈利。因为，对于亏损的航空公司来说，扩充机队只会加大亏损，对扩充机队的投资是无效的。

同样地，机队更新项目应是一项在竞争条件下做出的商业决策。若养护得当，一架飞机可飞行几十年。一些 20 世纪 30—40 年代的飞机至今仍然适航，且仍用于商业运营，其中，最为有名的是道格拉斯 DC-3 型飞机。然而，航空公司往往在飞机运行 20 年左右就会更换飞机，一些航空公司甚至更换得更早。更换飞机有两方面的原因：一方面，新飞机运行效率提高；另一方面，乘客们更青睐新飞机。因此，虽然现有机队的飞机还有很长的适航年限，航空公司仍选择更新机队以取得竞争优势。

决定购买什么型号的飞机以及什么时间购买完全是一个商业过程，要遵循标准的财务商业计划。航空公司首先对现有及计划中的航线网络进行建模，了解不同飞机在不同航线上的性能，再根据不同类型飞机的操作适用性对比不同制造商提供的价格、交付情况和售后服务，在纯粹商业的基础上做出决策。[1]

投资决策是一项商业决策，往往发生在竞争性市场条件下。因此，不同于财务评估，经济评估在飞机投资决策中的作用有限，其主要用途是在市场扭曲的情况下，揭示政府政策变化（如税收、补贴、进入壁垒和环境外部性等）对投资收益的影响。一份财务分析通常记录，且仅限于记录政府出台的环境措施所产生的影响。衡量由环境外部性造成的市场扭曲程度，并进一步预测未来潜在的、额外的政策变化带来的可能影响需要采用经济评估。

比如，经济评估可用于衡量温室气体排放给项目带来的外部性。对于航空公司来说，现有市场机制是将外部性内在化的首选政策工具。如第2章所述，在市场机制下，只要排放价格高于零，即使与碳排放的社会成本价格不同，该排放价格也能正确反映项目的社会机会成本。市场机制下的价格已纳入财务分析，所以无须进一步调整。在欧盟碳排放交易系统中，碳排放社会成本的预期排放价格和市场排放价格始终存在差异，因此要对飞机燃料征税，以弥补市场机制的不足。经济评估可以根据碳排放的社会成本，通过提高配额价格或征收附加税来实现最大碳排放量。

经济评估还可用于评估享有政府补贴（无论是直接补贴给航空公司，还是间接补贴给机场）的航空服务。如果未来政府补贴航空运输的政策有所调整，经济分析可以衡量航空服务的潜在收益。

从更宏观的角度看，经济评估还可以预估航空服务给社会带来的经济收益，帮助航空公司影响政府的政策制定。航空运输对社会的价值通常由航空运输业对国内生产总值的贡献度衡量。但是，由于航空公司普遍承担所有的资本成本（包括基础设施成本），航空运输对社会的价值实际是由航空服务对国内生产总值的贡献度与非内在环境成本之差来衡量。事实上，这种评估方式大大低估了航空产业对社会的经济贡献。航空产业的可替代性较低，难以由国内生产总值衡量，这正是本章要讨论的内容。

值得一提的是，经济评估（或成本-效益分析）不仅可以在投资评估中为资金分配提供参考，还可以通过预测需求来间接影响投资过程。时间价值、广义出行成本和航班延误使航空公司能够预测新航线的需求。从4.6节扩建跑道的案例可以看出，直达服务节省的时间对乘客很有价值，显示出直达服务的需求增长潜力。[2] 然而，经济评估更侧重预测需求，而不衡量投资收益，在此不做进一步探讨。

本章有两个主要目标：第一，预估机队投资在市场扭曲情况下的收益。环境污染造成的外部成本是市场扭曲的重要表现之一。本章涉及噪声污染、空气污染及碳排放的外部性，其中，重点探讨了碳排放的外部性。本章分别介绍了外部性未内在化时碳税和市场机制下的项目评估。同时，还将介绍碳税或市场机制下碳排放价格与碳的社会成本出现差异的情况，并分析使用碳税和市场机制两种手段来解决这种差异所产生的影响。本章先后介绍机队更新、机队扩充及飞机期权的估值。

第二，对比估算航空运输社会经济价值的正确方法和错误方法。在对比过程中，本章还将分析其他运输方式作为替代方案或多种运输方式联合竞争时的投资评估。

6.1 机队更新

6.1.1 排放税下的评估

一家航空公司拥有一支由 50 架 C 系列飞机（旧 C 型）组成的中短程机队，每架飞机有 150 个座位。这支机队的机龄接近 20 年，该航空公司正在考虑用新的同类型飞机（新 C 型）进行替换。新 C 型飞机每架耗资 4500 万欧元，可在 3 年内完成交付。在交付过程中，旧 C 型飞机将以每架 500 万欧元的价格出售。在平均航段长度为 1000 千米和航班载运率为 70% 的条件下（此为航空公司航线网络和运营的一般情况），新 C 型的成本效率将比旧 C 型高 15%，这可使单位成本从每可用座千米（ASK）6 欧分降至每可用座千米 5.1 欧分。在相同的航段长度和航班载运率下，新 C 型将减少 17% 的温室气体排放，即从 0.33 千克/RPK 减少至 0.274 千克/RPK（RPK 代表收入客千米）。

该机队中每架飞机每年平均有 2.2995 亿客千米，该航空公司的竞争地位决定每架飞机的财务运营利润为销售额的 25%（包括折旧和航空公司经常性开支）。如果减去行政、营销等费用，该公司整体的经营利润会更低。无论是否更新机队，这些费用基本保持不变，因此不在考虑范围之内。

该航空公司管理层笃信，公司可以在中长期内保持其竞争地位，能在将来保证现有定价权。基于以上情况，机队更新项目的主要优势是能够通过节约成本增加经营利润。换言之，节约的运营成本可以使机票价格保持稳定，座位利用率不变。但是，还需要考虑外部性内在化的政策。如果航空公司支付环境税、购买排放配额、购买排放量以抵消碳排放使成本增加，增加的成本将由乘客承担，机票价格上涨，从而降低航班载运率，[3] 减少客流量。

首先，假设现在没有税收或市场机制等经济政策工具实现温室气体排放内在化，且不确定未来是否征收碳排放税。但一直存在引入税收或市场机制的说法。虽然政府不会在航空公司决定开展机队更新项目前出台决策，但即使政府在此期间决定不引入税收或市场机制，仍然有可能在新飞机运营期间就此类税收推出新的政策举措。目前，碳的边际成本以及碳排放税的长期平均价格预计为每吨 40 欧元。本章将讨论如果碳的社会成本更高，会有哪些影响。

为简单起见，分析不包括收入税收或成本税收。既然在任何情况下，无论是否实施机队更新项目，收入都相同，因此在经济计算中可以忽略收入税收的影响。将成本税收纳入分析所产生的影响则取决于税收的性质。此种情况会在下文详述，假设税收与成本成正比，其作用相当于征收碳排放税。最后，在项目实施期间，假设新购飞机在运行 20 年后的残值与旧 C 型飞机的残值相同。

表 6-1 是不征收碳排放税时投资评估的结果。财务收益的计算将航空公司使用新 C 型飞机（第 6 行）产生的运营利润（运营产生的现金）与现有旧 C 型飞机（第 14 行）进行比较，减去投资成本（第 18 行）并加上出售当前机队的收益（第 19 行）。由此产生的净资金流动（第 20 行）加上净现值 7100 万欧元，相当于财务收益率的 5.5%。此为保守估计，因为该计算不包括难以量化的因素，如一些乘客不愿意乘坐看起来很旧的飞机。即便如此，收益率并不高，约为资本成本的 5%。

项目投资的经济评估方式为：将实施机队更新项目前后的外部成本（分别为第 7 行和第 14 行）与用于财务评估的资金相加。结果（第 19 行）显示，机队更新项目的经济收益率为 7.7%，高于其财务收益率，原因在于新机型排放较少。管理层从较高的经济收益率中意识到，有效定价时，即外部性内在化时，该项目将比当前政府政策下的价格方案更有利可图。

表6-1　考虑外部排放成本时机队更新项目的财务收益和经济收益

			现值/年份	1	2	3	4	5	10	15	20	21	22
	项目实施后												
(1)	可用座千米	百万		16425	16425	16425	16425	16425	16425	16425	16425	16425	16425
(2)	收入客千米	百万		11498	11498	11498	11498	11498	11498	11498	11498	11498	11498
(3)	乘客数	百万		11.5	11.5	11.5	11.5	11.5	11.5	11.5	11.5	11.5	11.5
(4)	收入	百万欧元	14702	1117	1117	1117	1117	1117	1117	1117	1117	1117	1117
(5)	运营成本	百万欧元	11193	956	897	838	838	838	838	838	838	838	838
(6)=(4)-(5)	利润	百万欧元	3509	161	220	279	279	279	279	279	279	279	279
(7)	温室气体外部性	百万欧元	1658	126	126	126	126	126	126	126	126	126	126
(8)	再分配税收	百万欧元	0	0	0	0	0	0	0	0	0	0	0
	项目实施前												
(9)	可用座千米	百万		16425	16425	16425	16425	16425	16425	16425	16425	16425	16425
(10)	收入客千米	百万		11498	11498	11498	11498	11498	11498	11498	11498	11498	11498
(11)	乘客数	百万		11.5	11.5	11.5	11.5	11.5	11.5	11.5	11.5	11.5	11.5
(12)	收入	百万欧元	14702	1117	1117	1117	1117	1117	1117	1117	1117	1117	1117
(13)	运营成本	百万欧元	12972	986	986	986	986	986	986	986	986	986	986
(14)=(12)-(13)	利润	百万欧元	1730	131	131	131	131	131	131	131	131	131	131
(15)	温室气体外部性	百万欧元	1998	152	152	152	152	152	152	152	152	152	152

表6-1(续)

			现值/年份	1	2	3	4	5	10	15	20	21	22
(16)	再分配税收	百万欧元	0	0	0	0	0	0	0	0	0	0	0
	项目净资金流量												
(17)	飞机交付量	架		10	20	20							
(18)	投资成本	百万欧元	2022	450	900	900							
(19)	旧飞机的出售量	百万欧元	419	50	100	100					50	100	100
(20)=(6)-(14)-(18)+(19)	财务流	百万欧元	71	-370	-711	-652	148	148	148	148	198	248	248
	财务收益率		5.5%										
(21)=(20)-(7)+(8)+(15)-(16)	现金流	百万欧元	410	-345	-686	-626	174	174	174	174	224	274	274
	经济收益率		7.7%										

这一结果表明如果碳的社会成本提高，该项目的经济收益率会增加。因此，假设在整个项目实施期间，平均碳成本不是每吨40欧元，而是每吨80欧元，该项目的经济收益率会从7.7%增加至10%（结果未在表中显示），而财务收益率保持不变，为5.5%。

表6-2的计算方式与表6-1的计算方式相同，但表6-2通过征收燃料税实现了温室气体排放完全内在化。有竞争力的航空公司会通过提高票价将税收成本转移给乘客，同时提高了收入（第4行和第12行）和成本（第5行和第13行），进而抵消了外部成本（第7行和第15行）。

另外，无论是否实施机队更新项目，引入税收都会降低客流量。试比较有项目（见表6-1和表6-2中第2行：114.98亿欧元和110.38亿欧元）和无项目（见表6-1和表6-2中第10行：114.98亿欧元和109.69亿欧元）的收入客千米差异。然而，考虑到燃料税的因素，效率更高的飞机可以减少每位乘客的排放税，从而使票价降低，客流量增加。因此，与无项目相比，实施该项目之后（比较表6-2中第1行和第9行）[①]，客流量小幅提升了0.6%（=（110.38/109.69）-1）。不过，该项目也会导致总排放量增加：虽然每位乘客的排放量减少了17%，但客流量却增加了0.6%。其结果是，随着温室气体排放的外部成本内在化，机队更新项目的财务收益会提高至8%，不再是外部性内在化之前的5.5%。排放税不仅没有使航空公司减少排放，反而使其继续使用排放量较大的机队。

此外，外部性的内在化表明，在其他条件不变的情况下，财务收益和经济收益相当。有两点需要注意：第一，本例设定的税收等于碳的社会成本，符合配置效率。该税收使航空公司在投资决策时调整了财务激励政策，使公司财务价值与社会经济价值相一致。第二，财务收益和经济收益相当强调了外部性内在化之前（见表6-1）经济收益指标所发挥的作用，即预测未来政策的影响，从而帮助航空公司管理层判断投资是否可行。

---

① 原文比较的表中行数有误，应为第2行和第10行。——译者注

表6-2　排放成本内在化时机队更新项目的财务收益和经济收益

			现值/年份	1	2	3	4	5	10	15	20	21	22
	项目实施后												
(1)	可用座千米	百万		16425	16425	16425	16425	16425	16425	16425	16425	16425	16425
(2)	收入客千米	百万		11038	11038	11038	11038	11038	11038	11038	11038	11038	11038
(3)	乘客数	百万		11.0	11.0	11.0	11.0	11.0	11.0	11.0	11.0	11.0	11.0
(4)	收入	百万欧元	16294	1238	1238	1238	1238	1238	1238	1238	1238	1238	1238
(5)	运营成本	百万欧元	12811	1096	1027	959	959	959	959	959	959	959	959
(6)=(4)-(5)	利润	百万欧元	3482	142	211	279	279	279	279	279	279	279	279
(7)	温室气体外部性	百万欧元	0	0	0	0	0	0	0	0	0	0	0
(8)	再分配税收	百万欧元	0	0	0	0	0	0	0	0	0	0	0
	项目实施前												
(9)	可用座千米	百万		16425	16425	16425	16425	16425	16425	16425	16425	16425	16425
(10)	收入客千米	百万		10969	10969	10969	10969	10969	10969	10969	10969	10969	10969
(11)	乘客数	百万		11.0	11.0	11.0	11.0	11.0	11.0	11.0	11.0	11.0	11.0
(12)	收入	百万欧元	16192	1230	1230	1230	1230	1230	1230	1230	1230	1230	1230
(13)	运营成本	百万欧元	14878	1130	1130	1130	1130	1130	1130	1130	1130	1130	1130
(14)=(12)-(13)	利润	百万欧元	1314	100	100	100	100	100	100	100	100	100	100
(15)	温室气体外部性	百万欧元	0	0	0	0	0	0	0	0	0	0	0

表 6-2（续）

			现值/年份	1	2	3	4	5	10	15	20	21	22
（16）	再分配税收	百万欧元	0	0	0	0	0	0	0	0	0	0	0
	项目净资金流量												
（17）	飞机交付量	架		10	20	20							
（18）	投资成本	百万欧元	2022	450	900	900							
（19）	旧飞机的出售量	百万欧元	419	50	100	100					50	100	100
20＝（6）－（14）－（18）＋（19）	财务流	百万欧元	460	-358	-689	-621	179	179	179	179	229	279	279
	财务收益率		8.0%										
21＝（20）－（7）＋（8）＋（15）－（16）	现金流	百万欧元	460	-358	-689	-621	179	179	179	179	229	279	279
	经济收益率		8.0%										

6.1.2 排放税和市场机制的比较分析

假设政府没有征收排放税，而是选择市场机制控制排放，且排放的市场价格与碳的社会成本相等，即每吨40欧元。如果选择总量控制和排放权交易市场机制，排放的市场价格与碳的社会成本相等表明可以根据配置效率有效设定最大排放量。如果选择碳抵消市场机制，在市场价格与碳的社会成本相等的条件下则意味着世界能有效减少碳排放（按分配情况来说），因为，减碳成本与碳排放的边际损耗成本相等。无论机队更新项目处于哪一种市场机制的管理下，用市场机制管理航空公司的结果和对其征收碳税的结果一样，都可用表6-2所示。

碳税和市场机制的唯一区别在于碳税机制下的机队更新项目对社会总排放量的影响和市场机制下的不同。如6.1.1节所述，该项目使每位乘客的排放量减少17%，降低了票价，增加了0.6%的客流量。可以看出，该项目使航空公司的排放量减少16.4%（=0.6%-17%）。根据第2章的结论，在征税的情况下，航空公司减少16.4%的排放量也会使社会总排放量减少。在总量控制和排放权交易市场机制下，该项目使航空公司所需的许可排放量减少16.4%，这些许可排放量会被其他排放者使用，因此社会排放量保持不变。在碳抵消市场机制下，该项目使航空公司的抵消需求减少16.4%，进而减少经济体中的绝对抵消量，所以社会净排放量保持不变。

6.1.3 市场机制宽松和税率低的影响分析

假设碳的社会成本为每吨40欧元，而私人排放成本为每吨20欧元。这一成本差异说明总量控制和排放权交易市场机制的碳排放限额过低，我们在碳抵消市场机制中可以减少碳排放，且成本低于碳排放产生的边际损害，尚处于优势地位。

如第2章所述，两种市场机制对经济评估的影响相同。在对机队更新项目的经济评估中，市场机制价格就是正确的经济价格（前提是市场机制价格高于0欧元）。因为市场机制价格衡量的是抵消1吨温室气体的机会成本，而碳的社会成本衡量的是排放净增长的成本，高于（或低于）排放的市场价格并不会影响经济评估。市场机制下，不存在排放净增长，因为超出的排放量会被其他排放者购买或被抵消。因此，抵消1吨温室气体的机会成本就是正确的经济价格。

表6-3展现了市场机制下项目收益，计算方法如表6-2所示。如果外部性内在化的排放许可价格低于碳的社会成本，无论是否实施机队更新项目，航空公司的客流量均高于40欧元市场价格下的客流量（试比较表6-2和表6-3中第2行和第9行①）。而表6-3中的财务收益率和经济收益率都比表6-2中的低，这表明由于减少的排放成本较低，航空公司更新机队的动力不足。另外，非常重要的一点是，在其他条件相同的情况下，虽然市场机制价格和碳的社会成本存在差异，财务收益和经济收益却相同。

假设通过税收来实现排放内在化，碳的社会成本为每吨40欧元，而温室气体排放税为每吨20欧元，项目收益计算结果如表6-4所示。表6-3是市场机制过于宽松时，项目收益的计算结果。表6-4中的客流量与表6-3中的客流量完全相同，乘客都要为每吨排放量支付20欧元，不同的是税率过低时排放没有被抵消。因此，社会要为每吨排放量付出40欧元的成本，而其中的20欧元通过税收实现了内在化，剩下的20欧元为剩余外部性，是温室气体外部性的一部分（第7行和第15行）。

然而，与市场机制不同的是，税收条件下的财务收益率和经济收益率并不相同。财务收益率（6.8%）低于经济收益率（7.8%），这是因为财务收益率只计算了航空公司使用一部分（本例中为50%）更省油的飞机带来的减排收益。经济收益率高于财务收益率表明，除了现金流，税收机制能为机队更新项目带来更多社会效益。

① 原文比较的表中行数有误，应为第2行和第10行。——译者注

表6-3 通过市场机制使排放成本内在化且许可价格低于碳的社会成本时机队更新项目的财务收益和经济收益

			现值/年份	1	2	3	4	5	10	15	20	21	22
	项目实施后												
(1)	可用座千米	百万		16425	16425	16425	16425	16425	16425	16425	16425	16425	16425
(2)	收入客千米	百万		11268	11268	11268	11268	11268	11268	11268	11268	11268	11268
(3)	乘客数	百万		11.3	11.3	11.3	11.3	11.3	11.3	11.3	11.3	11.3	11.3
(4)	收入	百万欧元	15514	1179	1179	1179	1179	1179	1179	1179	1179	1179	1179
(5)	运营成本	百万欧元	12019	1028	963	899	899	899	899	899	899	899	899
(6)=(4)-(5)	利润	百万欧元	3495	151	215	279	279	279	279	279	279	279	279
(7)	温室气体外部性	百万欧元	0	0	0	0	0	0	0	0	0	0	0
(8)	再分配税收	百万欧元	0	0	0	0	0	0	0	0	0	0	0
	项目实施前												
(9)	可用座千米	百万		16425	16425	16425	16425	16425	16425	16425	16425	16425	16425
(10)	收入客千米	百万		11233	11233	11233	11233	11233	11233	11233	11233	11233	11233
(11)	乘客数	百万		11.2	11.2	11.2	11.2	11.2	11.2	11.2	11.2	11.2	11.2
(12)	收入	百万欧元	15467	1175	1175	1175	1175	1175	1175	1175	1175	1175	1175
(13)	运营成本	百万欧元	13948	1060	1060	1060	1060	1060	1060	1060	1060	1060	1060
(14)=(12)-(13)	利润	百万欧元	1519	115	115	115	115	115	115	115	115	115	115
(15)	温室气体外部性	百万欧元	0	0	0	0	0	0	0	0	0	0	0

表6-3(续)

			现值/年份	1	2	3	4	5	10	15	20	21	22
(16)	再分配税收	百万欧元	0	0	0	0	0	0	0	0	0	0	0
	项目净资金流量												
(17)	飞机交付量	架		10	20	20							
(18)	投资成本	百万欧元	2022	450	900	900							
(19)	旧飞机的出售量	百万欧元	419	50	100	100					50	100	100
20=(6)-(14)-(18)+(19)	财务流	百万欧元	268	-364	-700	-636	164	164	164	164	214	264	264
	财务收益率		6.8%										
21=(20)-(7)+(8)+(15)-(16)	现金流	百万欧元	268	-364	-700	-636	164	164	164	164	214	264	264
	经济收益率		6.8%										

表6-4 通过税收使排放成本内在化且税收价格低于碳的社会成本时机队更新项目的财务收益和经济收益

			现值/年份	1	2	3	4	5	10	15	20	21	22
	项目实施后												
(1)	可用座千米	百万		16425	16425	16425	16425	16425	16425	16425	16425	16425	16425
(2)	收入客千米	百万		11268	11268	11268	11268	11268	11268	11268	11268	11268	11268
(3)	乘客数	百万		11.3	11.3	11.3	11.3	11.3	11.3	11.3	11.3	11.3	11.3
(4)	收入	百万欧元	15514	1179	1179	1179	1179	1179	1179	1179	1179	1179	1179
(5)	运营成本	百万欧元	12019	1028	963	899	899	899	899	899	899	899	899
(6)=(4)-(5)	利润	百万欧元	3495	151	215	279	279	279	279	279	279	279	279
(7)	温室气体外部性	百万欧元	812	62	62	62	62	62	62	62	62	62	62
(8)	再分配税收	百万欧元	0	0	0	0	0	0	0	0	0	0	0
	项目实施前												
(9)	可用座千米	百万		16425	16425	16425	16425	16425	16425	16425	16425	16425	16425
(10)	收入客千米	百万		11233	11233	11233	11233	11233	11233	11233	11233	11233	11233
(11)	乘客数	百万		11.2	11.2	11.2	11.2	11.2	11.2	11.2	11.2	11.2	11.2
(12)	收入	百万欧元	15467	1175	1175	1175	1175	1175	1175	1175	1175	1175	1175
(13)	运营成本	百万欧元	13948	1060	1060	1060	1060	1060	1060	1060	1060	1060	1060
(14)=(12)-(13)	利润	百万欧元	1519	115	115	115	115	115	115	115	115	115	115
(15)	温室气体外部性	百万欧元	976	74	74	74	74	74	74	74	74	74	74

表 6-4（续）

			现值/年份	1	2	3	4	5	10	15	20	21	22
(16)	再分配税收	百万欧元	0	0	0	0	0	0	0	0	0	0	0
	项目净资金流量												
(17)	飞机交付量	架		10	20	20							
(18)	投资成本	百万欧元	2022	450	900	900					50	100	100
(19)	旧飞机的出售量	百万欧元	419	50	100	100							
(20) = (6) − (14) − (18) + (19)	财务流	百万欧元	268	−364	−700	−636	164	164	164	164	214	264	264
	财务收益率		6.8%										
(21) = (20) − (7) + (8) + (15) − (16)	现金流	百万欧元	431	−352	−688	−624	176	176	176	176	226	276	276
	经济收益率		7.8%										

6.1.4 同时引入排放税和市场机制的情况分析

假设在市场机制的基础上附加排放税，且市场机制下的排放价格为每吨20欧元，而碳的社会成本为每吨40欧元。因此，政府为了弥补市场机制带来的差价，引入每吨排放20欧元的税收。和更高的市场排放价格一样，该税收也会影响航空出行的需求量。但是，由于排放税和市场机制同时发挥作用，所以征税还会影响航空公司对许可排放量（总量控制和排放权交易市场体制）和碳抵消量（市场抵消机制）的需求。本节主要分析排放税对总量控制和排放权交易体制的影响，其对碳抵消机制的影响与之类似，可参考第2章的内容。

相关内容可参看图6-1。该图以第2章的附录A2.1为基础。实线表示市场观测函数，即实际供需曲线。虚线的含义会在之后的分析中具体介绍。图6-1(a) 表示航空出行市场，图6-1(b) 表示总量控制和排放权交易市场体制下的排放权交易市场。另外，该图放大了机队更新项目的效益。相比于碳配额市场的总体规模，机队购置项目的规模通常较小，所以对配额价格的影响也较小。

S_{axp} 是不考虑环境税和许可排放量的航空公司的供给曲线。回顾之前的假设：航空公司将与环境税和许可排放量无关的所有运营成本节约收入囊

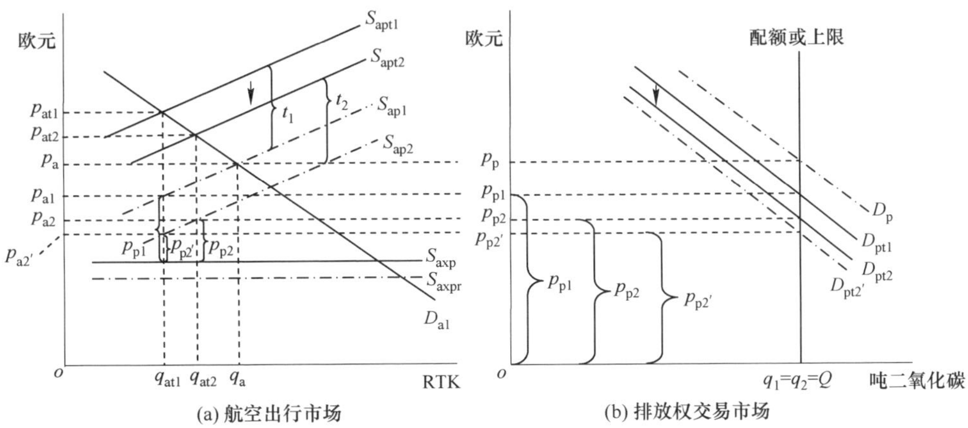

图6-1 总量控制和排放权交易体制辅以排放税时，航空公司的机队更新项目

中，产生租金，而与环境税和许可排放量有关的运营成本改变由乘客承担。因此，无论是否实施机队更新项目，S_{axp} 保持不变。若与环境税和许可排放量无关的所有成本节约都由乘客承担，则供给曲线为向下倾斜的 S_{axpr}。其中，r 代表（垄断）租金，因此 S_{axpr} 表示没有考虑许可排放量和租金的供给曲线。

S_{ap1} 是实施机队更新项目之前，将许可排放量考虑在内的航空公司的供给曲线（即 S_{axp} 与许可量相加）。此时，在其他条件不变的情况下，收入吨千米越大，许可排放量就越大、交易价格也越高，供给曲线向上倾斜。未引入税收时，机票价格为图 6-1(a) 中纵轴的 P_a，与图 6-1(b) 排放权交易市场中的价格 P_p 一致，其中，图 6-1(b) 中 D_p 表示许可排放量的总需求。

引入附加碳税之后，航空公司的供给曲线会左移至 S_{apt1}。与仅通过总量控制和排放权交易的市场机制对碳排放定价的情况相比，征税使机票价格从 P_a 增加至 P_{at1}，同时使航空出行量从 q_a 减少至 q_{at1}。如图 6-1(b) 所示，航空出行的需求量减少使排放量的需求从 D_p 减少至 D_{pt1}，从而使排放交易价格从 p_p 降低至 p_{p1}，相应地，扣除排放税后，机票价格也会从 p_a 降至 p_{a1}。

另外，引入税收后，航空公司的许可排放量减少，但相比于征税前，社会总排放量保持不变，依然为 Q。征税只是把原本航空公司会产生的污染转移给制造业等其他加入总量控制和排放权交易体制的污染者。

机队更新项目有何影响？相比旧飞机，新飞机的燃油效率更高，若考虑税收，航空公司的供给曲线会从 S_{apt1} 右移至 S_{apt2}；若扣除税收，供给曲线则从 S_{ap1} 右移至 S_{ap2}。在航空出行市场，该项目会使机票价格从 p_{at1} 降至 p_{at2}，同时使航空出行需求量从 q_{at1} 增加至 q_{at2}。扣除税收的机票价格为 p_{a2}。

在图 6-1(b) 排放权交易市场，机队更新项目会使许可排放需求从 D_{pt1} 减少至 D_{pt2}。许可排放量的需求曲线同时发生两方面相反的变化：第一，每位乘客的排放量减少使总排放量减少，从而减少许可排放量的需求。这一过程表现为：许可排放量的需求曲线从 D_{pt1} 左移至 $D_{pt2'}$，同时排放权交易价格从 P_{p1} 降低至 $P_{p2'}$（见图 6-1(b)）。相应地，扣除排放税后的机票价格从 P_{a1} 降低至 $P_{a2'}$（见图 6-1(a)）。第二，最终的机票价格（不扣除税收）从 p_{at1} 降低至 p_{at2} 会使

客流量从 q_{at1} 增加至 q_{at2}，从而增加许可排放需求，使图6-1(b) 中的需求曲线从 $D_{pt2'}$ 右移至 D_{pt2}。排放权交易市场中这两种变化的最终结果会减少许可排放需求（D_{pt1} 左移至 D_{pt2}），这表明该项目产生的净效应为减少航空公司的排放。[4] 然而，和前面的情况一样，社会总排放量不变，依然为 Q。

此时，让我们看一下表6-5 中项目收益变化的影响。在市场机制的基础上征税不会改变社会净排放。因此，对污染征税丝毫不会影响该项目的外部排放成本（第7 行和第15 行）。可见，税收仅起到再分配的作用（第8 行和第16 行）。和所有再分配税和补贴一样，该附加税对投资项目的影响是扩大财务收益率和经济收益率之间的楔子。

下面我们来深入分析以上结论，该附加税迫使航空公司减少温室气体排放，使其引入技术以降低化石燃料消耗，获得经济收益。然而，由于已经加入了总量控制和排放权交易体制，航空公司减少化石燃料的使用并不会使社会总排放量减少。财务收益率为8%，说明利润有所增加，为21.69 亿欧元(第6 行34.82-第14 行13.14)。这些利润包含航空公司运营成本中由附加排放税带来的税收。但是，该附加税没有反映社会成本增量，只是排放主体有所变化。可以理解为该附加税仅针对温室气体排放，因此似乎遵循了“谁污染谁负责”的原则。然而，由于是在总量控制和排放权交易体制的基础上引入排放税，该税收会降低排放许可价格，使其他生产主体可以排放污染物，而在引入该税收之前，这些生产主体并不会排放污染物。

既然该附加税是再分配性质，因此由航空公司承担。和其他所有税收一样，该税收必须从运营成本中扣除，算在航空运输的价值中，如第8 行和第16 行所示。另外，无项目时，该税收再分配的程度比有项目时要高，原因在于旧飞机会排放更多污染物，税收更高。因此，相比于无项目的情况，实施机队更新项目后，将这些税收算在项目的社会价值中降低了社会价值收益，使经济收益率为7%，低于财务收益率。

经济收益率低于财务收益率表明，该项目对社会的价值低于现金流对社会的价值。该税收增加了投资清洁技术的动力，但效率并不高。资源配置通过使社会价值最大化来实现配置效率。当投资项目对投资者的财务收益与对

表6-5　市场机制辅以税收使排放成本内在化，且碳的价格等于碳的社会成本时机队更新项目的财务收益和经济收益

			现值/年份	1	2	3	4	5	10	15	20	21	22
	项目实施后												
(1)	可用座千米	百万		16425	16425	16425	16425	16425	16425	16425	16425	16425	16425
(2)	收入客千米	百万		11038	11038	11038	11038	11038	11038	11038	11038	11038	11038
(3)	乘客数	百万		11.0	11.0	11.0	11.0	11.0	11.0	11.0	11.0	11.0	11.0
(4)	收入	百万欧元	16294	1238	1238	1238	1238	1238	1238	1238	1238	1238	1238
(5)	运营成本	百万欧元	12811	1096	1027	959	959	959	959	959	959	959	959
(6)=(4)-(5)	利润	百万欧元	3482	142	211	279	279	279	279	279	279	279	279
(7)	温室气体外部性	百万欧元	0	0	0	0	0	0	0	0	0	0	0
(8)	再分配税收	百万欧元	796	60	60	60	60	60	60	60	60	60	60
	项目实施前												
(9)	可用座千米	百万		16425	16425	16425	16425	16425	16425	16425	16425	16425	16425
(10)	收入客千米	百万		10969	10969	10969	10969	10969	10969	10969	10969	10969	10969
(11)	乘客数	百万		11.0	11.0	11.0	11.0	11.0	11.0	11.0	11.0	11.0	11.0
(12)	收入	百万欧元	16192	1230	1230	1230	1230	1230	1230	1230	1230	1230	1230
(13)	运营成本	百万欧元	14878	1130	1130	1130	1130	1130	1130	1130	1130	1130	1130
(14)=(12)-(13)	利润	百万欧元	1314	100	100	100	100	100	100	100	100	100	100
(15)	温室气体外部性	百万欧元	0	0	0	0	0	0	0	0	0	0	0

表 6-5(续)

			现值/年份	1	2	3	4	5	10	15	20	21	22
(16)	再分配税收	百万欧元	953	72	72	72	72	72	72	72	72	72	72
	项目净资金流量												
(17)	飞机交付量	架		10	20	20							
(18)	投资成本	百万欧元	2022	450	900	900							
(19)	旧飞机的出售量	百万欧元	419	50	100	100					50	100	100
(20)=(6)−(14)−(18)+(19)	财务流	百万欧元	460	−358	−689	−621	179	179	179	179	229	279	279
	财务收益率		8.0%										
(21)=(20)−(7)+(8)+(15)−(16)	现金流	百万欧元	303	−370	−701	−633	167	167	167	167	217	267	267
	经济收益率		7.0%										

社会的经济收益相等时（即财务收益率等于经济收益率），私人投资者的投资动力与配置效率相一致。当经济收益率低于财务收益率时，私人投资者会投资过多，投资的一部分甚至全部资源也许会在其他方面产生更大的社会价值。

试比较表6-5和表6-2。如果不是同时引入税收和市场机制（税收为每吨20欧元，市场价格为每吨20欧元，合计每吨40欧元），而是要么只征收排放税，价格为每吨40欧元，要么只依靠市场机制，使市场价格维持在每吨40欧元左右，机队更新项目的效益会更好，经济收益率更高。在总量控制和排放权交易市场机制下可以通过收紧排放上限来调高排放价格。

6.2 机队扩充

航空公司的机队购置项目通常同时包括机队更新和机队扩充。这两个项目的投资评估有两方面的不同：第一点，在竞争市场下，分析机队扩充项目时不需要专门假设“没有扩充机队”时的情况。航空公司如果不扩充机队，其竞争对手就会吸引客流量。也就是说，在竞争市场下，“没有扩充机队”的情况只是项目投入的机会成本。投资的财务评估遵循标准的商业计划：航空公司根据投资和经营成本来设定预期收入，而不是根据机队更新项目采取的差额现金流的方式。此时，不考虑税收和外部性变化，经济收益和财务收益相一致。

如果航空市场是非竞争性的，就有必要分析反事实或“没有扩充机队”时的情况，从而了解航空运输没有扩容时乘客的做法。在财务分析中，人们的需求增加，航空公司相应提高票价，获得垄断利润。而在经济分析中，该做法并不可行。另外，在垄断情况下，计算航空公司机队扩充项目的经济收益可以很好地判断航空运输的经济价值。这一点将在下一章详细介绍。

机队更新和机队扩充投资评估的第二点不同在于，一般情况下，机队扩充的风险更大，具体表现在两方面，即未来需求增长程度和未来竞争程度的不确定性。从长期来看，航空出行的需求会增加，但增加程度取决于总体经济增长，而总体经济增长具有不确定性。此外，经济增长和需求具有周期性，增加的机队可能遇上需求低迷期。竞争程度也存在不确定性：扩充机队时，航空公司通常冒险进入不太知名的新兴市场，导致该航空公司与从未竞争过、且项目经理缺乏了解的新兴市场中的航空公司进行竞争。其结果是，这些航空公司未来的竞争力往往并不乐观，因此希望可以更加灵活地选择机队扩充程度。基于以上原因，航空公司的机队扩充项目通常会结合确定飞机订单和期权来综合考虑。

6.2.1 确定订单和期权

购买飞机的期权是一项权利，而不是未来购买飞机的义务。由于购买期权会产生一定费用，或者至少取决于是否下了确定订单，那么问题就变成：这些期权对航空公司的价值是多少？基于其价值，航空公司愿意为投资期权出价多少？

选择购买期权（而不是确定订单）的价值取决于潜在的未来收益和围绕这些收益的不确定程度。继续上一节有关航空公司的讨论：从表 6-2 中第 1 年的情况开始看起。这意味着无论是通过有效的税收还是通过市场机制，所有的外部性都被内部化了。假设航空公司管理层对未来的前景相当看好：预计客流量将以每年 3% 的速度增长，基础设施的限制加上良好的经济形势意味着航空公司可以在不影响实际收益率（即扣除通货膨胀的收益率）的情况下进行机队扩充。

表 6-6 中第 1 行表示现有客流量每年增加 3% 时的总收入客千米，第 2 行表示相比第 1 年收入客千米的增加值，第 3 行表示满足增加后的客流量水平需要增加的新 C 型飞机数量。第 2 行中，收入客千米增加，意味着需要购买额外的许可排放量或支付额外的排放税，两种方式都可以使排放内部化。但是，由于已经假定机票价格包含二者，因此不需要作额外调整。正如 6.1 节和第 2 章所述，若引入市场机制，该项目会增加航空公司的排放量，但社会排放量不会净增加；若引入排放税，航空公司增加的排放量也会使社会排放量增加。

表6-6 考虑机队扩充情况时的客流量水平和投资收益

			现值/年份	1	2	3	4	5	10	15	20	24
(1)	收入客千米	百万		11038	11369	11710	12061	12423	14402	16695	19354	21784
(2)	收入客千米差异	百万			331	672	1023	1385	3364	5658	8317	10746
(3)	需要的机队	架			2	3	5	6	15	26	38	49
(4)	行使期权的飞机	架					6					
(6)	增加的收入客千米	百万					1023	1316	1316	1316	1316	1316
(7)	投资	百万欧元	257				270					
	乐观情况											
(8)	运营现金流	百万欧元	372	0	0	0	26	33	33	33	33	63
(9)=(8)-(7)	净现金流	百万欧元	150	0	0	0	-244	33	33	33	33	63
	财务收益率		12.5%									
	一般情况											
(10)	运营现金流	百万欧元	227	0	0	0	16	20	20	20	20	50
(11)=(10)-(7)	净现金流	百万欧元	5	0	0	0	-254	20	20	20	20	50
	财务收益率		5.3%									
	悲观情况											
(12)	运营现金流	百万欧元	82	0	0	0	5	7	7	7	7	37
(13)=(12)-(7)	净现金流	百万欧元	-140	0	0	0	-265	7	7	7	7	37
	经济收益率		N/A									

假设由于装配能力有限，在实施该项目的前3年内，飞机制造商只能交付50个用于机队更新的确定订单。此时，航空公司只能通过淘汰旧C型飞机满足日益增加的需求。但在第4年，制造商可以交付6架飞机，如果航空公司购入这6架飞机，就可以在第4年产生10.23亿（欧元）客千米，在第5年产生13.16亿（欧元）客千米（第6行）。但是，管理层面临的问题是：订购6架新飞机是否划算？

假设如管理层期望所愿，未来前景可观。这种情况下，运营这6架飞机产生的经营现金流的现值为3.72亿欧元（第8行）。如果每架飞机价值4500万欧元，投资的现值则为2.57亿欧元（第7行），按贴现率5%计算，该投资的收益为1.5亿欧元（第9行），即收益率为12.5%。航空公司如果认为该收益已经足够，就会把这6架飞机下为确定订单。类比上述分析，未来交付的飞机也会产生收益，因此，如果航空公司对未来前景相当乐观，就会下不止6架飞机的确定订单。根据第2行①预测的需求，到第15年，航空公司将需要26架新飞机。

反过来，假设未来前景远没有那么明朗和乐观，情况又会如何呢？航空公司管理层对未来的竞争程度存在分歧。悲观者认为，随着低成本交通工具的发展，航空市场的竞争会越来越激烈，航空公司的实际收益率将被迫下降20%之多，收益下降的悲观结果如表6-6中的数据所示。购买6架飞机仅产生8200万欧元的经营性利润（第12行），与投资6架飞机的成本相比，投资的负值为1.4亿欧元（第13行），投资收益率为负。

管理层一致认为，未来两种情况都有可能，并做了最好/最坏的打算。还有一些管理者没有那么极端，把两种情况都考虑在内，并指出介于两者之间的第三种可能，将其视为“一般情况”，即实际收益率会下降10%。此时，对6架飞机的投资会产生现值2.27亿欧元（第10行）的经营性利润。然而，与投资成本相比，该项目的现值只有500万欧元，即收益率为5.3%。管理层认为这是一个临界值，可能不值得冒险。

① 原文错误，应为第3行。——译者注

然而，这一结果与未来前景分化出的各种可能性无关。不管管理层认为未来是否存在“一般情况”，不管存在“一般情况”、最好情况和最坏情况的可能性是否分别为50%、25%和25%，也不管每一种情况是否会分化出其他各种不同的可能性，该投资的净现值都是600万欧元。[5]但是，很显然，分化出的可能性越多，前景就可能越可观。如果管理层决定不投资，但在接下来几年，市场朝着乐观者预测的方向发展，那么航空公司就会错失投资机遇，失去利好。不过，期权可以改变这一局面。期权可以使航空公司在未来市场局势明朗的时候再决定是否购买飞机，从而减少直接下订单的风险，同时也使航空公司在市场发生有利变化时抓住投资机遇，获得收益。事实上，当项目的现值不令人满意时，期权是最行之有效的方式（毕竟如果现值可观，航空公司会直接下确定订单）。不过，未来市场前景可观、直接购买飞机会取得较好的收益这种情况也不无可能。

显然，期权对航空公司很有帮助。那么问题来了：这些期权对航空公司的价值有多大？航空公司愿意为其支付的最高价格是多少？

6.2.2 飞机期权价值

图6-2描绘了期权价值、期权价格及项目收益三者之间的关系，总结了航空公司未来几年行使期权时面临的各类情况。[6] 图6-2的纵轴表示每架飞机的项目净现值，计算结果由比较行使期权期间运营飞机预计带来的现金流、飞机价格（期权的行使价格或执行价格）及期权的购买价格得出。横轴表示行使期权期间运营飞机预计带来的现值（PV）。

OP表示期权价格，或表示航空公司购买期权时支付的费用，资本成本和通货膨胀会使期权价格上涨。PV_1表示悲观或平稳市场条件下的情况。此时，不管哪种情况，航空公司都不会行使期权，期权就会到期，失去其价值。对期权的投资会使航空公司利益受损，损失等于购买期权的资金现值，用纵轴上的OP表示。

如果在行使期权期间，航空市场形势较好，管理层对未来发展转持更加

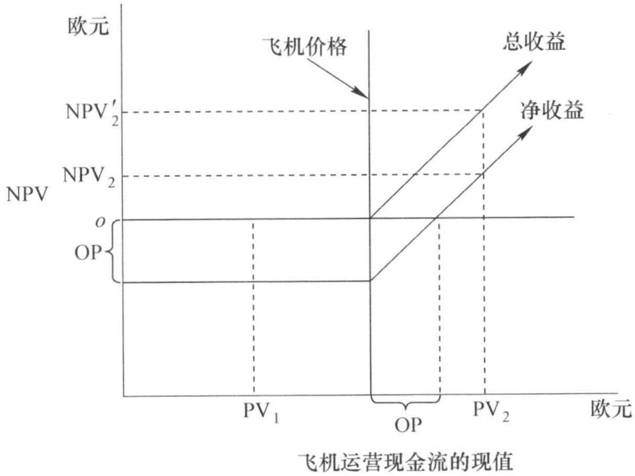

图 6-2　期权到期时的期权价格和价值及投资收益

乐观的态度，贴现现金流也因此产生正的净现值，航空公司就会选择行使期权。图中“总收益”是由飞机购买成本（即期权的行使价格）和运营飞机获得的预计现金流计算得出的净现值，不包括期权价格的现值，毕竟以往的现值高低不再重要。“纯收益”为总收益减去用于支付期权的资金现值。假设在行使期权期间，运营飞机的预计经营性利润为 PV_2，那么购买飞机的收益则为 NPV'_2。此时期权的价值也为 NPV'_2，航空公司显然会行使期权。即使减去支付期权的资金现值，购买期权并行使期权的投资决策也有利可图，收益为纵轴上的 NPV_2。

当然，还存在另一种可能：运营飞机产生的未来现金流的预计现值是正值，但是少于用于支付期权的资金现值（即横轴上的 PV 对应纵轴上括号内的 OP 区间）。此时，该项目的纯收益（包括已经支付期权的资金现值）将是负值。不过，投资决策看重的是做决策时的预期收益，过去种种已不再重要。因此，如果把目光放长远一点，航空公司通过行使期权仍有望获得高于资本成本的正收益，这是由总收益曲线决定的。因此，即使期权价值低于购买期权的资金现值，航空公司也应当行使期权。

图 6-2 根据不同的期权价格和价值，重在分析航空公司在决定是否要行使期权时具体应该怎么做。这也是航空公司在未来几年会面临的情况。航空

公司必须要解决的问题是：未来几年，在决定是否要行使期权时，每个期权的价值为多少？

计算期权价值的标准方法是 B-S 期权定价模型（Black-Scholes），该模型适用于有预定行权日期的金融期权（又称欧式期权）。[7] 表达式如下[8]

$$C = N(d_1)S - N(d_2)Ke^{-rT}$$

其中，C 为期权价值；S 为标的资产价值，或运营飞机的贴现现金流；K 为期权的执行价格，或确定飞机订单的成本；r 为无风险收益率；T 为期权的到期时间；N 是标准正态分布；d_1 和 d_2 为期权参数，表达式如下

$$d_1 = \frac{\ln\left(\frac{S}{K}\right) + \left(r + \frac{\sigma^2}{2}\right)T}{\sigma\sqrt{T}}$$

$$d_2 = d_1 - \sigma\sqrt{T}$$

其中，σ 表示标的资产现金流的波动性，即运营飞机的现金流的波动性，计算方式如下[9]

$$\sigma = \frac{\ln\left(\frac{S_{opt}}{S_{pes}}\right)}{4\sqrt{t}}$$

其中，S_{opt} 为市场前景乐观条件下的标的资产价值；S_{pes} 是市场前景黯淡条件下的标的资产价值；t 为项目周期。

首先估算收益波动，以表 6-6 中的数据为例。具体如下

$$\sigma = \frac{\ln\left(\frac{372}{82}\right)}{4\sqrt{20}} = 8.46\%$$

由于最高收益（市场前景乐观）为 3.72 亿欧元，最低收益为（市场前景黯淡）为 8200 万欧元，预计在实施项目的 20 年内，标的资产的波动率（运营飞机的现金流）约为 8.5%。据此，参数 d_1 估算如下

$$d_1 = \frac{\ln\left(\frac{227}{270}\right) + \left(0.05 + \frac{0.846^2}{2}\right)4}{0.846\sqrt{4}} = 0.2392$$

基于 d_1 的值，参数 d_2 计算如下

$$d_2 = 0.2392 - 0.846\sqrt{4} = 0.0699$$

因此，期权价值的计算公式为

$$C = N(0.2392)227 - N(0.0699)270e^{-0.05\times 4}$$

N（d_1）和 N（d_2）函数为标准正态分布，通常在试算表中作为缺省函数。计算结果如下

$$N(0.2392) = 0.5945$$

$$N(0.0699) = 0.5279$$

因此，期权价值的结果如下

$$C = (0.5945\times 227) - (0.5279\times 270)e^{-0.05\times 4} = 18.2179$$

本例中，6 架飞机的期权价值总和为 1820 万欧元，每架飞机的期权价值约为 304 万欧元。因此，即便是较平稳的市场状况，6 架飞机的经营现金流的现值也非常低，为 500 万欧元（第 11 行），但只要每架飞机的期权成本少于 300 欧元，航空公司仍然可以购买这 6 架飞机的期权。

本节对期权价值的计算仅考虑财务价值，前提是该投资项目所有可能的外部性都被内部化了。如果存在外部成本（或收益），就需要用不同的方式计算期权的财务和经济价值。7. 2. 2 节将对这部分内容作进一步分析。

6.3 航空运输的价值分析

无论是客运还是货运，航空运输业都自负盈亏，是为数不多的需要承担所有运营和基础设施费用的运输方式之一。唯一不需要承担的是排放成本。在完成本书时，虽然可以通过市场机制控制温室气体排放，使这一弊端得到改进，但航空产业仍不承担排放成本。但是，即便加上排放成本，航空运输业仍然有收益，而且收益不菲。铁路客运往往依赖补贴，而铁路货运自负盈亏的能力较强。人们普遍认为公路运输可以自负盈亏，但公路运输很少承担基础设施的费用。海上运输，尤其是海上货运，与航空运输类似，需要承担排放成本之外的所有费用；而海上客运只有在特定路线才如此。

可以看出，与其他运输方式相比，航空运输的财务和经济收益具有很强的竞争优势：可以提供快速、安全的长距离运输，同时成本也在可承受的范围内。航空运输较高的经济收益也反映了其对社会较高的价值。本节会讨论这一价值的衡量方式。

6.3.1 衡量航空运输价值的无效方法

有人提出，对航空公司的盈利能力评估可以衡量航空运输对社会的价值，但前提是航空公司承担了所有的环境成本。然而，这种衡量方法并不合适，主要有以下三个原因：第一，最主要的原因是该方法没有考虑消费者剩余，即对消费者带来的额外价值。第二，该方法忽略了基础设施供应商的生产者剩余。虽然投资基础设施的资金的机会成本应该算在航空公司的运营成本中，原则上不需要作过多考虑，但其他许多客运方式并不需要承担基础设施成本，因此，将航空运输和其他运输方式的基础设施成本归为一类有失公允。第三，该方法没有考虑对其他交通运输的补贴。

还有人提出，可以根据航空运输业对国内生产总值（GDP）的贡献衡量航空运输的社会价值。总的来说，GDP 有三个衡量指标，即产出的货币价值、生产要素所有者获得的总收入及该行业的净支出。[10] 但是，GDP 并不把消费者剩余纳入衡量指标。不仅如此，GDP 也不把资源的机会成本纳入考量，因此不能从 GDP 中看出是否应该产出某种商品或服务，毕竟，没有前景的企业仍然可以产生 GDP。[11] 只要公司支付的工资高于该公司的财务损失，该公司就有利于 GDP 的增长。再次，GDP 也不把环境的外部性作为衡量指标。[12]

为了更好地说明不能用 GDP 衡量航空运输的社会价值，我们有必要比较 GDP 贡献度和广义成本在衡量航空运输业务时的不同。此处假设一名乘客选择不同的路线长度出行，并比较每段出行对 GDP 的贡献度和需要的广义成本，比较结果如表 6-7 所示。该比较是为了说明 GDP 和广义成本这两种衡量方式的不同而不是为了得出经验性的结论，因此比较结果仅供参考。

表 6-7　比较一名乘客选择不同的路线长度出行时对 GDP 的贡献和所需的广义成本

	路线长度	千米	500			1000			2000		
			航空出行	高铁出行	公路出行	航空出行	高铁出行	公路出行	航空出行	高铁出行	公路出行
	对 GDP 的贡献										
(1)	工资	欧元	30			50			60		
(2)	航空公司的利润	欧元	7.5			12.5			15		
(3)	服务提供者的利润	欧元	15			25			30		
(4)	税收	欧元	22.5			37.5			45		
(5)=(1)+(2)+(3)+(4)		欧元	75			125			150		
	广义成本										
	时间成本										
(6)	从出发地到达机场所需时间	小时	1.5	0.5	0	1.5	0.5	0	1.5	0.5	0
(7)	从机场到达目的地所需时间	小时	1.5	0.5	0	1.5	0.5	0	1.5	0.5	0
(8)	乘坐飞机/高铁/汽车的时间	小时	0.75	2	4.5	1	4	9	2	9	18
(9)=(6)+(7)+(8)	总出行时间	小时	3.75	3	4.5	4	5	9	5	10	18
(10)	每小时的价值	欧元	30	30	30	30	30	30	30	30	30
(11)=(9)×(10)	时间成本	欧元	112.5	90	135	120	150	270	150	300	540
	货币成本										

表6-7(续)

	路线长度	千米	500			1000			2000		
			航空出行	高铁出行	公路出行	航空出行	高铁出行	公路出行	航空出行	高铁出行	公路出行
(12)	票价	欧元	150	100	0	250	200	0	300	300	0
(13)	其他运营成本	欧元	0	0	50	0	0	100	0	0	250
(14)	其他基础设施成本	欧元	0	50	15	0	100	25	0	200	60
(15)=(12)+(13)+(14)	运营的货币成本	欧元	150	150	65	250	300	125	300	500	310
	外部成本										
(16)	温室气体排放	欧元	10	0	2	15	0	4	25	0	8
(17)	空气污染	欧元	2	0	0.5	3	0	1	5	0	2
(18)	噪声污染	欧元	5	3	3	5	5	5	5	10	10
(19)=(16)+(17)+(18)	总外部成本	欧元	17	3	5.5	23	5	10	35	10	20
	广义成本										
(20)=(11)+(12)+(13)	个人广义成本	欧元	262.5	190	185	370	350	370	450	600	790

表 6-7(续)

	路线长度	千米	500			1000			2000		
			航空出行	高铁出行	公路出行	航空出行	高铁出行	公路出行	航空出行	高铁出行	公路出行
(21)=(20)+(14)+(19)……=(11)+(15)+(19)	总广义成本	欧元	279.5	243	205.5	393	455	405	485	810	870
	航空运输的价值										
(22)=(20)-(20)	个人产生的价值	欧元	-77.5			-20			150		
(23)=(21)-(21)	总价值	欧元	-74			12			385		
(24)=(5)+(23)	结合 GDP 和广义成本得出的航空运输价值	欧元	1			137			535		

注:圈出的为最低广义成本,下画线的为航空出行的最佳替代方案。

第 1～第 4 行是每段旅行对 GDP 的贡献，主要由收入衡量，包括以工资形式体现的航空运输部门工作人员的收入、以利润（航空公司和其他服务商）形式体现的资本所有者的收入以及以税收形式体现的政府的收入。航线长 500 千米的出行对 GDP 的贡献为 75 欧元，航线长 1000 千米的出行为 125 欧元，航线长 2000 千米的出行为 150 欧元（第 5 行）。

表 6-7 计算了三种运输方式的出行广义成本，分别为飞机、高铁及私家车。航空出行时，假设从出发地到达机场和从机场到达目的地共需要 1.5 小时（均包括进/出站的办理手续时间）；铁路出行时，火车站相比机场距离市中心更近，且进/出站的办理手续时间也更短，因此不需要 1.5 小时；汽车出行时间取决于路程长短。这三个时间都算入总共的出行时间（“门到门旅行时间”）。路线越长，航空出行的优势越大。假设乘客的时间价值为 30 欧元/小时，由于此次比较是对同一个乘客而言，因此假定所有运输方式的时间价值是一样的。总的出行时间乘以时间价值得到广义成本中的时间成本（第 11 行）。

出行的货币成本包括社会提供服务的所有支出（第 12～第 15 行）。航空出行时，所有的成本都囊括在机票中。高铁出行时，票价仅包括运营成本，不含基础设施成本，后者因此被视为额外成本，由纳税人承担。汽车出行时，除了基础设施成本，所有的运营成本都直接由乘客承担。此外，广义成本还包括对社会成员（不包括交通工具使用者和交通服务生产者）的所有外部成本，如温室气体排放、空气污染、噪声污染（第 16～第 19 行）等。这里假设高铁完全由可再生能源驱动，不排放温室气体或其他污染物。为简单起见，计算时忽略了安全问题。考虑安全问题会体现航空运输的优势而不利于公路运输。

广义成本包括时间成本、货币成本及外部成本。广义成本可分为个人广义成本（又称行为性广义成本）和社会广义成本（又称总广义成本）。个人广义成本只包括乘客承担的成本（第 20 行），而社会广义成本包括乘客和其他社会成员共同承担的成本（第 21 行）。针对不同长度的路线，三种运输方式中广义成本最低的方式（最佳选择）被圈画出来，下画线表示代替航空运输的最佳方案。航空运输创造的价值通过比较航空运输的广义成本和其他运输方式的广义成本计算得出。另外，对个人的价值（第22行）和对社会整体的价值（第23行）分开计算。结果表明，航空运输在路程较长时会创造价值。如果因为地理条件恶劣、交通密度低等原因使其他运输方式供应不足，此时航空运输即使在较短路程上也能创造价值。以1000千米的路程为例，个人的最佳替代方案与社会的最佳替代方案有所不同，这表明低效定价或补贴（目前主要是补贴）可以降低交通的社会效率。

通过比较航空运输对GDP的贡献（第5行）和航空运输的广义成本（第21行）有何不同，我们可以看出根据航空运输对GDP的贡献度无法判断运营某段航线是否划算。如果航线较短，尽管航空运输可以创造GDP，但社会更愿意投资其他交通运输方式。如果航线较长，GDP衡量法没有考虑非货币收益，因而低估了航空运输的价值。总之，通过对GDP的贡献判断投资决策忽略了价格扭曲和机会成本，是不可取的。

既然两种方法都不可取，有人提出，不如建立一种新的标准来衡量航空运输对社会的总价值，即航空产业带来的收入增加加上节约的广义成本（扣除第三方投资的资源后由航空产业带来的消费者剩余）。这种方法结合以上两种方法，计算出的航空运输价值更接近机会成本。以500千米长的最短航线为例，航空运输的价值会从75欧元/人下降至1欧元/人，还不如从事其他收入更高的生产活动；而以2000千米长的最长航线为例，算上消费者剩余和其他资源，航空运输的价值会从150欧元/人（GDP衡量法）增加至535/人。

然而，这种结合以上两种方法的价值衡量方法仅供消遣，没有实际的效用。该方法考虑到非资金性因素，尤其关注到节约的时间成本，因此不能衡量收入。同样，该方法不能准确衡量资源成本（GDP衡量法把劳动力成本算作收益）并错把税收收入重复计算为收益，因而不能指导投资决策。

6.3.2 衡量航空运输价值的有效方法

事实上，可以用航空产业投资中经济评估使用的方法衡量航空运输的前景：比较替代运输方式的社会广义成本。之所以采用这种方法是因为该方法可以衡量创造出的社会总福利，也就是对产出的支付意愿（不管实际是否支付），同时还可以以机会成本评估生产中使用的资源价值。

通过衡量投资一架飞机产生的社会福利可以估算航空运输的总价值。需要强调的是，虽然表中的路线长度是真实可信的，但是并不代表某个确定的路线；此外，我们只是描述衡量方法，并不是为了得出经验性的结论。此处，我们仍然以第6章中新C型飞机的性能为例：飞机的航班载运率为70%时，在1000千米的航线上往返。该飞机每年有2.3亿客千米，假设平均碳成本为40欧元/吨，平均每位乘客将产生价值14欧元的温室气体。我们假设该航线所在的机场靠近城镇地区，噪声较大，每位乘客会因此付出10欧元的代价。[13] 同样，该地区的空气污染也会较严重，每位乘客因此付出5欧元的代价。另外，还假设温室气体排放、空气污染、噪声污染都没有被内部化且“门到门”的航空出行时间需要4小时。

飞机的替代运输方式为高铁，我们假设高铁消耗的电力100%为可再生能源或核能，因此不会产生温室气体或其他空气污染物。此外，还假设列车沿途人烟稀少，因此噪声是飞机的50%。高铁服务中有一个普遍的现象：若高铁票价与机票价格相差无几，高铁服务成本就需要政府补贴。保守估计，高铁服务总成本（包括基础设施成本）中有25%的成本不是由运营收入承担的。另外，假设铁路已经开始运营，不需要进行投资。因此，这里我们主要解答一个问题：如果有高铁已经在运营，对该线路的航空运输进行投资是否划算？[14]

铁路的“门到门旅行时间”需要5小时，因此对于1000千米的路程，航空出行会节约1小时的行程。假设机票价格和火车票价都为单程150欧元，为了节约1小时的行程，客流会转移到航空运输。假设时间价值为30欧元/小时，并以每年1.5%的速度增加。此外，还假设航空乘客在从出发地到达机场和从机场到达目的地期间会承担额外8欧元的打车成本。若采用先前（如4.1节）计算总个人广义成本的方法，航空乘客会新增12%，其余88%的乘客会被分流到其他运输方式。

投资航空服务的收益计算如表6-8所示。该计算假设交付飞机的第1年就进行投资。为避免将投资贴现，计算中还考虑到飞机交付不到一年的情况，记为第“0”年。另外，经济评估扣除了价格中的税收，便于计算机会成本。

表6-8 投资航空服务的收益

航空运输			现值/年份	0	1	2	10	20
(1)	收入客千米	百万		0.0	230.0	230.0	230.0	230.0
(2)	收入	百万欧元	429.9	0.0	34.5	34.5	34.5	34.5
(3)	扣除税收的收入	百万欧元	390.8	0.0	31.4	31.4	31.4	31.4
(4)	运营成本	百万欧元	312.6	0.0	25.1	25.1	25.1	25.1
(5)	税前的运营成本	百万欧元	284.2	0.0	22.8	22.8	22.8	22.8
(6)=(2)-(5)	总生产者剩余	百万欧元	145.7	0.0	11.7	11.7	11.7	11.7
(7)=(3)-(4)	净生产者剩余	百万欧元	78.2	0.0	6.3	6.3	6.3	6.3
(8)至(1)	温室气体	百万欧元	40.1	0.0	3.2	3.2	3.2	3.2
(9)至(1)	空气污染	百万欧元	14.3	0.0	1.1	1.1	1.1	1.1
(10)至(1)	噪声污染	百万欧元	28.7	0.0	2.3	2.3	2.3	2.3
(11)=(8)+(9)+(10)	总外部成本	百万欧元	83.1	0.0	6.7	6.7	6.7	6.7
(12)	投资	百万欧元	50.0	50.0				
(13)	税收	百万欧元	4.5	4.5				
(14)=(12)-(13)	扣除税收的投资	百万欧元	45.5	45.5				
	替代运输方式(高铁)							
(15)	收入客千米	百万		0.0	205.3	205.3	205.3	205.3
(16)	收入	百万欧元	383.8	0.0	30.8	30.8	30.8	30.8

表 6–8（续）

航空运输			现值/年份	0	1	2	10	20
(17)	补贴	百万欧元	102.3	0.0	8.2	8.2	8.2	8.2
(18)	温室气体	百万欧元	0.0	0.0	0.0	0.0	0.0	0.0
(19)	空气污染	百万欧元	0.0	0.0	0.0	0.0	0.0	0.0
(20) 至 (15)	噪声污染	百万欧元	12.8	0.0	1.0	1.0	1.0	1.0
(21) = (18) + (19) + (20)	总外部成本	百万欧元	12.8	0.0	1.0	1.0	1.0	1.0
	乘客消费者剩余							
(22) 至 (1) ×VoT	转移客流	百万欧元	86.7	0.0	6.2	6.3	7.0	8.2
(23) 至 (1) ×VoT	新增客流	百万欧元	5.2	0.0	0.4	0.4	0.4	0.5
(24)	从出发地到达机场所需时间和从机场到达目的地所需时间的运营成本	百万欧元	20.5	0.0	1.6	1.6	1.6	1.6
(25) = (22) + (23) − (24)	净消费者剩余	百万欧元	71.4	0.0	4.9	5.0	5.8	7.0
	财务收益							
(26) = (7) − (12)	航空公司的净现金流	百万欧元	28.2	−50.0	6.3	6.3	6.3	6.3
	航空公司的财务收益率		11.0%					

表 6-8(续)

航空运输			现值/年份	0	1	2	10	20
(27)=(6)-(14)	航空公司的总税收	百万欧元	100.2	-45.5	11.7	11.7	11.7	11.7
	航空公司的总财务收益率		25.4%					
(28)=(17)+(27)	差额现金流	百万欧元	202.5	-45.5	19.9	19.9	19.9	19.9
	财务收益率差额		43.7%					
	经济收益							
(29)=(6)-(14)+(17)+(25)	不考虑外部性时的经济收益率		273.9	-45.5	24.8	24.9	25.7	26.9
			54.9%					
(30)=(29)-(11)+(21)	净现金流	百万欧元	203.6	-45.5	19.1	19.2	20.1	21.3
	经济收益率		42.6%					

如表6-8所示，航空公司每年有3450万欧元的收入（第2行），高于高铁每年3080万欧元的收入（第16行），原因在于航空公司拥有新增客流。航空公司的收入和成本（第2～第5行及第13行）需要纳税，而高铁不同，其收入和成本受政府补贴（第17行）。抛开补贴需求不谈，高铁收入还要用于承担运营和基础设施成本，而航空服务的基础设施成本囊括在机票中。

航空服务在飞机折旧前可以获得营运利润（生产者剩余），包括税收总额和税收净额（第6行和第7行）。将生产者剩余与税前投资成本相比可以得出航空服务给航空公司带来的价值（第26行），若将其按5%的资本成本贴现，财务收益率为11%。航空服务的总财务收益为税收总额（第27行），如果航空公司归政府所有，总财务收益便为政府的总收益。

如果航空公司归政府所有且政府在引入航空服务后缩减高铁服务的比例，财务收益会更高。这是因为高铁服务是政府净财政负债的一部分，相当于每年的总补贴。假设每增加一名航空乘客，对铁路的补贴就会相应按比例减少，那么政府的资金流将如第28行所示。这些资金流表明政府的财务收益会高达43.7%。

投资的经济利润需要衡量消费者剩余和实施项目产生的外部性。乘客从高铁出行转向航空出行节省的出行时间，以及新增乘客对航空服务的支付意愿都算作消费者剩余。不考虑其他经济扭曲或实施项目带来的二级市场中的任何成本经济（见2.7.3节），消费者剩余包括生产力提高给社会带来的利好以及引入航空服务后产生的福利增长。因此，项目的净经济价值为2.739亿欧元（第29行），从54.9%的经济收益率来看，该项目的经济价值对于价值4550万欧元的资源投资来说是一个很大的收益。

要计算最终的收益，还需要考虑外部性。另外，外部性不仅仅是干扰项，它还有可能使其承担者生产力下降。一旦考虑外部性，经济价值会下降至2.036亿欧元，经济收益率也会下降至42.6%。该项目的价值和收益是非常大的。以净现值计算，航空服务给社会带来的净收益是作为资本支出投入的资源的四倍以上。这超过了乘客只能选择高铁出行时产生的价值。

虽然以上推算不是为了得出经验性的结论，但其中的数据都是真实的，如此高的收益值得探讨。航空的价值来自两个主要因素：第一，航空服务在巡航高度上速度快、成本效益高，超过 500 ~ 700 千米这一最小距离时可以节省大量时间。愿意为省时付费的背后隐藏着个人、商业和文化关系等因素，这些因素由于投资的改善得到了更好的维护。此外，新增客流表明，航空运输的出现建立了新的关系。第二，与陆运相比，航空运输对基础设施的需求较小，提高了航空的成本效益。由于长距离运输更凸显航空运输的速度优势和其陆上竞争对手的基础设施优势，因此以上两个因素共同增强了航空运输长距离运输的优势。

注释：

[1] 参见 Clark（2017）。

[2] 过去，航空公司的容量受政府监管时，一般的交通规划概念如转移客流、新增客流有助于开发新路线。航空公司的分析人员随后提出频率延迟、随机延迟（航班载运率高时出现乘客转移）等概念。如今，航空公司可以自主开发新路线，加上飞机具有高流动性，正式的需求模型不再那么重要。许多航空公司利用与需求流相关的专有信息，使用某种形式的重力模型测试航线的潜力（见 Doganis（2010）；Vasigh 等（2008））。不过，有些航空公司倾向于通过测试服务检验航线的潜力：航空公司试探性地在新航线上部署飞机，并根据测试结果决定是否保留、扩充或取消该飞机。

[3] 该仿真分析通过航班载运率将价格与客流量联系起来。该仿真说明，如果机票价格上涨一定的百分比，航班载运率会相应地下降一定的百分点（不是百分比），即价格增长的十分之一。因此，如果价格上涨 30%，航班载运率会降低 3 个百分点（30% × 0.1），从 70% 下降至 67%。根据模拟中假设的价格，需求价格弹性在-1 ~ -1.5 的范围内。在实施项目之前，价格与航班载运率的相关系数更大，假设为 1.15。在不考虑环境成本时，这一比例与项目实施前和项目实施后的运营成本所占的比例相同，为 15%。为了接近市场条件，我们特地假设，在实施项目之前，如果飞机带来的污染较严重，机票价格也会更高，这意味着需求价格弹性也会更高。因此，由此得出的需求是近似值，是由航班载运率而不是外部决定的需求价格弹性计算得出。但是，考虑到本次模拟的目的是阐释投资项目的成本效益分析法，该近似值处于次要地位。

成本效益分析法不受需求模型中的假设的影响。为了准确得出客流量的数据，分析人员需要解决一系列的假设，包括航空公司收益管理系统采取的定价和航班载运率策略。

[4] 如果项目全部使用燃料效率更高的飞机进行机队更新而不进行机队扩充，排放量会减少，从而降低许可价格。换言之，和降低机票价格以增加客流量带来的负面效应相比，通过使用能源利用率高的飞机以减少每位乘客的排放量带来的收益更高。理论上讲，如果航空公司的需求曲线为水平线，需求弹性无限大，以上两个效应对排放的影响是相同的，虽然这两个效应一正一负，但可以相互抵消，最终并不降低排放量。对于机队扩充项目，净效应体现在许可需求和许可价格的增加。

[5] 这里会使用 B-S 期权定价模型（Black-Scholes）计算期权价值，因此，假定结果的潜在概率分布为对数正态。其他计算期权价值的方法可以不使用该假设。7.2 节就采用了替代方法，即使用二叉树期权定价法计算航空工业中研究和开发的期权价值。

[6] 鉴于大量文献都曾涉及期权估值，此处仅作简单介绍。具体可参考 Kodukula 和 Pappudesu（2006）；Brealey 等（2008）。

[7] 与之相对，美式期权可以在到期日之前的任何时间行使。尽管航空公司通常可以在任何时候自由地将期权改为确定订单（期权的正式行使），但期权的实际行使日期（飞机的交付）却受到装配时间的限制，所以标准美式期权的行使时间不再具有灵活性。因此，在具体实践中，飞机期权往往选用欧式期权而非美式期权。如果飞机制造商可以灵活调整交付日期，此类期权就被看作是美式期权。航空公司使用的实物期权的模型必须根据每笔交易的情况进行调整。此处侧重说明通过实物期权分析辅助投资决策。7.2.1 节介绍了使用二叉树期权定价法对实物期权进行估值的案例，该方法更适用于美式期权。

[8] 本书不涉及实物期权理论的具体内容及 B-S 期权定价模型（Black-Scholes）背后的理论依据，读者可参考其他文献。关于实物期权分析的具体内容，参见 Dixit 和 Pyndick（1994）；关于实物期权的简单应用指南，参见 Kodukula 和 Papudesu（2006）；Koller 等（2010）也曾介绍实物期权应用。

[9] 这只是基于管理层对于未来情况的假设计算波动率的方法。其他估算波动率的方法依赖大量历史数据或分析人员的假设。除此之外，还可以从项目或证券中借用波动率，而这些项目或证券可能具有类似的现金流，并且不确定性和评估中的项目类似。关于波动率的估计，见 Kodukula 和 Papudesu（2006）的有关讨论；Koller 等（2010）

也介绍了将交易证券作为代理的工作实例。

[10] 关于国内生产总值的衡量指标，参见 Moss（2014）以及 Johnson 和 Briscoe（1995）。

[11] 假设某公司，由于其他公司的科技水平越来越发达，该公司没有且未来也不会盈利。这家公司每年要支付 100 万欧元的工资。通过支付劳动者工资，该公司贡献了 100 万欧元的国内生产总值。然而，一旦认识到劳动和资本有机会成本，即有可行的替代用途，工资就不再是收益，而是成本，投资的资本就成为资本的机会成本——投资评估的贴现率。在这种情况下，即使该公司为国内生产总值做出贡献，负的收益率也表明其资源可以被更好地应用于其他生产活动。

[12] 正如 2.7.1 节所论述的，在完全竞争市场中，可以将计算出的项目的财务利润率视为经济利润率。Varian（1992）指出，在完全竞争市场中，收入和经济可行性是如何重合的。然而，在这种情况下，收入与 GDP 并不一致，GDP 并未考虑到生产要素的机会成本。

[13] 作为比较，欧洲委员会（2019）建议每位乘客的边际成本（单个起降周期）为 0.6 ~ 1.2 欧元，每位乘客的平均成本（单个起降周期）为 2.1 欧元。

[14] 这里对实际情况进行了简化，不考虑高铁服务的投资成本，这是因为对新铁路路线的投资与对飞机的投资不具有可比性。火车的容量通常远大于类似航线上飞机的容量。此外，铁路线上的基础设施投资是针对特定路线的，而对于航空来说，机场并不针对特定路线。直接将两者进行比较不免需要假设基础设施支出，其中就包括平均成本，而投资评估应该考虑边际成本。

第7章

航空工业

引言

本章将介绍航空工业投资评估，内容主要包括民用飞机和直升机的制造，而不包括与航天有关的运载工具（如火箭）、比飞机轻的飞行器（如飞艇等）。[1] 航天运载工具的基本经济原则与飞机和直升机基本相同，但有两个方面不同：一是它们更适合于货运，所以运营成本比运送时间更为重要；二是它们的发展计划和生产率往往为目标客户量身定制，而飞机和直升机制造业则需要在投资评估过程中将其他因素纳入考量。

与本书中介绍的其他服务业不同，航空工业属于高新技术制造业。这出于两个方面的考虑：首先，制造业和服务业之间投资评估的不同与成品库存有关。这一原则不适用于飞机制造业，因为飞机是按订单制造的。其次，航空工业一如制造业，需要更大范围的研究、开发和创新（RDI），这提升了行业中的不确定性、不可逆性和沉没成本，容易出现分阶段投资项目和等待不确定性解决的情况，增加了实物期权分析（ROA）的应用。[2]

推出新型客机并不一定增加技术创新相关的风险或不确定性。新型客机可以针对未开发的细分市场，使用常规的、或是相对经过良好测试的技术，进一步研发差异化产品。例如，A380，它的C系列在细分需求上的定位在支线客机和C类客机之间，因此超声速商用客机重新投入营运、货运部门也开始重新营运飞艇。飞机制造商开发此类产品以获得具有垄断竞争力的产品，从而获得定价权。

在航空项目中，考虑一级和二级市场也至关重要。如2.7.3节所述，当二级市场扭曲时，投资评估应考虑二级市场。在评估那些优于可替代产品的创新型飞机时，需要考虑航空公司是否在外部性内在化的市场中运营。

本章分为三节。7.1节介绍风险相对较低、不确定性较小的项目，例如，开发一种新的飞机型号，以取代飞机市场上经过试验和测试的旧飞机。该节探讨了替代方案和竞争环境的影响。7.2节关于开发高度创新组件，其市场前景具有高度不确定性，此外还展示了实物期权分析的应用场景。7.3节将提出超声速商用飞机重新投入运营的案例，这是一种风险大于不确定性的情况。因此，了解用户的付费意愿对于评估市场前景和社会效益至关重要。

7.1 低不确定性

7.1.1 近似于完全竞争市场和寡头垄断市场中的标准产品

一家飞机制造商计划推出新型飞机型号，以取代现有的成功型号和平台。现有型号设计太老，毫无升级潜力。制造商是一家信誉良好的品牌商，有完善的售后支持服务，深受航空公司信赖。航空公司鼓励制造商推出新机型，有几家公司愿意在设计过程中提供帮助，并作为客户参与开发流程。因此，制造商坚信推出新的飞机型号后可以拿到足够的订单，项目取得成功。

该市场由少数飞机制造商组成，他们都以类似的价格生产类似的飞机。价格可以通过市场信号、习惯、价格领先等寡头垄断方式确定，也通过竞争方式确定。[3] 就项目评估而言，这两种方法的本质相同：投资方与竞争对手相比没有独家定价权，他们的报价一旦与现有价格相背，将立即被追踪。因此，项目评估以给定的销售价格为依据，这架飞机将以每架5000万欧元的价格出售，外加10%的销售税。

6年内总研发成本将达60亿欧元，每架飞机（包括测试飞机）的平均经常性成本将达到2000万欧元。总装厂将建造一条每月生产5架飞机或每年生产60架飞机的生产线，预计在生产的第3年达到这一交付速度。该公司假设这款飞机销售15年，然后才会进行型号迭代，该假设基于在产品升级中推出新的投资计划。但由于未来行业状态的不确定性，以及升级版本需要进行投资，该项目不能将15年后飞机的剩余价值纳入考量。此外，政府将投资3亿欧元来帮助开发符合条件的研究、开发和创新。

计算结果如表7-1的设想1所示。简单的财务分析表明，该项目的净现值为74亿欧元（第8行），项目发起人的收益率为15.4%。经济收益将以财务计算为基础，对转移或扭曲做出必要的调整。即通过政府补贴将开发成本加回成本，并将作为税收转移给政府的资金加回项目收益。[4] 由此产生的经济净现值（NPV）约为92亿欧元（第9行），经济收益率为16.5%，略高于私营财务收益率。

表 7-1　竞争和外部成本的备选方案下航空工业的投资收益

			现值/年份	1	2	3	4	5	6	7	8	9	21
	设想 1：竞争结果表明该项目不会改变（二级）航空公司市场上的飞机数量												
(1)	飞机交付	架								15	30	60	60
(2)	累计交付量	架								15	45	105	825
(3)	税后收益	百万欧元	27636							750	1500	3000	3000
(4)	税项	百万欧元	2764							75	150	300	300
(5)	经常性成本	百万欧元	9739				50	30	30	310	610	1210	1210
(6)	非经常性成本	百万欧元	5076	1000	1000	1000	1000	1000	1000				
(7)	补贴	百万欧元	272	100	100	100							
(8)＝(3)－(5)－(6)＋(7)	净财务流	百万欧元	7405	-900	-900	-900	-1050	-1030	-1030	440	890	1790	1790
	财务收益率		15.4%										
(9)＝(8)＋(4)－(7)	净现金流	百万欧元	9195	-1000	-1000	-1000	-1050	-1030	-1030	515	1040	2090	2090
	经济收益率		16.5%										
	设想 2：假设（二级）航空市场的外部性（出乎意料地）被征税												
(10)	飞机交付	架								11	23	45	45

表 7-1(续)

			现值/年份	1	2	3	4	5	6	7	8	9	21
(11)=((1)-(10))×价格	税后收入减少	百万欧元	6898							200	350	750	750
(12)=((1)-(10))×税	减税	百万欧元	690							20	35	75	75
(13)=((1)-(10))×单架成本	缩减经常性成本	百万欧元	2759							80	140	300	300
(14)=(8)-(11)+(13)	净财务流	百万欧元	4317	-900	-900	-900	-1050	-1030	-1030	320	680	1340	1340
	财务收益率		11.9%										
(15)=(9)-(11)-(12)+(13)	净现金流	百万欧元	5592	-1000	-1000	-1000	-1050	-1030	-1030	375	795	1565	1565
	经济收益率		13.0%										
	设想 3:调整设想 1,假设该项目增加了(一级)航空市场的竞争。外部性或被忽视,或被内部化												
(16)=10×((1)×19%)	出现额外损失	百万欧元	793	0	0	0	0	0	0	29	58	115	115
(17)=(9)+(16)	净现金流	百万欧元	9988	-1000	-1000	-1000	-1050	-1030	-1030	544	1098	2205	2205
	经济收益率		17.2%										

表 7-1（续）

			现值/年份	1	2	3	4	5	6	7	8	9	21
	设想 4：调整设想 3，假设外部性未被内部化												
(18)=(2)×4×0.19×2	外部成本	百万欧元	4213	0	0	0	0	0	0	23	69	162	1269
(19)=(17)-(18)	净现金流	百万欧元	5775	-1000	-1000	-1000	-1050	-1030	-1030	521	1028	2044	936
	经济收益率		14.0%										
	设想 5：调整设想 1，假设飞机比竞争对手表现更好。环境成本未被内部化												
(20)=(2)×0.5	噪声效率增益	百万欧元	1369	0	0	0	0	0	0	8	23	53	413
(21)=(9)+(20)	净现金流	百万欧元	10565	-1000	-1000	-1000	-1050	-1030	-1030	523	1063	2143	2503
	经济收益率		17.4%										
	设想 6：调整设想 4，假设飞机比竞争对手表现更好。该项目增加了竞争，外部性未被内部化												
(22)=(19)+(20)	净现金流	百万欧元	7144	-1000	-1000	-1000	-1050	-1030	-1030	528	1051	2096	1349
	经济收益率		15.2%										

这项投资低风险、高收益，将导致寡头垄断。完全竞争表示财务收益等于资本的机会成本，在这种情况下，收益率为5%。就经济评估而言，因为该项目不会在一级或二级市场导致任何价格变化，寡头垄断和完全竞争两种情况下的收益率相同。

该评估没有考虑飞机运行所造成外部性的影响。为飞机支付的价格代表了航空公司资本的边际产品价值，即制造商的产出对航空公司产生的净财务效益的贡献程度。当外部效应被内部化，将影响飞机的运营成本和航空旅行需求，这些需求将反映在航空公司支付飞机费用的意愿上。当外部成本没有被内部化，只要飞机市场具有竞争力且不同竞争飞机的环境绩效没有显著差异，航空公司市场就是一个二级市场，航空公司面临的价格和数量就不会受到项目评估的影响。因此，不管有无项目，其污染量是相同的，且对项目的经济收益没有影响。

在没有外部性内部化的情况下，如果航空公司被迫将其内部化，对项目的影响也值得探究。计算结果如表7-1的设想2所示。如果政府对碳排放、飞机噪声和空气质量征税，航空公司将通过提高机票价格将这些成本转嫁给乘客，导致客流量减少，从而降低市场中飞机的需求。假设综合环境税将使平均机票价格上涨而航空旅行需求的价格弹性为-1.25，由于税收的存在，需求下降25%，销售额下降（第10行与第1行）、收入（第11行）和税收（第12行）减少，但也会降低经常性成本（第13行）。[5] 因此，该项目对筹办方的财务收益率从15.4%降至11.9%，经济收益率将从16.5%降至13%。这表明，尽管二级市场的外部性没有立即被内部化，但一旦被内部化，该项目仍然具有财务和经济意义。[6]

7.1.2 进入垄断竞争市场

目前为止，该分析假设该项目不会改变市场上的飞机总量。若该项目不能推进，其他飞机制造商将用相同价格生产类似的飞机。若项目成功推进，该项目提供的新飞机将改变现有飞机市场结构，影响向航空公司提供的飞机价格。该项目会侵占飞机细分市场，直到垄断者在垄断竞争条件下掌控市场价格，垄断者通过收取高于竞争对手的价格来享受垄断优势。项目发起人将价格降低到具有竞争力的水平，迫使垄断者降低产品价格。[7]

情况如图 7-1 所示。图 7-1(a) 对应飞机市场，图 7-1(b) 对应飞机的二级航空公司市场。在图 7-1(a) 中，现有垄断性飞机制造商通过将飞机销售价格定为边际收入（MR）等于长期边际成本（LRMC），从中获得超额利润，垄断了每架飞机的价格 p_m 和飞机供应数量 q_m。随着项目方进入细分市场，两家制造商之间的竞争使价格降至竞争价格 p_c 等于 LRMC，这与制造商的正常利润一致，即竞争结果。结果产生两种影响：首先，通过降低价格获得的收入优势从制造商转移到航空公司，与区域 $p_m aep_c$ 的面积相等。社会的总体福利因这种效应而保持不变。其次，垄断定价减少了无谓损失。飞机价格降低，航空公司会购入更多的飞机，因此福利的净收益等于三角形的面积，加上产量扩大带来的航空工业利润的增加。

对航空市场的影响如图 7-1(b) 所示，航空公司的长期边际成本（ALRMC）曲线从 $ALRMC_1$ 降低到 $ALRMC_2$。航空市场竞争激烈，因此航空公司将从制造商那里获得的福利收益转移给乘客，将票价从 f_m 降低到 f_c，t_m 到 t_c 的交通量随之增加。航空公司向其乘客的最终福利转移面积 $f_m gkf_c$，以及面积 gjk 的福利净收益，加上由 t_m 到 t_c 的产出增长带来的航空公司的正常利润的增长。

项目收益计算的含义如表 7-1 所示。设想 3 假设项目为发起人带来的收益如设想 1 所述。即私营盈利能力仍如第 8 行所述，并继续对经济收益进行必要调整，以纳入替代竞争。

此外，假设航空公司的外部成本内部化，即不考虑其外部性。有项目情况下飞机的最终价格与设想 1 相同，为 5500 万欧元，但其前提是假设项目前现有垄断者收取的价格为 6500 万欧元，每架飞机下降 1000 万欧元，或价格下降 15%。飞机需求的价格弹性为 1.25，价格下降将导致飞机需求数量的增加。因此，该项目销售的飞机中，约有 19% 将促进该细分市场销售额的净增长。[8] 载重量损失的减少是由于需求数量的变化（交付飞机的 19%）乘以绝对价格变化（1000 万欧元）。无须除以 2，因为表 7-1 反映的是发起人的价

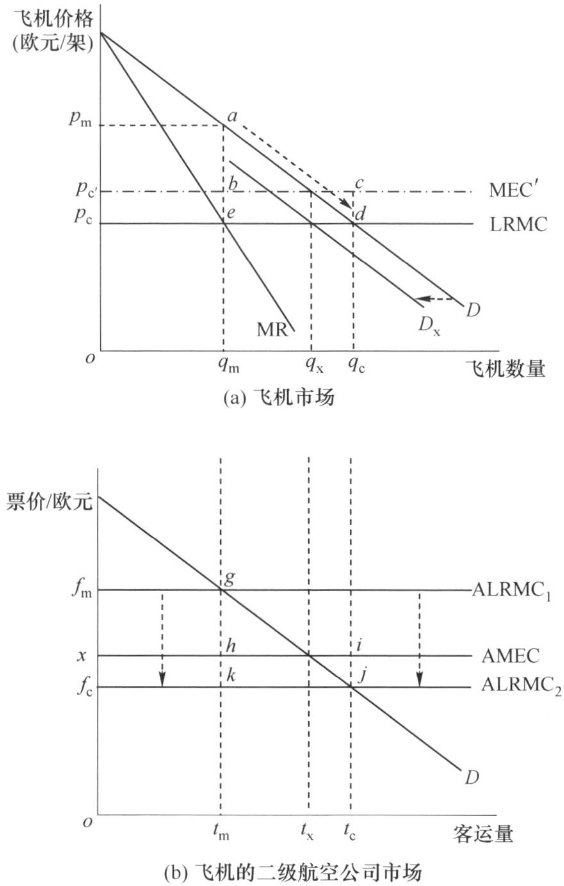

图7-1　关于垄断性飞机市场引入竞争的效果

格变化，而不是整个市场的变化。[9]

项目的经济收益包括了消除福利损失而获得的收益。政府通过销售税将政府收入的10%拨款给航空公司（见图7-1(a）中的 $p_m aep_c$ 区域）和乘客（见图7-1(b）中的 $f_m gkf_c$ 区域），因为转移过程中总收益不会改变。结果是额外增加7.93亿欧元的福利（见表7-1中第16行），项目的净现值从价格不变的情况下的92亿欧元（见表7-1中第17行①）增加到近100亿欧元

① 原文错误，应为第9行。——译者注

（见表7-1中第9行[①]）。这相当于项目的经济收益从16.5%增加到17.2%。额外福利为图7-1(a)中的*ade*区域和图7-1(b)中的*gjk*区域，因为飞机市场竞争加剧的最终受益者是乘客。然而，通过减少损失，项目的好处可以是面积*ade*，或者，作为替代措施，是面积*gjk*。但无法将这两个面积相加，会重复计算。

在设想3中，该计划迫使飞机价格下调，导致市场上飞机总数下降。这与设想1不同。设想1中，飞机总数不随项目而变化，二级航空市场的外部性是否被内部化对估计经济盈利能力至关重要，因为随着项目的推进，航班数量增加，进而导致二级市场外部成本的任何变化都可以归因于项目。设想4建立在设想3的基础上，但假设航空市场的外部性没有内部化。也就是说，设想4假设就筹办方而言，项目的结果如设想1所述，这意味着私营资金流向筹办方的净现值如第8行所述，但对经济盈利能力的计算进行了必要的调整，以纳入外部效应的新假设。图7-1(b)中的AMEC时间表描述了飞机导致的航空公司的边际环境成本（AMEC）。设想3表明，该项目使航空公司从q_m到q_c的飞机总需求增加，同时从t_m到t_c的交通量增加，从f_m到f_c的机票价格下降。然而，额外的乘客（t_c-t_m）并没有支付航空旅行的全部费用，他们每次旅行都会造成环境外部性（$x-f_c$），导致总外部成本等于面积*hijk*。因此在测量时需要考虑经济收益。

项目的外部环境成本也可以通过市场来判断，即图7-1(a)中矩形*bcde*的面积。MEC代表每架飞机的边际环境成本，MEC线是虚线，并加了撇号，强调这是另一种平行方法，计算是每架飞机的排放量，而不是每名乘客的排放量。图7-1(a)中的*bcde*区域和图7-1(b)中的*hijk*区域为成本会导致重复计算工程项目的环境成本。

运营一架飞机每年的总环境成本估计为400万欧元，包括温室气体（GHG）排放、空气污染物和噪声，所有这些都是外部成本，而不是成本内部化。图7-1(b)中的*hijk*面积相当于每架飞机400万欧元的成本，乘该细

---

① 原文错误，应为第17行。——译者注

分市场中该项目的运营飞机总数。没有该项目就不会生产出这些飞机。后一个数字将是累计交付量的19%，其中19%是该项目产生的估计流量。这一数字必须包括该细分市场的所有飞机，也就是说它必须包括另一家竞争对手的飞机总数，这占了50%的市场份额。因此，每年的外部环境成本是累计交付飞机总数的19%的两倍，乘以400万欧元（第18行）。注意随着航空运输需求的增长，图7-1(a）和（b）中的需求曲线每年都会右移，即图7-1(b）中的 *hijk* 区域每年都会增长。

项目的经济盈利能力估计（第19行）与第16行中估计的避免载重量损失的收益相结合，该收益是项目的结果导致的细分市场中的飞机增加，以及此类飞机在二级市场带来的环境成本（第18行）。该项目的经济价值大幅下降，从42亿欧元降至58亿欧元（第19行），经济收益率从17.2%降至14%。请注意，该项目对筹办方的净财务价值仍为74亿欧元（第8行），财务收益率为14.4%，均高于经济收益率。这种差异是因为环境外部性和政府补贴的不同。

一旦开展投资，政府突然引入税收机制，将航空的所有外部成本内部化，那么对估算过程的调整将会如设想2中进行调整。航空公司因为税收的变化，将票价从图7-1(b）中的 f_c 上升到 x，航空公司的长期边际成本（ALRMC）时间表将变为边际环境成本时间表。由此产生的航空旅行需求量将为 t_x。航空公司成本和票价的这种增加对航空市场的影响将是航空工业将面临需求下降，如图7-1(a）中 D 到 D_x 的变化所示。对于 $p_{c'}$ 的飞机价格，飞机需求量为 q_x。财务和经济收益的估计必须调整，以保障较低的飞机交付数量，外部成本将作为独立项目从经济盈利能力估计中消失。

7.1.3 改进后的产品进入市场

最后，考虑生产新型飞机的情况。相对于旧型号这种新型飞机的操作性能有所改善。假设它在排放温室气体、空气颗粒或噪声方面具有环保性能。基于上述讨论，如果遵循航空工业的监管框架和外部成本内部化，那么在计算经济收益时就无须考虑和估算财务收益。对飞机的需求反映了环境和经济性能的改善，如果所有竞争厂商生产的飞机改进了性能，那么经济收益将与财务收益相等，所有制造商的投资也将相等。如图 7-2 中的左下象限所示，该象限阐述了竞争市场中财务和经济收益之间的关系，这取决于环境成本是否内部化，及项目推动者是否能够通过特有产品将其产出与竞争区分开来。

	内部环境成本	外部环境成本
特色产品	FRR = ERR 在短期内与那些竞争对手的表现有所不同	FRR ≠ ERR 长期可持续发展
标准产品	FRR = ERR 与竞争对手表现相同	FRR = ERR 由于二级（航空）市场的污染量不受该项目的影响

图 7-2　在无竞争性飞机制造市场的投资经济评估中处理环境成本

项目厂商因其独特的研发能力，让产品具有独特的高性能，在环境方面比它的竞争对手表现更优异。在所有外部成本内部化的情况下，项目支出与经济收益相等，但因为更高的市场份额或更高的价格反映了竞争优势，项目收益将高于竞争对手。这种情况可参见图 7-2 的左上象限。由于该产品具有独特的性能优势，也就是说在未来，其他竞争对手无法与之抗衡。在竞争激烈的市场中，这种情况长期来看不可持续。如果一家制造商永远处于优势地位，它最终将占领整个市场。从长期来看，竞争对手需要利用其独特的能力为航空公司提供价值，除非与投资业绩持平，否则将被逐出市场。

如果航空工业外部性不进行内部化，结果又会不同。财务收益不等于经济收益时会出现两种情况。首先，如果其他飞机制造商生产的机型在性能上有同样的改进优势，那么就不是这个项目推动改善了环境性能。在没有这个项目的情况下，由于竞争对手改进其生产的飞机，航空工业的环境表现与这个项目相同。评估机制表明，在二级航空市场，“无项目”与“有项目”有相同的环境效果。环境因素也证实，项目的财务收益与经济收益相同，可参见图 7-2 的右下象限。也就是说，在竞争条件下和在二级市场存在外部性的投资评估工作中，无论该产品的环境性能相对于前几代有多好，投资都不应侧重于环境效益，因其对二级市场没有影响。注意，这里有两个关键前提：一级市场是竞争性的，一级市场中不同参与者的产出互为完全替代品；也就是说，参与者以同样的价格提供同样的性能。

第二种情况是，虽然没有内在化，但该项目因为有更好的环境效益，能将自己与竞争对手区分开来，具体可参见图7-2中的右上象限。由于改进的性能所涉及的环境成本没有内化，航空公司不愿意为此买单，竞争对手甚至不会努力研发与环境性能相匹配的产品。在其他条件相同的情况下，环境性能更好的飞机只会获得与其他竞争飞机相同的市场价格和市场份额。也就是说，所有飞机制造商的财务收益相同。当然，经济评估还需要考虑到，因为与左上象限的情况不同，目前的情况是长期可持续的。

表7-1中的设想5阐述了图7-2中右上象限的情况。假设提升环境性能，减弱噪声，并且飞机比竞争对手的飞机稍微安静一些，每架飞机每年可减少约50万欧元的外部成本。在竞争市场中（无论是完全竞争还是寡头垄断），筹办方出售的所有飞机都将获得这种外部利益。降低噪声外部性带来的福利收益达14亿欧元（第20行）。这使得项目的经济价值从设想1的92亿欧元（第9行）提高到106亿欧元（第21行），筹办方的财务收益与设想1相同。

如果一架新型飞机打破了现有制造商在某一特定细分市场（即在项目开始前以垄断竞争为特征的市场）的垄断地位，该项目收益也将适用于制造商销售的所有飞机。参见图7-1，引入新飞机后曲线AMEC下移，纵轴乘以横轴上的 t_c 或 q_c 的面积等于50万欧元。在无项目的情况，该项目生产的特有产品下将无法复制，因此无论是现有飞机的替代品，还是通过降低价格出售的飞机（见图7-1(a)中的 q_c-q_m），该项目在环境性能方面的收益适用于该项目销售的所有飞机。情况如表7-1设想6所示。因此，与设想4相比，项目的经济价值有所提高，净经济价值达到71亿欧元（第22行），项目收益率从14%提高到15.2%。如第8行所述，项目对厂商的财务价值保持不变。

7.2 高不确定性

7.2.1 基于外部发展的创新项目

航空发动机制造商正在考虑投资开发一种新型发动机，这种发动机在总体生命周期成本和特别是燃料消耗方面有重大性能提升。然而，目前的商业前景取决于两个关键因素：其一是新的发动机需要改变飞机的设计方式，这影响了最终的飞机装配商，他们需要投入大量资金和人力；这又会受到第二个因素的制约，即未来政府对飞机运营和排放标准的监管。这两个相互关联的因素的发展前景尚不明朗，管理层预计在未来五年内将解决这些问题。

研发这款发动机需要长期的大量研发投资，包括 15 亿欧元的研发投入、5 亿欧元的现有生产设施改造投入，项目总投资达到 20 亿欧元。一方面，如果项目失败或半途而废，几乎所有的研发投资都将功亏一篑，筹办方也无法将投资移作他用，只能确定以当前约 1500 万欧元的价格出售部分设施。因此，该笔投资为沉没成本。如果筹办方花费 20 亿欧元，却只得到 1500 万欧元的收益，就可能会造成管理层大变动，甚至是发动机制造商破产。另一方面，如果市场监管和飞机装配商发展前景明朗，没有竞争对手开发类似的发动机，那么数年内制造商的竞争优势将格外突出，直到竞争对手研发出类似的发动机。筹办方的领先优势会带来自由现金流，现值为 100 亿欧元。

发动机制造商的管理层对投资进行了折现现金流（DCF）分析，包含了大量的假设，反映了该项目的不确定性。各方意见不一，最终选择了折中方案，其中包括一个较为中立的销售预测，假设竞争对手开发出类似性能的发动机。由于风险较高，现金流折现率为 25%，包括相当高的风险溢价，而该公司的标准目标投资收益率为 15%，无风险率为 5%。这种中间情景的结果是投资前自由现金流的现值为 12 亿欧元。由于目前启动该项目的现值为 20 亿欧元，该项目的财务净现值将为 -8 亿欧元，因此管理层必然会拒绝该项目。

然而，管理层中对项目最感兴趣的人不同意否决该项目，他们认为正是因为未来结果存在巨大的不确定性，仅依靠中值预测对未来的机会范围来说过于狭隘，也许仍然值得保留启动该项目的选项，并推迟做出决定，直到对未来前景的不确定性降低。[10] 因此，他们建议用目前项目期权价值的估计作为折现现金流分析的补充，从而做出正确的选择，判断是否值得投资该项目，如果值得，又该投资多少金额。

管理层决定以一种更明显的方式来估计期权价值，即他们在5年后的期权预期到期日之前兑换期权，他们选择用二叉树期权定价法。[11] 他们通过这种方法，模拟输入变量的变化，如波动率和投资成本（后者是期权的执行价格），从而做出简单估计。[12]

第一步是根据管理层提出的方案估计隐含波动率，采用的方法具体参见6.2.2节。关于飞机期权，估算如下

$$\sigma = \frac{\ln\left(\frac{S_{opt}}{S_{pes}}\right)}{4\sqrt{t}} = \frac{\ln\left(\frac{10000}{15}\right)}{4\sqrt{20}} = 36.35\%$$

其中，σ 为项目现金流的波动率，即发动机的销售或全套服务计划；S_{opt} 是乐观情况下的基础资产价值，或如上所述的100亿欧元；S_{pes} 是悲观情景下的基础资产价值（1500万欧元）；t 是估计波动率周期，或项目周期（20年）。由此产生的36.35%的波动性凸显了该项目的高度不确定性。

通过对波动性的估计，可以对风险和优势因素进行预估，这将有助于建立二叉树。如下所示的是三个项目的计算

$$u = e^{\sigma\sqrt{\delta_t}} = e^{0.3635\sqrt{1}} = 1.4383$$

这里的 u 是上行因素；δ_t 是与树中每一步相关的时间，为1年。

$$d = \frac{1}{u} = \frac{1}{1.4383} = 0.6952$$

这里的 d 是下行因素。

$$p = \frac{e^{r\delta_t} - d}{u - d} = \frac{e^{0.05\times 1} - 0.6952}{1.4383 - 0.6952} = 0.4791$$

这里的 p 是风险中性概率；r 是无风险利率，为5%。

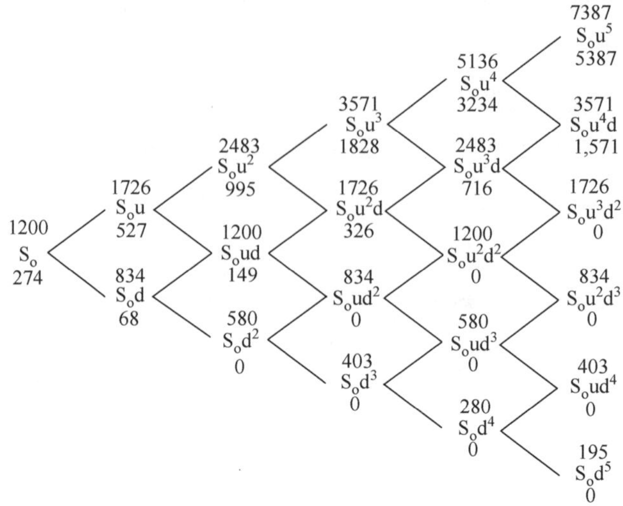

单位：百万欧元

图 7-3　航空发动机项目金融实物期权价值的二叉树

图 7-3 显示了项目的二叉树，每一列代表 1 年。左边的第 0 列为现在，右边的第 5 列为期权的最大寿命，即 5 年。每列中的每个单元格都表示一种结果。二叉树网格的计算从管理层将未来现金流（不包括投资成本）的估计现值为核心开始，即 12 亿欧元。在最左边的单元格，第 0 列的 S_o，是当前资产的价值。随后的单元格用向上（u）和向下（d）标识符命名，其中指数表示该单元格后上移或下移的累积次数。

从单元格 S_o 开始，使用上升和下降因子（分别为 u 和 d）来估计连续年份的资产价值。第 1 年，资产价值的变化是（以千欧元①为单位）

$$S_ou = 1200 \times 1.4383 = 1726$$

$$S_od = 1200 \times 0.6952 = 834$$

采用同样的方法估算二叉树连续单元格的资产价值。

一旦计算了所有单元格的资产值（见图 7-3 中的每个单元格），就会计算每个单元格的实物期权价值（ROV），显示于每个单元格的底部。期权值

① 原文错误，应为百万欧元。——译者注

的计算从二叉树的右端开始，即最后一列（在本示例中为第 5 列），遵循反向归纳的过程。最后一列的计算程序与前面所有其他列的计算步骤略有不同。

最后一列包括终端节点，能够解决项目未来收入的不确定性问题。届时，政府将就排放标准的监管制定详细规定，飞机生产商也决定是否开发新飞机，配合项目发起人期待的新发动机技术。因此，厂家必须投资新发动机，鉴于项目的定义方式，因此投资不可能再被推迟，因为推迟毫无价值。期权的价值为投资后项目的价值。[13] 如果预期现金流的价值超过 20 亿欧元的投资成本（也就是期权的执行价格），则就会投资。以 S_0u^5 为例，现金流价值 74 亿欧元，在投资 20 亿欧元后，项目的净现值为 54 亿欧元，这是当时投资选择权的价值。在单元格 S_0ud^4 中，现金流现值为 4.03 亿欧元。20 亿欧元的投资带来了 16 亿欧元的负净现值；因此，期权价值为零，公司停止投资项目。

实际上，每个单元格底部的选项代表了该阶段价值最大化的决策。决策包括（1）投资，（2）保留期权，或（3）放弃期权和项目。我们将依次讨论这些决策。首先，在该点进行投资的价值（即 NPV，即资产价值减去投资成本）高于期权的价值（等待的价值），则将进行投资，因此等待的价值为 0。选项值成为项目的值，因此单元格中较低的数字为项目的 NPV。注意，在第 5 列（最后一列）中，必须做出是否投资项目的决定，因为那时的期权到期了。该列中，每个单元格中较低的数字要么是执行项目时的 NPV，即期权在当时执行的条件下的价值，如果项目 NPV 为负，因此不进行投资，则该期权的价值是 0。

第二，如果期权的价值高于投资的净现值，那么可以保持期权的有效性，单元格中包含期权价值，也就可以等待。例如，在第 3 列顶部的单元格 S_0u^3 中，项目现金流的现值为 36 亿欧元，扣除 20 亿欧元的投资成本后，项目 NPV 为 16 亿欧元。期权价值更高，为 18 亿欧元。因此，期权将保持有效。单元格包含期权价值，而不是项目的净现值。最后，如果投资的 NPV 在该单元格中为负，而期权无价值，即单元格中的期权价值为 0，可以放弃或终止期权以及项目，除非它是免费的。

如上所述，在最后一列，也就是第 5 列中，当期权到期时，实物期权的值要么是项目的 NPV，要么是 0。对于前面的所有列，即第 0 列到第 4 列，每个单元格的实物期权价值等于所有未来实物期权价值的加权平均值，根据后续上移或下移的单元格中的实物期权价值进行估算。例如，第 4 列顶部单元格 S_ou^4 处的选项值如下所示

$$ROV_{S_ou^4} = [p(ROV_{S_ou^5}) + (1-p)(ROV_{S_ou^4d})] \cdot e^{-r\delta_t}$$

得到下值

$$ROV_{S_ou^4} = [0.4791(5387) + (1-0.4791)(1571)] \cdot e^{-0.05\times 1} = 3234$$

通过将上述公式应用于前面的每个单元格，可以向后（向左）完成二叉树。二叉树最左边的第 0 列包括实物期权的当前价值，为 2.74 亿欧元。[14] 期权的价值为正值，高于此时项目的净现值（为负值：12 亿欧元−20 亿欧元=−8 亿欧元），因此值得保留期权。

使用传统的折现现金流（DCF）估值模型分析，由于净现值为负，发动机制造商不会继续推动该项目。然而，DCF 分析中的不确定性也会隐藏其他结果的可能性，例如，一些结果取决于未来发生的事件，这些事件可能会使项目有利可图。根据对未来收益的分析，目前阶段，为了让未来 5 年内实施该项目，今天值得支付高达 2.74 亿欧元。为保持期权的有效性而进行的投资应包括早期开发阶段，包括雇用专业人员、开发初始设计概念等。随着时间的推移，这类投资将会进一步发展，这取决于事态的发展。每个时间点的期权价值表示为保持期权有效性而花费的最大金额。

在这一点上，我们可以观察到三点：首先，二叉树表明，这个项目不太可能实施。截止到第 5 年，预测的六种情况中，只有两种是值得投资的项目。于是反对该项目的人会利用这样的结果来宣传，最好不要浪费钱来做进一步投资。尽管如此，目前最为理性的做法是保留选择权。若是未来 5 年的情况朝着有利的方向发展，该期权价值将获得巨大收益。

其次，即使事件以这样一种方式发展，DCF 分析使项目在未来的某个时候可行，它可能仍然值得等待，而不是继续进行项目。以第二列单元格 S_ou^2 为例。在这种情况下，估计资产价值为 24.8 亿欧元。以 20 亿欧元的执行价格计算，这意味着该项目预计将有 4.83 亿欧元的正 NPV。不过，该期权价值 9.95

亿欧元。这表明，尽管 DCF 分析表明，在风险加权的基础上，项目已经值得投资，但未来的不确定性程度是这样的，能够等到未来揭示更多关于项目可能结果的信息，比项目的预期 NPV 更有价值。因此，它仍然值得等待，而不是投资。事实上，二叉树表明，在做出投资决定之前，等到选项在第 5 条到期。

第二，即使事态进一步发展，DCF 分析表明项目在未来值得推进，那项目现在可以暂时停止，等待时机的到来。如列 2 中单元格 S_0u^2 所示，在这种情况下，估计资产价值为 24. 8 亿欧元。按照 20 亿欧元的执行价计算，该项目预计净现值为 4. 83 亿欧元。不过该期权价值 9. 95 亿欧元，因此 DCF 分析发现在风险加权基础上，该项目值得投资，但未来的不确定性依旧存在。我们需要静待事态发展，探寻项目的更多可能性，这一价值大于项目的预期净现值。因此，投资项目仍需等待时机而非贸然推进。二叉树也表明，最好是等待第 5 年期权到期后，再做出投资决定。

最后，第三个观测结果是在前一个观测结果的基础上衍生的极端版本，如图 7-3 中第 4 年的单元格 S_0u^4 所示。项目经理发现因为期权价值（32 亿欧元），即为了保持期权的价值而花费的金额高于总投资成本（20 亿欧元），所以理应在这个时候执行项目。但是，该阶段实施项目的价值（51 亿欧元-20 亿欧元=31 亿欧元）仍然低于期权价值。也就是说，如果等待的机会成本足够低，那么等待是更好的选择。毕竟，需要解决的问题是人们应该愿意支付多少和什么时候支付。如果提前做决定的收效甚微，那么还不如等一等，在更确定的情况下做出决定。

7. 2. 2 金融实物期权价值与经济实物期权价值

前一节的分析主要集中在对飞机发动机制造商的收益上。它没有涉及社会经济价值。让我们假设政府希望对拟议的投资项目进行经济评估，他们计划在私营筹办方进行的财务评估的基础上进行评估。由飞机发动机制造商进行的私营财务分析将需要三种调整。

首先，经济分析需要将筹办方支付的投入和产出的销售税加到项目收益中。让我们假设税收是这样的，投资前的项目价值将从 12 亿欧元增加到 14

亿欧元。增加偿付的效果是增加实物期权的价值。同时，资本投资成本在扣除税收后转换为经济指标时也会降低。假设资本投资的经济成本将是 19 亿欧元，而不是财务评估中的 20 亿欧元。

其次，与大多数研究、开发和创新（RDI）投资一样，该项目会通过知识创造产生溢出效应，这些知识可能应用于航空航天或其他领域。也就是说，这种利益是积极的外部性，不会像任何内部利益一样，纳入发动机的财务收益的计算。然而，在航空工业中，知识溢出并不大，多数知识保留在价值链内（Niosi 和 Zhegu（2005））。假设此类收益将额外增加 1 亿欧元，使项目在投资前的现值从 14 亿欧元增加到 15 亿欧元。无论项目成功与否，这种知识溢出都已经实现了，也就是最坏的情况还有更高的收益。这可以用来证明收益的波动性较低，从而压低实物期权价值。然而，也可以说，如果项目成功，正收益也更高，保持波动率不变。这个问题的答案显然是尚不确定的。为简单起见，假设波动率保持不变。

第三，政府在评估投资时可能使用比私营部门低的贴现率。[15] 这有几个原因，一是项目相对于经济规模较小，政府和社会比私营部门有更大的能力承担项目不可分散的风险，因为风险相对于经济规模较小；二是资本市场会受到税收等扭曲因素的影响，这会在公共部门和私营部门之间造成歧视；三是项目所在的产品市场可能是不完全竞争，个别公司可能要求比竞争更激烈的市场更高的收益率；四是政府希望通过降低未来收益和成本的折现率来解决代际外部性，或出于其他道德考虑。无论政府采用哪种贴现率，都应该将其视为低于公共债务的长期实际利率，特别是在预算紧缩的情况下，因为该利率反映了政府和社会的资金边际成本。在实践中，政府的社会折现率和长期政府借款利率往往低于私营部门的折现率。使用较低的贴现率来评估未来收益流的价值，可以增加其价值。

假设在当前项目中，政府采用的较低贴现率导致收益流的价值从 15 亿欧元增加到 20 亿欧元。项目价值为 20 亿欧元，投资如上文所述为 19 亿欧元。该项目的经济净现值为 1 亿欧元。由于经济价值为正，财务价值为负（7.2.1 节确定的 8 亿欧元损失），该项目将成为政府支持的候选项目。它是否真的值得获得融资则取决于政府预算限制和替代项目的社会经济盈利能力。如此低的经济收益（投资19亿欧元获得1亿欧元的经济收益）会使其成为边缘项目。然而，政府承认，私营部门那种投资收益流存在很大的不确定性。项目的收益可能远大于平均或预期收益，因此实物期权分析可以反映项目的更多价值。

图7-4包括使用现金流而不是私营财务流计算的二叉树，包括上述三次调整。简而言之，调整的结果是将资产的现值从私营部门财务分析的12亿欧元增加到20亿欧元；以及将总投资成本（期权执行价格）从财务分析中由私营部门承担的20亿欧元降低到19亿欧元的经济投资成本。结果显示，该项目的经济实物期权价值为8.65亿欧元，远高于私营金融期权价值2.74亿欧元（见图7-3）。如果预算或所需投资工作的不可分割性，2.74亿欧元的私营实物期权价值不足以让私营部门继续保留项目期权，那么政府可能为该期权提供融资帮扶。

此外，即使私营部门的期权价值为0，政府也有理由为私营部门的实物期权提供资金，具体可参见图7-4的单元格 S_0d^2，S_0ud^2 和 $S_0u^2d^2$ 中圈出的较低的数字，在私营实物期权毫无价值的情况下，这些数字显示了项目的正经济实物期权价值（见图7-3中相同的单元格）。[16] 这一结果将有助于证明政府应该支持项目融资，帮助那些不确定商业前景而对私营部门毫无价值的研究项目，因为这些项目或许会在未来产生价值，具体取决于事态的发展。

当前示例中，实物期权分析阐述了经济净现值刚刚为正的项目案例。7.2.1节中私人财务价值的情况，即对净现值为负的项目进行实物期权分析，也适用于社会经济价值的情况。公共资助的研究项目就是如此，这些项目在标准的社会经济评估中发现前景不明，无法在评估中展现其具有积极的经济实物期权价值。即图7-3所示的情况，假设私营部门案例中使用的值代表经济价值。

最后，请注意，这里的案例都有一定前提条件，即能够决定是否支持该项目的公共部门独立于决定未来排放标准监管的公共部门。人们假定私营部门和政府都面临着同样程度的不确定性，但实施或许并非如此。对于政府来说，除了提供研究资金来帮助保持选择的开放性之外，他们还可以选择提供更多的监管确定性。

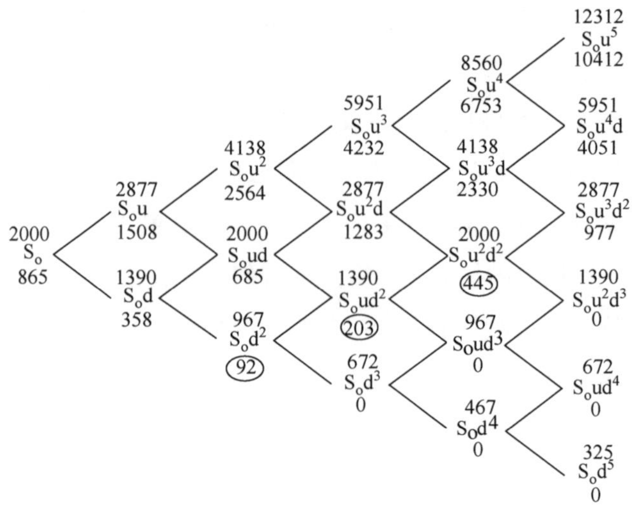

单位：百万欧元

图 7-4　航空发动机项目经济实物期权价值的二叉树

7.3　超声速飞行

7.3.1　介绍

2020 年之前的 20 年是商业民用航空史上不寻常的 20 年。自 20 世纪初成立以来，英国航空工业的飞机速度不断提高。20 世纪 70 年代，图-144 和“协和”超声速客机投入商业运输，分别以略高于马赫数 1.5 和马赫数 2 的速度巡航，为航空工业开启了超声速飞行之旅。图-144 的安全性差，商业运营的寿命短，而“协和”超声速客机在 2003 年终止运输之前，商业运营了大约 25 年。因为所有的商用飞机都是亚声速的，速度略高于马赫数 0.8，“协和”超声速客机没有替代品，因此 2003 年不仅标志着运输业打破了对速度的追求，这是历史性的倒退。

“协和”超声速客机一开始就是高度政治化的项目，其经济状况受到严重质疑（Woolley（1972），Edwards 和 Woolley（1973））。[17] 当时航空工业的组织架构与今天不同。国家能很大程度上干预飞机制造业，这也是那个年代对产业政策普遍的干预方法，其中就包括发展“国家顶级企业”。整个世界都在冷战，展示科技实力只是众多战场之一。超级超声速飞机（SST）的发展，最初是一场三方竞赛。苏联与“协和”飞机一起开发了图-144，而一直在追求自主研发超声速飞机的美国，美国国会以经济理由拒绝了研发项目（Lawrence（1971））。

当时的航空公司多数为国有企业，它们在受管制的市场中运营，竞争空间有限。多数国内市场受到监管，国际航空市场由国家间的双边协议管理（Dobson（2017），Doganis（2019））。这些双边协议规定了每个国家可以提供国际航线服务的目的地，以及这些服务的运力、起飞频率和价格，这些服务通常由每个国家指定的一家或两家旗舰航空公司运营。从而让政府决定航空公司购买什么型号的飞机。

正如当时对该项目的经济收益提出的反对意见所证明的那样，当时开发和启动超级超声速飞机是因为地缘政治的原因。“协和”超声速客机和图-144的出现，是因为国家技术实力竞争比经济更激烈。

然而，第一个项目的商业失败并没有导致放弃追求速度。自“协和”号飞机以来，追求速度的想法一直存在并持续拓展，不仅包括恢复马赫数2左右的速度，还改变了最初的目标，提出了马赫数5或马赫数6的速度追求，也就是目前所称的“高超声速飞行”。马赫数2的技术已经存在了几十年。马赫数5~6的概念在技术上是可行的，技术突破只是时间问题。

对速度的追求是交通需求的本质使然。正如第2章所述，交通运输是出于某些需要而提供的中介服务，例如，在目的地工作或休闲。交通用户希望将交通消耗的资源降到最低，这是通过综合出行成本来衡量的，其中关键包括出行时间（交通用户花费的门到门时间）。

世界各地的人们在飞机上花费的总时间（人小时）可以视为私人成本和社会成本，个人和政府都在努力将其降至最低。为了开发技术，我们可以关注两项长期的社会经济发展态势，以尽量减少运输时间。首先是全球化，这意味着对长途旅行的需求日益增长，而在任何一段时间（比如每年），乘坐飞机的人/时数也在不断增加。第二，由于将收入增加多少作为国际生产力提升程度的衡量标准，使得企业和个人更愿意为节省旅行时间而付费。综合这两个因素，在未来几十年里，坚持亚声速飞行，花费在长途旅行上的时间对世界经济造成的私人和社会成本持续增长。直到某天，恢复超声速商业航空的经济理由显而易见，而且很快就会势不可挡。

那么问题就不是是否，而是何时以及如何将超声速客机重新引入商用航空。与所有领域一样，技术发展的挑战是技术和经济可行性的结合，解决了不同飞机运行特性的经济价值问题。

按照贯穿全书的论点，经济可行性可以从两个层面来看待。首先，广泛来说，一组给定的超声速飞机运行特性对社会的价值是什么？这里的社会指代的是所有利益相关者，包括旅行者和所有间接受到航空旅行影响的人们。这需要决定从经济角度考虑，开发这种飞机的投资是否应该继续下去。政府在这方面的优势是他们能提供社会所需的交通服务（提高可达性）。其次，狭义来说，这个项目的商业价值是什么？政府的有利点是产业政策，对国家来说，生产这种飞机从经济角度考虑是否得当。第二个观点可参见 Woolley（1972）分析的“协和”超声速客机案例。

如果上述问题都解决了，那么私营部门就会开始研发飞机。但也有可能的是，第一个问题的回答是肯定的，而第二个问题答案是否定的，也就是说至少可以基于交通可达性的理由出发，支持推进该项目。与此同时，人们对世界收入和航空旅行需求的增长最终会推动解决第二个问题，会为各国政府提供干预理由，以寻求基于产业政策的技术领先优势。

本书聚焦于第一个问题：社会效益和成本高于交通服务提供的收入和金钱成本。关键的社会效益（高于收入）是社会愿意支付更快的航空旅行费用。关键的社会成本（除了金钱成本）与环境外部性息息相关。

在撰写本书时，与气候变化相关的航空旅行外部性正在被内部化，主要是通过市场机制实现。这破坏了气候改变超声速旅行的性能成为商业可行性计算的一部分。另一个关键的环境成本是噪声，包括超声速旅行特有的“声爆”。这些已经是“协和”飞机面临的重要制约因素。它们主要是通过监管来解决的，包括限制声爆只能在海洋上空产生。这使得“协和”超声速客机只能飞往海岸附近的目的地。事实上，很多正在进行的超声速研究飞机关注与噪声和声爆性能相关的技术。

这意味着，任何未来的超声速飞机项目，只要足够坚固，可以被认为是一个可靠的发展候选人：在支付与气候变化有关的成本，并解决超声速飞行的噪声相关限制后，必须具有商业可行性。因此，为了计算经济可行性，环境成本可以通过市场机制、税收或监管被内化到票价中。那么，公共支持的经济理由将依赖于更快的航空旅行给社会带来的好处，而不仅仅是航空公司收入所衡量的好处。下一节将简要介绍这种经济评估的简化版本。

7.3.2 超声速客机研制评估

经济评估衡量的是国际航空运输的整个价值链以及世界经济的整体效益。它并没有将评估范围缩小到发展飞机对国家经济（或多个经济体）的利益，从而专注于制造要素，这是 Woolley（1972）对“协和”超声速客机的评估时使用的方法。如第 5 章所述，这种国家评估特别注重外汇的价值。此外，这种评估还假定研发阶段的大部分收获将保留在项目筹办方（包括最终组装商和供应商）的产业价值链中，因此几乎不会产生溢出效应。

该项目包括开发一种超声速飞机，将其命名为超声速运输机 2 号（简称为 S2）。它的飞行速度约为马赫数 2，可容纳 120 个座位，与“协和”超声速客机以及图-144 类似。该项目仍然需要大量的研发投资，因为 S2 将吸收自 20 世纪 60—70 年代以来的技术进步，以及在这之前两架飞机运行阶段所积累的经验。许多研发资本支出将用于改善飞机的噪声和声爆性能。如 7.3.1 节所述，能够在陆地上执行声爆将极大地改善飞机的商业和经济前景。评估假设任何剩余的噪声外部性都通过税收或其他方式内部化，并反映在机票价格中。同样的考虑也适用于其他环境外部性。

为简单起见，该项目预计将持续约 20 年，第 1 年会投入所有投资，此后的运营寿命为 20 年。其中为了说明目的，做了部分简化，重点是对成本和收益的分类，以及提出经济衡量标准的汇总过程。对每个变量进行详细的建模需要更多复杂的工序。

经济评估计算过程如表 7-2 所示。两个假设情景一个是销售 100 架 S2 飞机

表7-2　超声速飞机研制项目经济价值的计算

			项目实施前	项目实施后飞机销售	
				100	200
			(a)	(b)	(c)
	项目飞机的运行特性				
(1)	每架飞机的经常性成本	架		120	120
(2)	荷载系数	平均		70%	70%
(3)	每架飞机每天运行航班数	次		4	4
(4)	每架飞机每年运行天数	天		320	320
(5)=(1)×(2)×(3)×(4)	每架飞机每年运载乘客数	人		107520	107520
	飞机生产成本、销售和价格				
(6)	非经常性资本支出	十亿欧元		10	10
(7)=∑内部收益率的年金支付(6)=15%	资本成本	十亿欧元		32	32
(8)	经常性成本每架	百万欧元		50	50
(9)	售出飞机总数	架		100	200
(10)=(((7)×1000)/(9))+(8)	价格每架	百万欧元		370	210
(11)=(7)+((8)×(9)/1000)	总收入	十亿欧元		37	42
(12)=(5)×(9)/1000000	每年运送乘客数	百万人		10.8	21.5
(13)=(12)×20	飞行寿命内运送乘客总数	百万人		215.0	430.1
(14)=(11)×1000/(13)	成本每架	欧元		172.1	97.7
	乘客广义成本(GC)和交通生成量				
(15)	平均飞行距离	小时/行程	10	4	4

表 7-2(续)

			项目实施前	项目实施后飞机销售	
				100	200
			(a)	(b)	(c)
(16)	往返机场单程时间	小时/行程	2	2	2
(17)=(15)+(16)	总时间	小时/行程	12	6	6
(18)=(17)×VoT	时间成本	欧元/客	2400	1200	1200
(19a)=2000;(19c)=3000 (19b)=3000+(14b)-(14c)	平均票价	欧元/客	2000	3074	3000
(20)=(18)+(19)	广义成本	欧元/客	4400	4274	4200
(21)=((20)-(20a))/(20a)	广义成本与当前的差异			-2.9%	-4.5%
(22b)=(12);(22a)=(22b)×(1+(ε×(21)))	乘客每年(100 架飞机)	百万人	10.4	10.8	
(23c)=(12);(23a)=(23c)×(1+(ε×(21)))	乘客每年(200 架飞机)	百万人	20.5		21.5
(24b)=((22)-(22a))/(22a) (24c)=((23)-(23a))/(23a)	交通生成量			2.9%	4.5%
	消费者剩余变动				
(25b)=((20a)-(20))×(((22)-(22a))/2)/1000 (25c)=((20a)-(20))×(((23)-(23a))/2)/1000	每年	十亿欧元		1.3	4.2
(26)=(25)×20	在项目生命周期内	十亿欧元		26.6	84.1
(27)=NPV((25) at SDR①)	现值	十亿欧元		17.4	54.9
	遥远的目的地				
(28)	占总客流量的份额	平均		25%	25%

表 7-2(续)

			项目实施前	项目实施后飞机销售	
				100	200
			(a)	(b)	(c)
(29)	通过距离的利润差距	平均		30%	30%
(30)	当地居民占客流量的份额	平均		50%	50%
	由此产生的消费者剩余				
(31)=(25)×(28)×(1+(29))+(30)	每年	十亿欧元		0.22	0.68
(32)=(27)×(28)×(1+(29))+(30)	现值	十亿欧元		2.8	8.9

①指特别提款权(special drawing right),是一种由国际货币基金组织(IMF)作为一种国际储备资产发行的权益,用于促进国际收支平衡和国际货币体系的稳定。——译者注

（b 列所示），另一个是销售 200 架飞机（c 列所示）。a 栏包括现有亚声速飞机的对比性能，重点是计算一般旅行成本和由此产生的消费者盈余最直接的相关变量。飞机将以 70% 的平均载客率（第 2 行）和每年 320 天（第 4 行）中平均每天 4 个飞行阶段（或降落和起飞周期，LTO）（第 3 行）运行。这意味着每架飞机每年大约有 107520 名乘客（第 5 行）。

前期的非经常性资本支出将为 100 亿欧元，与最终出售的 S2 飞机数量无关。推广这款飞机的私营部门只有在项目 20 年的经济周期内，投资资本收益率达到 15% 的情况下，才会启动该项目。对于不同数量的飞机销售，需要估算这一收益对飞机价格的影响。需要进行详细的计算来模拟此类销售的时机。这里是一个简化计算。它将 100 亿欧元的资本投资转化为收益率为 15% 的 20 年期的年金，这意味着每年的年金支付约为 16 亿欧元。在该项目 20 年周期内，飞机制造商的总收入将需要达到 320 亿欧元（=16 亿欧元×20），仅包括非经常性资本开支。这作为资本成本包含在第 7 行。

此外，每架飞机的生产将包含制造商 5000 万欧元的经常性成本（第 8 行），这将需要用飞机销售的收入来支付。在两种情况下，这些非经常性成本和经常性成本对飞机价格的影响列在第 10 行。如果销售 100 架飞机，每架飞机的价格为 3.7 亿欧元；如果销售 200 架，每架飞机的价格为 2.1 亿欧元，这将构成制造商每架飞机销售的实际收入。行业市场营销惯例意味着，飞机的标价很容易比预估价格高出一倍。

制造商在项目周期内筹集的总收入在 370 亿～420 亿欧元之间（第 11 行），具体金额取决于实际销售的飞机数量。将其除以该项目 20 年使用寿命内飞行的乘客总数（第 13 行），得出每位乘客为飞机生产支付的成本（第 14 行），根据飞机销售数量的不同，成本为 172～98 欧元不等。为了简化，我们忽略了制造商在飞机寿命周期内从服务和供应备件中获得的额外收入，或者仅仅假设这些都包括在第 7 行资本成本的计算中。

乘客支付的最终机票价格还需要包括所有与飞机运营相关的其他成本，而不是与飞机制造商相关的成本。这包括航空公司的运营和资本成本及其投入，其中包括基础设施提供商和相关服务。假设该项目将针对某个需求细分市场，在没有该项目的情况下，在S2将提供的航线上，亚声速飞机的平均票价为2000欧元（单元格19a）。这是一种高收益、高时间价值的客流，主要适用于目前持有不受限制的商务舱和头等舱机票的乘客，以及许多乘坐私营飞机的乘客。在销售200架S2飞机的中心案例场景下，这些乘客的票价为每个飞行阶段或每趟3000欧元（单元格19c）。如果S2销售的飞机总数为100架而不是200架，则机票价格为每趟3074欧元（单元格19b）。

相对于亚声速飞机，S2将把目标航线的平均飞行时间从10小时缩短到4小时（第15行）。增加2小时的平均进出时间（第16行）意味着从门到门的平均旅行时间将从12小时下降到6小时（第17行）。以每名乘客每小时200欧元的时间值来衡量这种门到门旅行时间的差异，意味着该项目将降低每名乘客的时间成本从2400欧元减少到1200欧元（第18行）。

将票价的差异与这些时间成本相加，就能得出一种衡量旅行行为综合成本的方法。如果不考虑项目，一般成本为每次旅行4400欧元（第20行）。在这个项目中将降至每趟4274～4200欧元，具体取决于S2飞机的销售数量。该项目所产生的一般成本节省额为3%～5%（第21行）。

有了这些数据，就可以计算项目的流量产生。这里的计算在两个方面得到了简化。首先，以每架S2飞机每年飞行的乘客总数（第5行）为约束条件。其次，它采用了需求弹性的终点而非起点，也就是说在售出200架S2飞机的情况下，如果没有该项目，乘客数量为2050万人（单元格23a）。与之相比，是在售出100架S2飞机情况下，没有该项目时乘客数量的两倍（单元格22a），[18] 即1040万人。由于航空旅行的需求弹性相对于一般旅行成本为−1，根据S2飞机的销售数量（第24行）的改变，则该项目的流量将与一般成本所降低的百分比相同，即3%～5%。同样，流量生成是相对于终点计算的。

有四个关键数据点，即有无该项目的价格和数量，我们可以继续计算这个项目产生的消费者剩余的收益。这种收益以消费者剩余来衡量社会为S2的速度收益买单的意愿高于飞机用户实际支付费用的多少，从而衡量项目对社会的额外经济价值超过在资金流动中记录的经济价值。这种“社会”支付意愿指的是实际支付的利益相关者的子集，包括旅客和各行各业中愿意支付员工差旅费的公司。如果更快的服务对自己的客户有价值，企业将愿意为此买单。因此，假设一名律师乘坐 S2 飞机往返会议需要花费一天时间，而不是通常的花费两天时间乘坐亚声速飞机，只要机票的额外费用低于律师每天的费用（以及酒店住宿费用），那么雇用律师的制药公司会很乐意支付 S2 的费用。根据制药公司经营的市场竞争有多激烈，制药公司通过支付 S2 旅行而节省的费用将反映在更高的利润和/或更低的消费者价格上。即使最终受益者是药品生产商的股东或药品消费者，给客户增加的价值仍体现在最初为 S2 支付的意愿上。重要的是，支付意愿衡量了社会价值，这种价值航空乘客不一定买单。

根据第2 章附录 A2. 1 所述，这种基于旅行支付意愿的社会价值衡量标准还包括与旅行相关的隐含税。如该附录中所述，更准确的评估将用净值来衡量用户（乘客）行为，用总值来衡量社会价值。在实践中，为了简单起见，评估通常使用一种通用的时间价值衡量标准来评估乘客行为和社会价值。

为了说明目的，借用图 7-1(b) 作为手头项目的近似值，假设它代表高收益流量的细分市场，从项目中获得的消费者剩余将对应于梯形图的面积。

衡量消费者剩余的标准是 13 亿欧元。该项目每年将耗资 30 亿美元最终将生产 100 架 S2 飞机，如果生产 200 架，每年将花费 42 亿欧元（见表 7-2 中第 25 行）。这些收益将在项目周期内分别增加 261[①] 亿欧元和 841 亿欧元（见表 7-2 中第 26 行）。以 4% 的社会贴现率折现的现值计算，这两笔交易的价值将分别为 174 亿欧元和 549 亿欧元。这是衡量项目对世界经济价值的估计，超过通过资金流动登记的任何价值。评估假设整个价值链是有竞争力的、未被曲解的；因此，项目收入中没有额外的社会价值。也就是说，收入反映了机会成本。

虽然对于一个旨在提高速度的项目可能没有必要强调旅行者时间价值的重要性，但我们仍对此做简短的说明。假设时间价值为 250 欧元/小时，而不

① 原文如此，与表 7-2 中第 26 行的 266 亿欧元不一致。——译者注

是200欧元/小时，相对于亚声速飞行，两种情况下的总体成本节省（超过）一倍，从-2.9%～-4.5%范围（见表7-2中第21行）上升至-8.5%～-10%范围。同样的大小，尽管符号相反，仍适用于流量生成（见表7-2中第24行）。因此，该项目的社会价值将从174亿~549亿欧元，增加到573亿~1335亿欧元（见表7-2中第27行）。时间价值每增加25%，项目的社会价值就会变为两倍或三倍。

7.3.3 “站位”和其他因素

对该项目社会经济价值评估的范围可以适当缩小，只包括对飞机生产国的收益和成本，与Woolley（1972）对“协和”超声速客机的评估一致。这样的估计需要区分本国和外国的利益相关者，考虑国民的所有收益和成本，忽略外国人的所有收益和成本，并将国民向外国人的所有转移视为成本，将外国人向国民的所有转移视为收益。在经济评估中，这是一种国民在评估中有地位而外国人没有地位的评估，3.3.1节简要谈到了这个问题。

这种评价将集中在以下三个方面：第一，工业要素，由生产飞机的商业案例组成。如果资本的机会成本反映了放弃投资机会的成本，那么工业生产的利润将不会构成超过这里所考虑的额外收益，其净值为0欧元。可能会有一些（国家的）产业溢出效应，但在航空工业中，这些效应往往不太大，因为大多数利益都保留在飞机制造价值链中（Niosi和Zhegu（2005））。

第二，国际贸易和相关的外汇流动，这与第5章的考虑相一致。但如果生产国几乎没有贸易扭曲，硬通货带来的额外收益价值不大，正如编写本书时发达工业国普遍存在的这一情况。

第三，分析将包含消费者剩余的变化，这主要由旅行时间节省和机票价格变化之间的平衡驱动，如表7-2中第27行所示。在Woolley（1972）进行研究时排除了这个因素，当时成本效益分析远不如今天先进。至关重要的是，经济学家仍在发展分析框架，并将时间纳入微观经济消费理论，并将时间作为承担商品和资源的角色（Jara-Díaz（2007））。如今，时间的价值是交通运输经济分析的核心，这一点在整本书中都很明显。飞机生产国开展经济评估，只会评估国民消费盈余的变化。

关于最后一个因素。预计能从该项目提供的运输服务中获得不成比例好处的国家符合两个条件：首先，它们距离全球主要交通中心最远；其次，它们是相对高收入的国家，因此本身就能产生足够高的收益。[19] 流量表 7-2 中的计算是 S2 运营的平均航班，表示平均增加了 6 小时的门到门旅行时间。相对遥远的高收入国家受益会比平均值大。

在此，快速计算只有那些遥远国家的国民有地位的项目收益。飞机的实际制造将在第三国进行，因此制造业在评估中没有地位。假设一组特别偏远的目的地约占 S2 流量的 25%（第 28 行）。由于飞行时间较长，与此类交通相关的消费者剩余收益将比平均水平高出 30%（第 29 行）。此外，假设这些偏远国家的国民将占到这些国家 S2 流量的 50%（第 30 行）。然后，该项目对这些国家国内经济的效益将达到每年 2 亿 ~ 7 亿欧元（第 31 行）。该项目整个周期的收益现值将在 30 亿 ~ 90 亿欧元之间（第 32 行）。可以设想这样一种情况，即这些国家将制定一项激励计划，促使第三国的飞机开发商推出 S2。30 亿 ~ 90 亿欧元将是这些国家应该愿意提供资助的最高金额，不包括其他收益，例如，来自偏远地区的制造商在该项目中受益。

在这样的评估中，只有来自遥远国家的国民有能力，来自遥远国家的资金对制造商有能力构成成本。这相悖于常识，常识觉得资金将从遥远的国家转移到制造业国家。

不过，通常情况下，这类项目会得到飞机研发所在国政府的支持。如前所述，如果超声速飞机的生产被认为是高科技、高附加值的领域，从长远来看是可行的，那么政府可能会希望发展先发优势。偏远国家也可在此价值链中争夺一定份额。

注释：

[1] 本书中没有使用“原始设备制造商”（OEM）这一术语，因为该术语的使用有些模糊。尽管顾名思义，它最初是指零部件或最终产品的制造商，但现在也用于指最终

装配商或增值转销商。本书使用了制造商和最终装配商这两个术语。

[2] 尽管空中交通管理（ATM）也是一个高科技行业，但其面临的竞争压力远低于飞机制造业。同样，对 ATM 技术的投资，尤其是最具创新性的要素，往往与技术用户进行更密切的协调，通常涉及国有企业。

[3] 关于在不完全竞争和参与者之间没有沟通的情况下市场协调结果的易于理解的讨论，参见 Kay（1995）。对于替代竞争模型的正式说明，请参阅关于产业组织的教科书。例如，Belleffamme 和 Peitz（2015）或 Martin（2010）。

[4] 这类项目的其他典型调整是，如果任何研发或制造活动位于高失业率地区，则会消除投入税成本和劳动力影子价格。然而，这些都是一般的经济评估问题（例如，参见 de Rus（2010）以及 Campbell 和 Brown（2016），不仅存在于航空工业，为简单起见，我们没有对它加以讨论。有关影子价格的其他讨论，请参考 Londero（2003）。

[5] 注意，对一级市场（即飞机制造市场）的影响是需求的下降（需求曲线的变化），而不是需求量的下降（由价格上涨引起），因为价格上涨发生在二级市场（即航空公司）。这一差异很重要，因为一级市场的价格变化对项目有额外的福利影响，如 7.1.2 节所述。

[6] 请注意，假设在飞机制造商完成或至少承诺安装足够的容量以达到每年 60 架飞机的交付率后，才会引入环境税。否则，如果制造商预料到征收环境税，则会降低交货率，减少装配能力。此举将有助于在一定程度上提高项目的收益率。尽管如此，由于项目研发成本不受影响，投资成本的下降与产能的下降不成正比，因此收益率将低于不征收环境税的情况。

[7] 注意，这种情况与 7.1.1 节中回顾的寡头垄断或竞争性结果之间的基本假设的一个关键区别是，在当前情况下，在无项目的情况下，现状将保持不变，而在竞争或寡头垄断的情况下，在无项目的情况下，竞争对手将占有项目发起者原本可以提供的产量份额。市场结构和竞争条件在投资评估中起着至关重要的作用可能存在竞争的行业，这意味着建设“有项目”和“无项目”的场景必须以产业组织模型为基础。关于竞争模型的进一步阅读请参见 Belleffamme 和 Peitz（2015）或 Martin（2010）。

[8] 从以下两个方面考虑，本项目的飞机数量增加是近似的。首先，为了简化说明，假设设想 3 中交付的飞机总数与设想 1 中的飞机总数相同。为了便于计算和参考，1000 万欧元的价格差异对需求量变化的影响通过需求价格弹性计算为最终飞机数量的价格增加，而不是无项目的情况下原始市场规模的价格下降。第二，飞机不能分批交

付，因此最终需求数字必须四舍五入。

[9] 假定前垄断者剩下50%的市场份额，也就是说，在竞争者进入之后，现任公司销售额没有下降50%，而是下降了以50%减去价格下降导致的19%的结果。因此，同样的净损失减少归因于垄断者的销售。由于不考虑因竞争对手降价销售而造成的净损失减少所带来的福利收益，因此计算有效地使用了二分之一法则。

[10] 此外，他们可能会争辩说，如果不做这个项目，他们就会面临另一个项目的竞争对手以相同或类似的技术领先的风险，将原发起人的未来竞争地位限制为追随者。因此，投资问题的边界可以扩大，以模拟整个公司的潜在结果。推理思路类似，但模拟情景不同。

[11] 二叉树期权定价法类似于6.2.2节中航空公司机队扩张所用的B-S期权定价模型（Black-Scholes）。二叉树期权定价法更透明，场景构建更灵活，更适合美式期权（到期前任何时间都可以行使权力的期权）。B-S期权定价模型（Black-Scholes）解决的是只能在指定日期执行的欧洲期权（参见Kodukula和Pansdee（2006））。

[12] 对一个项目中所包含的选项的精确条件进行建模较为烦琐。与在任何其他项目评估相同，这要由分析员来决定有多少细节值得研究，以及是否可以使用相对简化的评估方法。这里的目的是说明实物期权分析方法的使用。对于更复杂的建模，读者应查阅专业文献。关于在不完全竞争下的投资建模，这是一个与航空工业特别相关的主题，请参阅Smit和Trigeorgis（2004）。

[13] 也就是说，如果投资期权可以交易，它将以项目的净现值进行交易。在这个阶段，有效的方法是把期权的价值视为类似于执行项目的名义许可证的价值。

[14] 使用布莱克-斯科尔斯（Black-Scholes）公式计算的实物期权价值为2.66亿欧元。出现这种小的差异是正常的，因为二叉树期权定价法近似于B-S期权定价模型（Black-Scholes）结果，同时增加了项目场景的透明度和灵活性。

[15] 社会折现率及其与私营或市场折现率的关系是所有成本效益分析书籍中的标准主题。Boardman等（2018），de Rus（2010）和Campbell和Brown（2016）对此开展了讨论。关于发展中国家背景的讨论，请参考Brent（1998）。

[16] 请注意，图7-4中第5列单元格$S_0u^3d^2$中的下图未圈出，因为它包含预期项目净现值或到期期权的价值，因此进一步延迟项目是不可行的，参见7.2.1节。

[17] Woolley（1972）从飞机生产国的工业政策角度对“协和”飞机项目进行了成本效益分析。该分析排除了航空公司收入以外的乘客收益。7.3.2节将进一步讨论这

一点。

[18] 采用中间点需求弹性，通常被认为是偏见最小的方法，也表示在两个项目情景下，不有项目的乘客数量不会与之相差2倍。原因同上文，前提是以假设使用每架S2飞机（第5行）每年飞行的乘客数量作为约束条件。

[19] 本书所选样本无法穷尽所有国家，主要来自以下国家（按字母顺序排列）：澳大利亚、智利、新西兰和相较而言并不偏远的南非。

第8章

结束语

本书中对评估方法的介绍主要集中在确定成本和收益，避免重复计算或忽略。当然，所有评估结果都以模型为基础，而模型是现实的简化。为了更准确地反映实际情况，模型会尽量详尽。除了在1.4节中列出的简化模型之外，计算模型还可以从四个维度进一步添加细节，如收益、成本、时机和战略博弈。

首先，就项目收益而言，最有成效的改进领域是对用户延迟的计算，即计算用户的实际延迟和此类延迟的成本。机场可以利用项目规划和设施设计过程中执行的数据和模拟情况来实现更精确的延迟功能。例如，航站楼的设施利用率和容量限制、用户进出站情况、替代机场和交通方式，以及航空公司在运力限制下的举措。

航空公司行为模式与空中交通管理（ATM）关系密切，与空域容量估计和延误情况相关。通常，执行此类模拟的数据仅由空中导航服务提供商（ANSP）提供。

对于航空公司评估，航空公司通常有关于不同票价类别乘客行为的大型数据库，可用于预估引入新飞机后的网络变化的交通影响。

对于飞机制造商来说，准确估计用户为缩短旅行时间而付费的意愿，估计新产品，尤其是创新性产品的潜在需求格外重要。

时间的货币价值决定了以下抉择：（1）是生产小型飞机，用于二级机场之间的直接服务，还是生产大型飞机服务于枢纽网络；（2）是选择更快、更舒适但更昂贵的支线飞机，还是选择涡轮螺旋桨飞机；（3）发动机技术应在多大程度上优先考虑节约燃油而不优先考虑速度；（4）是否投资更昂贵更创新的飞机，使其飞得更接近或超过声速。分析员希望通过进一步分析建议的平均估计值的差异，特别是时间值如何随着不同交通部门的收入水平而变化，来增强政府机构可获得的时间值的估计值。例如，对时间价值的差异的分析将有助于证明私人航空产业投资的合理性，或有助于了解重新引入超声速商业航空旅行的前景。

第二，评估模型中的成本估算，基本假设的条件应反映成本经济体，且在学术文献中有大量例证。与任何交通行业一样，航空产业也享有规模经济

（通过扩大产能降低单位成本）、密度经济（通过更密集地利用现有产能降低单位成本）和范围经济（通过共享现有产能生产不同产品降低单位成本）的特性。这种经济体将影响到改变项目所产生的单位成本，而该成本会影响项目的可行性。未能认识到范围经济和密度经济，往往是旅游专用机场、货运专用机场或专用商务舱航空公司的商业计划有缺陷的深层原因。同样，大型设施产生的规模经济都应与其较长吞吐量处理时间给用户带来的时间成本相对应。因此需要对设施运营成本、乘客处理时间和乘客的时间价值进行合理估算。

第三，项目开展的时机和阶段是投资效益提高的重要因素，甚至可以说是资源有效配置的重要驱动因素。实物期权分析通过指导项目设计和分期来实现价值最大化。对任何投资的不同选择进行精确组合建模都是复杂的任务。然而，这个估算一般适用于大多数经济产业的投资评估，包括航空产业。时间和阶段的评估则需要根据项目情况进行调整。真正的选择分析不再是简单粗略的估计，而是需要在被评估项目上进行详细的分析。

第四，竞争对手间的战略博弈也在项目评估中发挥重要作用，其中包括项目发起人需要准备竞争对手如何应对替代投资策略的替代方案。由于航空工业和机场都在以产品差异化和沉没成本为特征的竞争市场中运营，而投资决策取决于竞争对手的反应，因此竞争对手间的交互至关重要。在产品差异化空间有限且沉没成本较少的行业，例如，航空市场细分领域，战略博弈的作用较为有限。这是因为投资者会面临一系列相似的竞争对手的竞争。战略博弈对于毫无竞争空间的空中交通管理来说，在投资决策中的作用自然是微不足道的。竞争性互动要求管理者进行更广泛的分析，这都取决于竞争对手的反应。因此，投资评估工作不是去增加模型的细节，而是去进行更广泛的探索。这种分析通常会利用产业组织和博弈论提供的信息，分析对不同竞争对手的应对和激励机制。

当然，评估的细节除了前文提到的四个方面，还有很多其他方面可以补充。投资评估和其他许多活动一样，最终会出现收益递减。分析人员需要判断增加分析复杂性所需要的额外努力是否能够带来新的见解或增加分析可靠性。换句话说，它是否有可能影响投资决策。但如果经济评估的目的是实现资源有效配置，分析人员反而会分散过多的资源用于评估。因此分析人员在投资评估时，需要考虑对未来条件的假设，随着项目的不断深入，这些假设会更凸显。投入大量资源来观测第 1 年毫无意义，因为接下来 19 年的项目寿命的不确定会让每个细节都必须依赖于新的假设。也就是说，经济评估不再是烦琐昂贵的工作，仅需少量的关键变量就足以掌握未来投资项目优缺点。

然后，评估资源能帮助更有效地制定项目决策。此时的分析则较为简单，侧重于关键收益和成本，可以以较少的分析成本修改备选项目概念和设计，也可以在不断发展的项目概念和规划论述中发挥关键作用。这一建议指出了经济评估的基本原理。航空占用的大量资源虽然产生了很多价值，但也存在着浪费和潜在损失。管理和规划人员需要就项目的概念和执行做出正确抉择。在做出这样的选择时，从社会、经济的角度评估项目，有助于发现财务分析所无法识别的风险和机会。也就是说，经济评估可以向社会和投资者（无论是公共部门还是私营部门）提供尽可能全面的投资建议。

参考文献①

[1] Adler, N., Forsyth, P. Mueller, J. and Niemeier, H. -M. 2015. An economic assessment of airport incentive regulation. Transport Policy, 41 (July), 5-15.

[2] Airports Commission. 2015a. Economy: Transport Economic Efficiency Impacts. London: Airports Commission. [Online]. Available at: https://assets.publishing.service.gov.uk/government/uploads/system/uploads/attachment_data/file/439169/economy-updated-transport-economic-efficiency-impacts.pdf (accessed: 4 May 2020).

[3] Airports Commission. 2015b. Economy: Wider Economic Impacts Assessment. London: Airports Commission. [Online]. Available at: https://assets.publishing.service.gov.uk/government/uploads/system/uploads/attachment_data/file/439681/economy-wider-economic-impacts-assessment.pdf (accessed: 4 May 2020).

[4] Airports Commission. 2015c. Airports Commission: Final Report. London: Airports Commission. [Online]. Available at: https://assets.publishing.service.gov.uk/government/uploads/system/uploads/attachment_data/file/440316/airports-commission-final-report.pdf (accessed 4 May 2020).

[5] Averch, H. and Johnson, L. L. 1962. Behaviour of the firm under regulatory constraint. American Economic Review, 52 (5), 1052-69.

[6] Banister, D. and Berechman, J. 2001. Transport Investment and Economic Development. London: UCL Press.

[7] Belleflamme, P. and Peitz, M. 2015. Industrial Organization: Markets and Strategies. 2nd Edition. Cambridge, UK: Cambridge University Press.

[8] Boardman, A., Greenberg, D., Vining, A. and Weimer, D. 2018. Cost-Benefit Analysis: Concepts and Practice. 5th Edition. Cambridge, UK: Cambridge University Press.

[9] Brealey, R. A., Myers, S. C. and Allen, F. 2017. Principles of Corporate Finance. 12th Edition. New York: McGraw-Hill.

[10] Brent, R. J. 1998. Cost-Benefit Analysis for Developing Countries. Cheltenham, UK:

① 本书参考文献按原版书排版，不做改动。——译者注

Edward Elgar.

[11] Bruninx, K., Ovaere, M. and Delarue, E. 2019. The long term impact of the Market Stability Reserve of the EU Emission Trading System. TME Working Paper EN2019-07. KU Leuven Energy Institute. [Online]. Available at: https://www.mech.kuleuven.be/en/tme/research/energy-systems-integration-modeling/pdf-publications/wp-en2019-07 (accessed: 25 April 2020).

[12] Campbell, C. and Brown, R. 2016. Benefit-Cost Analysis: Financial and Economic Appraisal Using Spreadsheets. 2nd Edition. Abingdon, UK: Routledge.

[13] Clark, P. 2017. Buying the Big Jets: Fleet Planning for Airlines. 3rd Edition. Abingdon, UK: Routledge.

[14] Coldren, G. M., Koppelman, F. S., Kasturirangan, K. and Mukherjee, A. 2003. Air Travel Itinerary Share Prediction: Logit Model Development at a Major U. S. Airline. Conference Proceedings of the Transportation Research Board 82nd Annual Meeting. Washington DC: Transportation Research Board.

[15] Curry, S. and Weiss, J. 2000. Project Analysis in Developing Countries. 2nd Edition. Houndmills, UK: Palgrave Macmillan.

[16] Crompton, J. L. 2006. Economic impact studies: instruments for political shenanigans? Journal of Travel Research, 45 (August), 67-82.

[17] Daley, B. 2010. Air Transport and the Environment. Farnham, UK: Ashgate.

[18] Dasgupta, P., Marglin, S. and Sen, A. 1972. Guidelines for Project Evaluation. New York: United Nations.

[19] Deardorff, A. V. and Stern, R. M. 1998. Measurement of Nontariff Barriers. Ann Arbor: The University of Michigan Press.

[20] de Jong, G. 2007. Value of freight travel-time savings, in Hensher, D. and Button, K. (Ed.) Handbook of Transport Modelling (Vol. 1) 2nd Edition. Bingley, UK: Emerald.

[21] de Jong, G. C. Kouwenhoven, M. Bates, J. Koster, P. Verhoef, E. Tavasszy, L. and Warffemius, P. 2014. New SP-values of time and reliability for freight transport in the Netherlands. Transportation Research Part E: Logistics and Transportation Review, 64, 71-87.

[22] de Neufville, r. and Odini, A. 2013. Airport Systems: Planning, Design, and Management. 2nd Edition. New York: McGraw-Hill.

[23] de Rus, g. 2010. Introduction to Cost Benefit Analysis: Looking for Reasonable Shortcuts. Cheltenham, UK: Edward Elgar.

[24] Dixit, R. K. and Pindyck, R. S. 1994. Investment Under Uncertainty. Newark, NJ: Princeton University Press.

[25] Dobson, A. 2017. A History of International Civil Aviation: From its Origin through Transformative Evolution. Abingdon, UK: Routledge.

[26] Doganis, R. 2019. Flying Off Course: Airline Economics and Marketing. 5th Edition. Abingdon, UK: Routledge.

[27] Dolnicar, S. Grabler, K. Grün, B. and Kulnig, A. 2011. Key drivers of airline loyalty. Tourism Management, 32, 1020-26.

[28] Donnelly, W. A. and Manifold, D. 2005. A compilation of reported non-tariff measures: description of the information. Office of Economics Working Paper no. 2005-05-A. Washington D. C.: U. S. International Trade Commission. [Online]. Available at: https://www. usitc. gov/publications/332/EC200505A. pdf (accessed 27 October 2019).

[29] Douglas, G. W. and Miller III, J. C. 1974. Quality competition, industry equilibrium, and efficiency in the price-constrained airline market. American Economic Review, 64, 657-69.

[30] Edwards, C. B. and Woolley, P. K. 1973. A cost-benefit analysis of the Concorde project (comment and rejoinder). Journal of Transport Economics and Policy, 7 (3), 300-2.

[31] Ernst and Young. 2012a. Aviation capacity cost benefit economic assessment. Joint Study on Aviation Capacity in the Sydney Region. Technical Paper C13, Volume 5. Canberra: Australian Government, Department of Infrastructure, Transport, Regional Development and Communications. [Online]. Available at: https://www. westernsydneyairport. gov. au/sydney_ av_ cap (accessed 3 May 2020).

[32] Ernst & Young. 2012b. Economic impact of not proceeding with additional aviation capacity in the Sydney region. Joint Study on Aviation Capacity in the Sydney Region. Technical Paper B7, Volume 2. Canberra: Australian Government, Department of Infrastructure, Transport, Regional Development and Communications. [Online]. Available at: https:// www. westernsydneyairport. gov. au/sydney_ av_ cap (accessed 3 May 2020).

[33] Eurocontrol 2018. Standard Inputs for Eurocontrol Cost Benefit Analyses. Edition 8. 0, January. [Online]. Available at: https://www. eurocontrol. int/publication/standard -

inputs-eurocontrol-cost-benefit-analyses-edition-8（accessed：22 May 2020）.

[34] European Commission 2014. Guide to Cost-Benefit Analysis of Investment Projects. Brussels：Directorate General Regional Policy. [Online]. Available at：https：//ec. europa. eu/ regional_ policy/sources/docgener/studies/pdf/cba_ guide. pdf.（accessed：11 April 2019）.

[35] European Commission. 2019. Handbook on the External Costs of Transport. Brussels：European Commission，Directorate-General for Mobility and Transport. [Online]. Available at：https：//ec. europa. eu/transport/sites/transport/files/studies/internalisation-handbook-isbn-978-92-79-96917-1. pdf（accessed：13 April 2020）.

[36] European Union，2018. Directive（EU）2018/410 of the European Parliament and the Council of 14 March 2018 amending Directive 2003/87/EC to enhance cost-effective emission reductions and low-carbon investments，and Decision（EU）2015/1814. Oficial Journal of the European Union L76，3-27. [Online]. Available at：https：//eur-lex. europa. eu/legal-content/EN/ TXT/PDF/？uri=CELEX：32018L0410&from=EN（accessed 23 September 2020）.

[37] Federal Aviation Administration 1999. FAA Airport Benefit-Cost Analysis Guidance. FAA Office of Aviation Policy and Plans，Washington DC：United States Department of Transport. [Online]. Available at：http：//www. faa. gov/regulations_policies/policy_guidance/benefit_cost/（Accessed 1 May 2020）.

[38] Federal Aviation Administration 2010. Addendum to FAA Airport Benefit-Cost Analysis Guidance. FAA Office of Policy and Plans，Washington DC：United States Department of Transport. [Online]. Available at：http：//www. faa. gov/regulations_policies/policy_guidance/benefit_cost/（accessed：1 May 2020）.

[39] Florio，M. 2014. Applied Welfare Economics：Cost-Benefit Analysis of Projects and Policies. London：Routledge.

[40] France Stratégie. 2013. Cost Benefit Assessment of Public Investment. Final Report. Summary and Recommendations. Paris：Commissariat Général à la Stratégie et à la Prospective. [Online]. Available at：https：//www. strategie. gouv. fr/sites/strategie. gouv. fr/files/atoms/files/cgsp-calcul_socioeconomique_english4. pdf（accessed 12 April 2020）.

[41] Fishwick，F. 1993. Making Sense of Competition Policy. London：Kogan Page.

[42] Forsyth, P. 2006. Estimating the costs and benefits of regional airport subsidies: a computable general equilibrium approach. German Aviation Research Society Workshop, Netherlands, June-July. [Online]. Available at: https://www.researchgate.net/publication/228384851_Estimating_the_Costs_and_Benefits_of_Regional_Airport_Subsidies_A_Computable_General_Equilibrium_Approach (accessed: 3 May 2020).

[43] Garrow, L. A. 2010. Discrete Choice Modelling and Air Travel Demand: Theory and Applications. Burlington, VT: Ashgate.

[44] Ghobrial, A. 1993. A model to estimate the demand between U. S. and foreign gateways. International Journal of Transport Economics, 20 (3), 271-83.

[45] HEATCO 2006. Developing Harmonised European Approaches for Transport Costing and Project Assessment. Deliverable 5: Proposal for Harmonised Guidelines. Report by the Transport Research & Innovation Portal (TRIP), funded by the European Commission 6th Framework Programme for Research and Technological Development.

[46] Hess, S., Adler, T. and Polak, J. W. 2007. Modelling airport and airline choice behaviour with the use of stated preference survey data. Transportation Research, Part E, 43 (3), 221-33.

[47] Hummels, D. and Schaur, G. 2013. Time as a Trade Barrier. American Economic Review, 103 (7), 2935-59.

[48] Hummels, D. and Nathan Associates Inc. 2007. Calculating Tariff Equivalents for Time and Trade. Washington DC: United States Agency for International Development (USAID). [Online]. Available at: http://www.krannert.purdue.edu/faculty/hummelsd/research/tariff_equivalents.pdf (accessed: 30 May 2020).

[49] IATA. 2004. Airport Development Reference Manual. 9th Edition. Geneva: International Air Transport Association.

[50] IATA-ACI. 2014. Airport Development Reference Manual. 10th Edition. Geneva: International Air Transport Association.

[51] IATA-ACI. 2019. Airport Development Reference Manual. 11th Edition. Geneva: International Air Transport Association.

[52] Jara-Díaz, S. 2007. Transport Economic Theory. Bingley, UK: Emerald.

[53] Jiang, H. and Zhang, Y. 2016. An investigation of service quality, customer satisfaction

and loyalty in China's airline market. Journal of Air Transport Management, 57, 80-88.

[54] Johansson, P. -O. 2015. Tradable Permits in Cost-Benefit Analysis. CERE Working Paper 2015, 11, and SSE Working Paper in Economics No 2015: 3. [Online]. Available at: http://www.cere.se/en/research/publications/694-tradable-permits-in-cost-benefit-analysis.html (accessed: 20 February 2019).

[55] Johansson, P. - O. 2016. On the Treatment of Emissions Trading and Green and White Certificates in Cost - Benefit Analysis. SEE Working Paper in Economics No 2016: 2. [Online]. Available at: https://papers.ssrn.com/sol3/papers.cfm? abstract_id=2824983 (accessed 20 February 2019).

[56] Johansson, P. -O. 2020. The 2018 Reform of EU ETS: Consequences for Project Appraisal. Journal of Environmental Economics and Policy. (https://www.tandfonline.com/doi/full/10.1080/21606544.2020.1835738) (accessed: 7 November 2020).

[57] Johansson, P. - O. and Kriström, B. 2015. Cost - Benefit Analysis for Project Appraisal. Cambridge: Cambridge University Press.

[58] Johansson, P. -O. and de Rus, G. 2019. On the treatment of foreigners and foreign-owned firms in the cost-benefit analysis of transport projects. Journal of Transport Economics and Policy, 53 (3), 285-287.

[59] Johnson, C. and Briscoe, S. 1995. Measuring the Economy: A Guide to Understanding Official Statistics. New Edition. London: Penguin.

[60] Jorge, J. D. and de Rus, G. 2004. Cost-benefit analysis of investments in airport infra-structure: a practical approach. Journal of Air Transport Management, 10, 311-26.

[61] Jorge-Caldero'n, D. 2013. Airport valuation: using passenger generalised cost to measure competitive advantage and pricing power. Journal of Airport Management, 7 (3), 255-64.

[62] Jorge-Calderón, D. and Johansson, P. -O. 2017. Emissions trading and taxes: an application to airport investment appraisals. Journal of Transport Economics and Policy, 51 (4), 1-14.

[63] Just, R. E., Hueth, D. L. and Schmitz, A. 2004. The Welfare Economics of Public Policy: A Practical Approach to Project and Policy Evaluation. Cheltenham: Edward Elgar.

[64] Kay, J. 1995. Foundations of Corporate Success. Oxford: Oxford University Press.

[65] Kodukula, P. and Papudesu, C. 2006. Project Valuation Using Real Options: A

Practitioner's Guide. Fort Lauderdale, FL: J Rosh.

[66] Koller, T., Goedhart, M. and Wessels, D. 2010. Valuation: Measuring and Managing the Value of Companies. 5th Edition. Hoboken, NJ: Wiley.

[67] Lambin, J. J. and Schuiling, I. 2012. Market-Driven Management: Strategic and Operational Marketing. 3rd Edition. New York: Palgrave Macmillan.

[68] Lawrence, D. S. 1971. The initial decision to build the Supersonic Transport. The American Journal of Economics and Sociology, 30 (4), 403-12.

[69] Ling, F.-I., Lin, K. and Lu, J.-L. 2005. Difference in service quality of cross-strait airlines and its effect on passengers' preferences. Journal of the Eastern Asia Society for Transportation Studies, 6, 798-813.

[70] Little, I. M. D. and Mirrlees, J. A. 1968. Manual of industrial project analysis. Vol. 2. Development Centre Studies. Paris: Organisation for Economic Co-operation and Development.

[71] Little, I. M. D. and Mirrlees, J. A. 1974. Project Appraisal and Planning for Developing Countries. London: Heinemann Educational Books.

[72] Londero, E. H. 2003. Shadow Prices for Project Appraisal: Theory and Practice. Cheltenham, UK: Edward Edgar.

[73] Lu, J. L. and Tsai, L. N. 2004. Modelling the effect of enlarged seating room on passenger preferences of domestic airlines in Taiwan. Journal of Air Transportation, 9 (2), 83-96.

[74] Mackie, P. and Pearce, B. 2015. A note from expert advisors, Prof. Peter Mackie and Mr. Brian Pierce, on key issues considering the Airports Commission economic case. Airports Commission. [Online]. Available at: https://assets.publishing.service.gov.uk/government/uploads/system/uploads/attachment_data/file/438981/economy-expert-panelist-wider-economic-impacts-review.pdf (accessed: 4 May 2020).

[75] Martin, s. 2010. Industrial Organization in Context. Oxford: Oxford University Press.

[76] Moss, D. A. 2014. A Concise Guide to Macroeconomics: What Managers, Executives, and Students Need to Know. 2nd Edition. Boston, MA: Harvard Business School Press.

[77] Motta, M. 2004. Competition Policy: Theory and Practice. Cambridge, UK: Cambridge University Press.

[78] Niemeier, H.-M. 2009. Regulation of large airports: status quo and options for reform. International Transport Forum Discussion Paper 2009-10. Paris: Organisation for

Economic Cooperation and Development. [Online]. Available at: https://www.itf-oecd.org/sites/default/files/docs/dp200910.pdf (accessed: 30 May 2020).

[79] Niemeier, H. -M. 2013. Expanding airport capacity under constraints in large urban areas: the German experience. International Transport Forum Discussion Paper 2013-4. Paris: Organisation for Economic Cooperation and Development. [Online]. Available at: https://www.oecd-ilibrary.org/transport/expanding-airport-capacity-under-constraints-in-large-urban-areas_5k46n45fgtvc-en (accessed: 29 May 2020).

[80] Niosi, J. and Zhegu, M. 2005. Aerospace clusters: local or global knowledge spillovers? Industry and Innovation, 12 (1), 1-25.

[81] Nordas, H. K. 2006. Time as a trade barrier: implications for low-income countries. OECD Economic Studies, 42 (1), 137-67. [Online]. Available at: https://www.oecd-ilibrary.org/ economics/time-as-a-trade-barrier-implications-for-low-income-countries_eco_studies-v2006-art4-en (accessed: 30 May 2020).

[82] Perino, G. 2018. New ETS Phase 4 rules temporarily puncture waterbed. Nature Climate Change. 8 (April), 262-4. [Online]. Available at: https://www.nature.com/articles/ s41558-018-0120-2 (Accessed: 25 April 2020).

[83] Perino, G. 2019. Reply: EU ETS and the waterbed effect. Nature Climate Change. 9 (October), 736. [Online]. Available at: https://www.nature.com/articles/s41558-019-0580-z (Accessed: 25 April 2020).

[84] Perino, G., Ritz R. A. and Van Benthem, A. 2019. Understanding overlapping policies: Internal carbon leakage and the puncture waterbed. EPRG Working Paper 1910. Cambridge Working Papers in Economics 1920. [Online]. Available at: https://www.repository.cam.ac.uk/bitstream/handle/1810/291495/cwpe1920.pdf?sequence=1 (accessed: 25 April 2020).

[85] Renner, J. and Wielgus, M. 2015. Improving and optimising the LoS of an airport. International Airport Review, 19 (5) 47-50. [Online]. Available at: https://www.iata.org/contentassets/935670dbc80e40f3a35b85a71ddd368e/cons-apcs-los-article-iar-2015.pdf (Accessed: 1 May 2020).

[86] Rogoff, K. 1996. The purchasing power parity puzzle. Journal of Economic Literature, 34 (June): 647-68.

[87] Rosendhal, K. E. 2019. EU ETS and the waterbed effect. Nature Climate Change. 9 (Octo-

ber), 734-5. [Online]. Available at: https://www.nature.com/articles/s41558-019-0579-5 (accessed: 25 April 2020).

[88] Squire, L. and van der Tak, H. G. 1975. Economic Analysis of Projects. World Bank Research Publications. Baltimore: The John Hopkins University Press.

[89] Smit, H. T. J. and Trigeorgis, L. 2004. Strategic Investment: Real Options and Games. Princeton, NJ: Princeton University Press.

[90] Taylor, M. P. 2010. Real exchange rates and Purchasing Power Parity: mean reversion in economic thought, in Taylor, Mark. (ed.) Purchasing Power Parity and Real Exchange Rates. London: Routledge.

[91] Tica, J. and Druzic, I. 2006. The Harrod - Balassa - Samuelson Effect: A Survey of Empirical Evidence. Faculty of Economics and Business Working Paper 06-07. Zagreb: University of Zagreb. [Online]. Available at: http://web.efzg.hr/RePEc/pdf/Clanak%2006-07.pdf (accessed: November 2019).

[92] Trigeorgis, L. 1996. Real Options: Managerial Flexibility and Strategy in Resource Allocation. Cambridge, MA: The MIT Press.

[93] Tsafarakis, S. Kokotas, T. and Pantouvakis, A. 2018. A multiple criteria approach for airline passenger satisfaction measurement and service quality improvement. Journal of Air Transport Management, 68, 61-75.

[94] U. S. Department of Transportation. 2016. The Value of Travel Time Savings: Departmental Guidance for Conducting Economic Evaluations. Revision 2. Washington D. C.: U. S. Department of Transportation. [Online]. Available at: https://www.transportation.gov/sites/dot.gov/files/docs/2016%20Revised%20Value%20of%20Travel%20Time%20Guidance.pdf (accessed 12 April 2020).

[95] Ussinova, A., Laplace, I. and Roucolle, C. 2018. An analysis of the impact of larger aircraft (A-380) on flight frequency. Energy Efficiency 11, 701-12.

[96] Varian, H. R. 1992. Microeconomic Analysis. 3rd Edition. London, UK: W. W. Norton & Co.

[97] Vasigh, B., Fleming, K. and Tacker, T. 2008. Introduction to Air Transport Economics: From Theory to Applications. Farnham, UK: Ashgate.

[98] Vose, D. 2008. Risk Analysis: A Quantitative Guide. 3rd Edition. Chichester, UK: Wiley.

[99] Ward, W. A. 2019. Cost-benefit analysis theory versus practice at the World Bank 1960 to 2015. Journal of Benefit-Cost Analysis, 10 (1), 124-44.

[100] Ward, W. A. and Deren, B. J. and D' Silva, E. H. 1991. The Economics of Project Analysis: A Practitioner's Guide. Economic Development Institute Technical Materials. Washington DC: The World Bank. [Online]. Available at: http://documents.worldbank.org/curated/en/686191468766169340/The-economics-of-project-analysis-a-practitioners-guide (accessed 1 December 2019).

[101] Wardman, M. Chintakayala, V. P. K. and de Jong, G. C. 2016. Values of travel time in Europe: review and meta-analysis. Transportation Research Part A: Policy and Practice, 94, 93-111.

[102] Winston, C. and de Rus, G. (eds). 2008. Aviation Infrastructure Performance: A Study in Comparative Political Economy. Washington DC: Brookings Institution Press.

[103] Woolley, P. K. 1972. A cost-benefit analysis of the Concorde project. Journal of Transport Economics and Policy, 6 (3), 225-39.

[104] World Bank 2005. Treatment of Induced Traffic. Transport Note TRN-11. Washington DC: World Bank. [Online]. Available at: http://documents.worldbank.org/curated/en/130181468176985963/Treatment-of-induced-traffic (accessed: 31 May 2020).